可信任的治理

以数字政府推进国家治理能力现代化

陈志刚◎著

北京联合出版公司
Beijing United Publishing Co.,Ltd

图书在版编目（CIP）数据

可信任的治理：以数字政府推进国家治理能力现代化 / 陈志刚著. -- 北京：北京联合出版公司，2023.1
ISBN 978-7-5596-6504-1

Ⅰ. ①可… Ⅱ. ①陈… Ⅲ. ①电子政务－研究－中国 Ⅳ. ① D63-39

中国版本图书馆 CIP 数据核字（2022）第 191061 号

可信任的治理：以数字政府推进国家治理能力现代化
作　　者： 陈志刚
出 品 人： 赵红仕
策　　划： 张　缘
责任编辑： 高霁月
封面设计： 豆安国
版式设计： 张　敏
责任编审： 赵　娜

北京联合出版公司出版
（北京市西城区德外大街 83 号楼 9 层 100088）
北京华景时代文化传媒有限公司发行
北京盛通印刷股份有限公司印刷　　新华书店经销
字数 290 千字　　710 毫米 ×1000 毫米　　1/16　　21 印张
2023 年 1 月第 1 版　　2023 年 1 月第 1 次印刷
ISBN 978-7-5596-6504-1
定价：68.00 元

推荐语

推荐从事数字政府建设的人读一读《可信任的治理》这本书，作者提供了一个面向国家治理现代化的“能力领先的数字治理范式”，并基于区块链技术构建了数字政府可信治理的框架及其解决方案和丰富的产业案例，对于如何提升政务数据质量，提升政府与公众的信任治理和真正实现数据驱动的数字政府，是一本兼具理论和实践价值的著作。

——国家工业信息安全发展研究中心副主任、国家语音及图像识别产品质量检验检测中心主任　何小龙

将新一代数字技术广泛应用于政府管理服务，从而推动政府治理流程再造和模式优化，不断提高决策科学性和服务效率，已成为提升国家治理体系和治理能力现代化以及构建数字中国的战略选择。区块链是基于互联网的一种新型的数据存储和传输方式，能够弥补互联网“缺乏可信性”的天生基因缺陷，能够在不信任或弱信任环境下实现信息对称，建立起信任机制。区块链重构了数字时代的生产关系，能够将对“人”的信任转为对“机器”和“规则”的信任。利用区块链技术，构建可信任的政府治理，已成为构建法治政府、廉洁政府、整体政府、敏捷政府和服务型政府的重要机遇和必由之路。相信《可信任的治理》一书能够为新时代可信任的、人民满意

型数字政府建设带来创见和启迪。

——国家信息中心信息化和产业发展部主任、中国智慧城市发展研究中心主任、区块链服务网络（BSN）发展联盟理事长、国家大数据发展专家咨询委员会秘书长 单志广

数字技术重构着政府与市场、公众的行为模式及其互动关系，数字技术赋权和赋能日益显著，基于数据的治理的底层逻辑是重构政府与公众的信任逻辑与互动模式，从区块链这一具有社会信任的计算技术开始，作者从数字政府治理能力现代化的视角，为我们提供了如何构建面向、基于和经由数据的现代化数字治理能力方案。相信《可信任的治理》这本书将为推动数据驱动的数字政府建设提供新思考、新实践！

——清华大学社会科学学院副院长、政治学系长聘副教授、博士生导师 孟天广

作为一种新型信息处理方法，区块链具有独特的防数据篡改、低成本建立信任和可靠价值传递的优势。将区块链加入数字政府的技术底座，将为提高政务公开水平、提升部门之间信息安全共享和协作能力、提速数字政府发展注入新动能。志刚作为最早从事数字政府技术和战略咨询的高级专家，敏锐地洞察到区块链对现代化政务治理体系的价值，潜心开展了大量“区块链 + 数字政府”规划、技术、产业的研究及探索，并将成果系统化、结构化地在本书中进行总结。本书在战略洞察高度、技术思考深度、应用场景契合度等方面都具有很高的参考价值。

——中国移动通信研究院主任研究员、高级工程师 杨波

前言

数字赋能整体智治

2019年10月24日下午，习近平总书记在中共中央政治局就区块链技术发展现状和趋势进行的第十八次集体学习中指出："要探索利用区块链数据共享模式，实现政务数据跨部门、跨区域共同维护和利用，促进业务协同办理，深化'最多跑一次'改革，为人民群众带来更好的政务服务体验。"

"十四五"期间，通过推动数字政府"整体集约"建设，"形成与数字经济发展相适应的数字治理能力，带动促进数字社会建设，有力支撑国家治理体系和治理能力现代化"已经成为我国数字政府实践的主要战略。

数字政府是政府应用数字化技术实现业务流程重塑、组织机构重构与核心能力重建的过程，在这一过程中可降低行政成本，提高政府履职效能。

数字化技术降低了信息流通的成本，减少了信息的不对称，提高了应对不确定性的能力，还能够帮助政府重塑横向和纵向的业务流程，尤其是数据分析技术、人工智能技术，应用它们可以实现流程的自动化、智能化，减少人为干预环节。也就是说，数字政府的业务流程重塑是通过在业务流程中引入大量具有计算处理能力、分析能力的智能节点来实现的。

数字技术以及数据要素融入政府的决策、执行、监督三大环节，推动决策更加精准、执行更加迅速、监督更加及时。但是，大量平台成为政府治理体系的核心组成部分，为跨部门、跨层级、跨区域的政府履职和机构重组提出了新的要求。这需要政府内部组织机构在治理体系上进行适应性变革，尤其是依靠数字化技术构建数字化平台，即政府的平台化。

数字时代的显著特征之一就是各种数据要素的流动和配置呈现全空间、全时间、全环节、全方位、全链条、瞬时性、爆发性等特征，不确定性增强的同时，系统性、整体性也在增强。通过打破横向、纵向的部门壁垒，构建一个整体的智治政府。这需要重建核心能力，主要是能够提前预知的能力、能够科学决策的路径选择能力、能够灵活重组要素的能力、应对“涌现”的能力以及多元化利益整合的能力。

数字政府的建设是政府重塑核心能力的过程。流程重塑和组织重构是工具层面的，能力重建是目的层面的。数字化技术在政府的应用，其目的指向应该是组织的数字化、能力的数字化，应该是优化既有的能力，构建新的能力，以适应经济、社会、生态、基础设施的数字化。

数字政府是电子政务发展的新阶段。数字技术被普遍应用于政府治理活动中，以推动政府数字化。数字政府是以数据要素为核心要素的新型治理体系，某种意义上是一个新的治理模式暨数据驱动治理模式、治理工具、治理体系的变革，发挥了主导作用。

数字政府会历经三个子阶段：数据治理、可编程治理和智能治理。数据治理阶段以实现数据的汇聚共享为核心目标，通过治理政务数据、汇聚社会数据、构建公共数据开放平台，在对数据进行可信治理的基础上，以数据要素的跨部门、跨层级、跨区域的流通实现整体政府的治理目标；可编程治理阶段以实现高效协同治理为核心目标，通过软件编程、智能合约、隐私计算、多方计算等信息技术，对治理工具、治理规则、治理要素的数字化构建横纵协同、多元联动的业务交换枢纽平台，通过智能合约实现整体政府的治理目标；智能治理阶段以实现精准治理为核心目标，治理主体和治理对象通过广泛应用数字技术构建多场景的智能化治理交互系统，通过社会感知技术、人工智能技术、数据分析技术、可信计算技术，构建既能实现整体回应公共治理需求又能精准回应公共治理需求的能力。

按照英国学者克里斯托弗·波利特（Christopher Pollit）的定义，“整体政府”是指一种通过横向和纵向协调的思想与行动以实现预期利益的政府治理模式。数字技术在工具层面为整体政府的构建提供了新的解决方案，可以将数字政府看作综合集成运用数字技术构建整体政府的数字化探索。整体政府构建有四大核心目标：消除不同政策的矛盾、提高稀缺资源的利用率、促进不同利益主体协作和为公众提供“无缝服务”。作为对抗“部门主义”“政出多头”现象的公共管理理念，整体政府要求在政府内部、政府与公众、政府与企业之间形成严密的协作机制并实现功能整合。从 2017 年开始，我国在政务信息化建设中提出了政务服务的“三融五跨”协同管理和服务目标。所谓“三融五跨”，是指技术融合、业务融合、数据融合和跨层级、跨地域、跨系统、跨部门、跨业务。在 2021 年的

《“十四五”推进国家政务信息化规划》中，我国确立了“政务信息化建设总体迈入以数据赋能、协同治理、智慧决策、优质服务为主要特征的融慧治理新阶段”的规划目标。以“整体政府”理论为基础，应用数字技术实现整体智治成为指引我国数字政府建设的主要纲领。

纵观国家“十四五”纲要、“十四五”政务信息化规划、“十四五”数字经济规划所确立的国家数字化战略布局，区块链技术成为我国数字治理体系和治理能力建设中的重要数字技术。区块链具有难伪造、全留痕、可追溯、透明、共管理等特征，这使得区块链在“三融五跨”应用中具有极高的技术价值。从“十四五”政务信息化规划把区块链列为政务应用、政务数据交换共享、公共数据资源开发利用的主要应用方向，我们可以看出，区块链为不同治理主体之间、治理主体与治理对象之间、不同治理层级之间的数据安全可信交换共享提供了新的技术解决方案。

以政务数据共享为例。利用区块链技术的不可篡改、可追溯、零信任交易的特性，对“适合上链的政务数据”进行分布式记账交换，以及对“不适合上链的数据”进行数据操作行为分布式记账存证，能够有效解决数据流通中责任、权属、风险的管理问题。

区块链技术作为可信技术的一种，对于构建阳光政府、法治政府、透明政府、服务政府具有很大的技术支撑能力和价值。推进区块链技术在数字政府的应用，一是构建全国一体化的区块链政府数据服务网，实现跨层级、跨部门、跨地区数据的可信交换、共享、应用；二是推进区块链技术应用于责任清单、权力清单、事项清单的可信管理，建立边界清晰、权责明确的可信业务协同体系；三是推进通用数据，唯一性数据，跨部门、跨层级、跨区域数据的上链管理，构建一体化的基础政务数据库；四是推进政府资产（含数据资产）的区块链管理；五是推进基于智能合约技术的业务标准，构建智能化、自动化的横纵智能协同业务体系。

区块链技术作为可信技术的一种，将成为支撑整体智治的数字政府建设的主要数字技术，因此，探索和推动区块链在数字政府建设中的应用创新，对于构建整体智治公共治理体系具有重要的工程价值和实践意义。

目录

001 第一章 区块链技术及其应用价值

第一节 区块链基本概念 / 002
第二节 区块链主要特征 / 004
第三节 区块链关键技术 / 006
第四节 区块链网络分类 / 014
第五节 区块链技术价值 / 015

017 第二章 数字治理发展的新阶段

第一节 从信息化到数字化 / 018
第二节 从数字化到现代化 / 020
第三节 从数字化到数字治理 / 022
第四节 从数字治理到区块链 / 026
第五节 开启数字化新发展阶段 / 027

035 第三章
数字政府基本概念与趋势

第一节 数字政府概念与发展 / 036
第二节 数字技术与数字政府 / 038
第三节 数字政府建设的趋势 / 050
第四节 我国数字政府的实践 / 057

063 第四章
数字政府理论研究与建构

第一节 政府治理能力变迁与发展 / 064
第二节 数字政府的理论发展现状 / 071
第三节 政府治理能力现代化内涵 / 077
第四节 能力领先的数字治理范式 / 083

103 第五章
政务数据特性及其治理技术

第一节 数据与信息概念辨析 / 104
第二节 政务数据的概念与内涵 / 105
第三节 政务数据的特性 / 107
第四节 政务数据要素内容与范围 / 108
第五节 政务数据的分类与分级 / 110
第六节 政务数据生命周期 / 120
第七节 政务数据的结构 / 124
第八节 政务数据的价值 / 128

131 第六章
政务数据要素开发利用与可信治理

第一节 政务数据开放 / 132
第二节 政务数据的共享 / 140
第三节 政务数据开放评价的方法 / 157
第四节 政务数据可信治理 / 161

171 第七章
数字政府可信治理应用框架

第一节 提高公共服务高效化能力 / 172
第二节 构建可编程数字政府治理结构 / 176
第三节 提高数字政府治理资源的能级 / 180
第四节 构建数字政府核心流程可信力 / 185

189 第八章
数字政府可信数字治理范式

第一节 可信技术在数字政府的应用特性 / 190
第二节 可信技术对政务场景的适用性 / 194
第三节 确定可信技术对数据管理的原则 / 196
第四节 建设基于可信技术的基础设施 / 198
第五节 建立新型核心能力平台 / 199
第六节 设计满足“三融五跨”的共识机制 / 200

第七节 规划开发数字政府智能合约 / 204
第八节 建立分布式的身份管理系统 / 206
第九节 开发部署政务区块链的应用 / 207

213 第九章
数字政府可信数字设施构建

第一节 数字政府可信数字设施框架 / 214
第二节 政务数据可信开放的价值 / 223
第三节 政务数据可信流通的框架 / 225

241 第十章
数字政府可信治理方案

第一节 社会管理数字化治理能力建设 / 242
第二节 市场监管智慧监管能力建设 / 254
第三节 城市治理科学化、精细化、智能化能力建设 / 275

附录
数字政府可信治理典型案例 / 293

后记
从技术理性走向数字理性 / 307

参考文献 / 311

第一章

区块链技术及其应用价值

The Blockchain and the Practical Value

第一节 区块链基本概念

区块链技术对于我们来说已经不是陌生的概念。因此，有关区块链的概念，本书主要引用公开的权威资料进行概要的梳理。

区块链是分布式数据存储、点对点传输、共识机制、加密算法等计算机技术的新型应用模式。清华大学人工智能研究院 2020 年 7 月发布的《区块链发展研究报告 2020》对区块链的概念从狭义和广义两个角度提供了相对清晰的描述。

狭义上，区块链是一种按照时间顺序将数据区块以顺序相连的方式组合成的一种链式数据结构，并以密码学方式保证的不可篡改和不可伪造的分布式账本。

广义上，区块链是利用块链式数据结构验证与存储数据、利用分布式节点共识算法生成和更新数据、利用密码学方式保证数据传输和访问的安全、利用自动化脚本代码组成的智能合约来编程和操作数据的一种全新的分布式基础架构与计算方式。

按照该报告，区块链由三个基本概念组成：交易（Transaction），导致区块链分布式账本状态改变的一次操作；区块（Block），用于记录一段时间内发生的交易和状态结果；链（Chain），由一个个区块按照发生顺序串联而成，是整个状态变化的日志记录。

我们可以用现实生活中的会计记账来通俗理解区块链：区块链可以被看作分布式账本，这个账本由不同的会计记账，并且每个会计都存有所有的收支情况，任何人想要修改账本的内容，必须说服多数会计同意，比如说服一半以上的会计同意。在现实生活中，如果会计的人数很多，并且分属不同的公司，那么我们要说服半数以上会计是很难的事情。这就是区块链的基本原理。

区块链上保存的信息是以共享数据库的形式存在的，区块链数据库不会存储在任何单一位置上，而是有一定规模地在互联网上的计算机进行分布式存储和管理，因此区块链所保存的记录具备公开性，且易于验证，只要符合区块链网络中公开的技术规则，任何人都可以添加、访问、验证其数据。

我们可以这样来理解区块链的工作原理：过春节的时候，小朋友收到了爷爷奶奶的红包并让父母负责保管（某一方创建一个含有存钱信息的数据块），然后，小朋友为了防止父母不认账或者擅自花掉自己的压岁钱，就把让父母保管钱的信息告诉了 10 个亲戚、老师和同学（把这个数据块分发到计算网络上），亲戚、老师和同学建立一个微信群，并找来父母确认是不是真的（这个数据块需要以某种方式由多个计算机验证）。父母在群里发了一个视频作为证明，于是，大家把这个信息都记住了（通过验证的数据块就会被添加到由所有的计算节点维护的链中，成为区块链的一部分）。这样一来，小朋友存钱的证据就具有了唯一性和不可篡改性，因为父母要是不认账，需要说服多数以上的亲戚、老师和同学（经验证的数据块存储在整个网络中，成为唯一的历史记录）。

如果有人想在这个记录上作修改或者造假会遇到什么情况呢？他需要征得多个计算节点的同意并在其记录中修改数据块，这并不是一件容易的事情，尤其是当区块链维护的计算节点规模庞大且分属不同的机构时，造假者需要付出高昂的成本。

第二节 区块链主要特征

区块链具有 5 个特征：去中心化、开放性、自治性、不可篡改和匿名性[1]。掌握和了解这些特征，对于理解区块链在数字政府的应用是必要的。

去中心化：区块链是由众多节点共同组成的一个端到端的网络，不存在中心化的设备和管理机构。去中心化使网络中的各节点之间能够自由连接，进行数据、资产、信息等的交换。

开放性：区块链中的所有数据信息是公开的，每一笔交易都会通过广播的方式让所有节点可见。区块链具有源代码开源性，即网络中设定的共识机制、规则都可以通过一致的、开源的源代码进行验证。任何人都可以加入（如公开链），或者通过受控方式加入（如联盟链）。

自治性：任何人都可以参与到区块链网络，每个节点都能获得一份完整的数据库拷贝。节点之间基于一套共识机制，通过竞争计算来共同维护整个区块链。区块链技术采用基于协商一致的规范和协议，使得整个系统中的所有节点能够在可信任的环境自由安全地交换数据，任何人为的干预不起作用。

不可篡改性：不可篡改性是指单个甚至多个节点对数据库的修改无法影响其他节点的数据库，除非能控制超过 51% 的节点同时修改。区块链使用了密码学技术中的哈希函数、非对称加密机制保证区块链上的信息不被篡改。由于每一个区块都是与前续区块通过密码学证明的方式链接在一起的，当区块链达到一定的长度后，要修改某个历史区块中的交易内容就必须将该区块之前的所有区块的交易记录及密码学证明进行重构，有效实现了防篡改。

匿名性：由于节点之间的交换遵循固定的算法，其数据交换是无须信任的，区块链中的程序规则会自行判断活动是否有效，所以，交易对象无须通过公开身份的方式让对方信任。

国内学者周丽莎等人在分析区块链数字政府应用时，总结了区块链的技术特征[2]，包括：不依赖额外的第三方管理机构或硬件设施的去中心化、数据全网传播和同步带来的不可篡改性、对“人”的信任改变为对机器的信任的自治性、通过部署在区块链的智能合约执行复杂的业务逻辑的智能性、基于加密技术构建的隐私性和不受部分节点故障影响整体系统功能的安全性。

其中，对“人”的信任改变为对机器的信任与智能合约带来的智能性为我们理解数字政府应用区块链技术提供了洞见。区块链技术能够通过去中心化、非对称加密、分布式储存等技术，实现所有计算节点在信任的环境下自动安全地交换数据。在这个意义上，可以把区块链技术看作重构信任机制的数字技术。

第三节 区块链关键技术

一、密码学技术：实现区块链安全基础

密码学技术被广泛应用于区块链，是区块链实现不可伪造、不可篡改、可公开验证和隐私保护的基础。在此我们进行简要介绍。[3]

1. 哈希函数

哈希函数也被称为散列函数。它是一种特殊的函数，用于将任意长度的消息 M 映射为较短的、长度固定的摘要值 H（M）。哈希函数对任意长度的输入都能产生固定长度的输出，并具有错误检测能力，即改变消息 M 中任何一个比特或几个比特都会使摘要值发生改变。常用的哈希函数有 SHA-256 算法、Keccak 算法、SM3 算法。

哈希函数具有如下特性。

弱抗碰撞：给出消息 M 计算 H（M）很简单，但是从 H（M）反推 M 在计算上是不可行的。这种特性可以防止伪造。

强抗碰撞：任何两个不同的消息 M1 和 M2，所获得的两个摘要值在计算上是不可能相同的。这种特性可以防止已知攻击。

在区块链中哈希函数可以用于生成用户地址、数字签名、生成默克尔哈希树、设置挖坑难度和发布软件。

首先，哈希函数输出的是“乱码”，即任何输入经过哈希函数处理后的输出实际上就是一段长度固定的“乱码”；其次，如果想通过这段乱码找到原来的输入难度非常大。以密码保护为例，互联网

上发生过多次数据库被黑客攻击导致用户密码泄露的问题，那么我们可以使用哈希函数处理我们在网上的密码，在数据库存储的是哈希处理后的“乱码”，即使数据库被黑客攻击，黑客也只能拿到你的密码的哈希值。按照前面描述的哈希函数特性，黑客除非耗费巨大精力，否则很难通过拿到的哈希值反推出你的密码。

2. 数字签名

ISO7498-2 标准对数字签名的定义是：“附加在数据单元上的一些数据，或是对数据单元所作的密码变换，这种数据或变换允许数据单元的接收者用以确认数据单元的来源和数据单元的完整性，并保护数据，防止被人伪造。”数字签名具备不可伪造、不可抵赖、可信、不可复制、不可篡改的性质。数字签名一般利用公钥密码技术来实现，其中私钥用来签名，公钥用来验证签名。

数字签名算法可以分为三类。第一类是经典签名算法，典型的有 RSA 签名算法、El Gamal 签名算法、Schnorr 签名算法、DSA 签名算法；第二类是基于椭圆曲线的数字签名算法，典型的有 ECDSA 算法、SM2 数字签名算法；第三类是基于身份的数字签名算法，典型的有 SM9 数字签名算法。

在区块链中，数字签名主要是保证交易的安全性。

知乎上的一篇专栏文章[4]提供了一个以 RSA 算法举例的数字签名过程，包括加密解密、签名验签两个阶段：RSA 算法提供一对公钥和私钥，在不直接传递密钥的情况下，完成加解密操作。在签名验签阶段，通过在信息的来源中添加一段无法被伪造的加密字符串，作为对信息来源真实性的有效证明。由甲、乙双方作为消息发送方和接收方，其中甲方持有公钥，乙方持有私钥，两个过程如下。

加密解密过程

（1）乙方生成一对密钥，即公钥和私钥，私钥不公开，乙方持有，公钥为公开，甲方持有。

（2）乙方收到甲方加密的消息，使用私钥对消息进行解密，获取明文。

签名验签过程

（1）乙方收到消息后，需要回复甲方，用私钥对回复消息签名，并将消息明文和消息签名回复甲方。

（2）甲方收到消息后，使用公钥进行验签，如果验签结果是正确的，则证明消息是乙方回复的。

3. 零知识证明

零知识证明是指证明者能够在不向验证者提供任何有用的信息的情况下，使验证者相信某个论断是正确的。

零知识证明是一个两方参与的交互协议，其中证明者向验证者证明某一个断言的正确性，并且满足以下三个条件。

正确性：即若断言为真，则验证者总是接受证明。

可靠性：即若断言为假，则验证者总是拒绝证明。

零知识性：即验证者无法从该证明过程中获取额外的信息。

零知识性能够防止证明者向验证者泄露不必要的信息，可以分为三种：计算零知识性、统计零知识性、完美零知识性。

举例来说，A 和 B 两个人要证明 A 的指纹能够启动一辆汽车。假设只有 A 的指纹是启动汽车的钥匙，但是 A 又不想通过现场给 B 展示启动汽车来证明自己拥有这辆汽车，那么 A 可以通过与 B 约定在某年某月某日这辆汽车会出现在某个精确位置的方式来证明这件事情。在这个过程中 B 看不到 A 的指纹，也看不到现场启动汽车的情景。这就是零知识证明的一种方式，即 B 没有获得 A 的任何指纹信息，又确认了 A 能够启动汽车。

零知识证明可以分为交互式零知识证明和非交互式零知识证明。在区块链应用中，零知识证明的主要应用目标是生成可验证的匿名记录，确保被公开放到链上的数据的隐私性。

二、共识算法：实现共识决策的保障

区块链使用的是对等的点对点通信技术，没有任何一个网络节点比其他网络节点拥有处理事务的更高权威和优先级，任何事情必须通过预定数量的节点的同意。

那么，怎么才能让互不隶属、不同的实体计算节点达成共识呢？这就需要用到共识算法。

共识算法是实现共识机制的计算方法。共识机制是实现共识决策的过程。按照维基百科的定义，共识决策为一个小组的决策过程，小组成员在此过程中发展并同意支持整个决策的最大利益。共识是能够被小组成员接受的具有最小公约性质的解决方案，即使不是每个成员的“最爱”，也可以得到支持。

以委托权益证明（DPoS）为例，DPoS 制度和现实世界中的股东治理制度非常相似[5]：在一个公司里，股东通过持有公司的股票来获得对公司的治理权，谁持有的股票越多，谁拥有的权力就越大。在 DPoS 中，股东的权力相当于投票权，股东通过投票选出自己信任的人，被称为“超级节点”，获得票数最多的超级节点组成委员会。系统运行是靠超级节点支撑，在超级节点之间并没有互相监督或者投票之类的流程，轮到哪个超级节点记账就由它记账。如果某个超级节点确实干得不行或者犯了错，股东就不会继续把选票投给它，它也就不再是超级节点了。

区块链系统通过共识算法为系统提供一致性支撑。在区块链系统中，共识是各个共识节点对交易执行结果达成一致的过程。世界知名 IT 技术网络媒体 TechTarget[6] 将共识算法解释为："在计算机科学中，共识算法是一种用在分布式过程或系统中，实现单一数据值的协议。"软件开发信息社区 InfoQ 梳理了 30 多种共识算法[7]，把共识算法分为有竞争共识算法、协同型共识算法。典型的共识算法有工作量证明（PoW）、权益证明（PoS）、延迟工作量证明（dPoW）、授权 PoS（DPoS）、权威证明（PoA）、权重证明（PoWeight）等。

共识算法所提供的价值是达成共识的基础。人们需要理解的是，无论共识算法如何变化，其要解决的核心问题始终是：在一个分布式系统中，确保所有共识节点能够就某个提案（Proposal）达成共识。

三、智能合约：实现分布式可信计算的关键

智能合约是一种从理论上可以实现自动交易，并通过零知识证明使交易更加安全的机制。

尼克·萨博（Nick Szabo）在 1996 年首次提出：一个智能合约是一套以数字形式定义的承诺（commitment），包括合约参与方可以在上面执行这些承诺的协议。其目的是提供一种安全的方法以降低合约相关交易成本。

智能合约技术是区块链的关键技术之一。美国著名技术咨询公司加特纳（Gartner）对智能合约的定义[8]是"促进、验证或执行合

约条款的计算机程序或协议”。智能合约具有三个特点：基于分散的分类账技术进行操作的、独立的、一成不变且不可撤销的。智能合约是“可以自动执行传统合约中的‘如果发生这种情况就执行那种结果’的计算机代码”。

智能合约相比传统合约具有如下明显的优点[9]。

1. **自动化和节省时间：**智能合约具备自动化和可编程特性。制定基于区块链的合同，时间只需要几分钟。

2. **透明度和准确性：**条款和条件已预先定义并嵌入智能合约中，条款和条件对所有相关方完全可见且可以访问。在某种情况下，一旦满足所需条件，就会自动执行并进行记录，让交易完全透明，降低合约执行的交易成本。

3. **安全性和机密性：**智能合约通过使用加密算法来提供安全性和机密性。智能合约中的所有操作都将被记录、验证和加密。

智能合约给我们提供了无限的想象力，我们可以把大量的确定性规则通过智能合约变成能够自动、智能地执行的计算机代码，满足预置条件时自动执行提高效率。

不过需要注意的是，并非所有的合约都能够通过智能合约处理，只有具备确定的、边界和条件非常清晰、不存在二义性和争议性的合约才能使用智能合约技术。而且，智能合约是人工编写的计算机代码，难免会有缺陷（BUG）、存在被攻击的漏洞和风险，所以我们不能被智能合约迷惑了，以为智能、安全就可以高枕无忧。智能合约在区块链网络上是不可篡改的，如果规则发生变化只能发布新的智能合约。加特纳认为智能合约是独立的，这意味着它仅服从自己的代码，并且一旦部署，就不能由发起者或任何法律系统控制。因此，加特纳给出了一组评估指南[8]：

该合约能不能使用经过测试和具有法律约束力的传统合约机制来进行？如果答案是否定的，请选择继续下面的测试。

有人在生产中使用智能合约吗？如果答案是否定的，那么您可能会成为第一个冒着风险的企业或品牌。您确定要冒险吗？

如果出现问题，包括意外行为或意外后果，合约创建者是否要赔偿您的组织？如果他们不这样做，则意味着您正在冒险。

有哪些软件保证机制？是否有用于数学正确性证明的工具？更重要的是，它们是否已被应用于此智能合约，证据在哪里？

在什么情况下软件中使用逃生通道（退出/停止子句），谁可以调用它们？为什么？逃生通道会增强开发的脆弱性，并要求智能合约有清晰度、目的和影响。

以物业管理中公共维修基金透明使用为例。通过把公共维修基金使用的规则、投票的规则、最低投票率、最低投票通过率、截止日期等预先设定，生成一段智能合约代码，当业主或者业主委员会投票时自动触发智能合约，智能合约跟进区块链上的数据自动运行投票规则，判断投票结果，并生成投票文件，进行信息公示，做到了公开、透明、自动、不可篡改。

四、区块链安全特性：让攻击者得不偿失

区块链使用了大量安全技术，包括非对称加密、签名算法、哈希算法来确保安全性，让攻击行为得不偿失。本书不详细介绍这些具体的安全技术，仅从区块链自身的技术机理上介绍令区块链的攻击者得不偿失的两个安全特性。

一是数据区块始终按时间顺序存储。新的数据区块总是被添加到区块链的“末端”，即排在已有的所有区块后面。这样做的好处

是，除非大多数节点达成共识，否则很难返回并更改区块的内容。

二是数据区块包含自己之前的区块和时间戳信息。每个数据区块都包括三个信息：自身数据哈希值、自己之前区块的哈希值和时间戳。如果攻击者试图更改区块链，需要达成两个条件：一是变更自己的副本，二是更改至少 51% 节点的副本，使新副本成为多数副本，并以此形成协议链。这需要大量的计算资源、时间资源和金钱资源，从而使攻击变得得不偿失。

五、跨链技术：实现价值互联互通

跨链技术是实现区块链互联互通、提升可扩展性、实现价值网络的重要技术，本质上是一种将 A 链上的数据 D（或信息 I，或消息 M）安全可信地转移到 B 链并在 B 链上产生预期效果的技术。从价值实现的角度来说，跨链是指在价值守恒定律下，价值在不同区块链之间流动的过程。典型的跨链技术有公证人机制、中继链（侧链）、哈希锁定和分布式私钥控制。

公证人机制是通过引入一个共同信任的第三方作为中介，由这个共同信任的中介进行跨链消息的验证和转发。

中继链是公证人机制和侧链机制的融合和扩展。中继是一种方式，侧链是一种结果。侧链表达的是两条链之间的关系，并不是特指某种跨链技术或方案。

哈希锁定的典型实现是哈希时间锁定，该方法是采用哈希锁和时间锁，迫使资产的接收方在截止时间内确定收款并产生一种收款证明给打款人，否则资产会归还给打款人。

分布式私钥控制[10][11]是采用分布式节点来控制区块链系统中各种资产的私钥，将数字资产的使用权和所有权进行分离，使得链上资产的控制权能够安全地转移到非中心化系统中，同时将原链上的资产映射到跨链中，实现不同区块链系统间的资产流通和价值转移。

区块链跨链技术的典型应用有资产跨链、数据跨链、业务跨链，以满足不同机构建设运营的区块链实现价值交换。

第四节 区块链网络分类

区块链网络是对等的计算节点之间连接在一起共享一个分布式账本的网络，由加密分布式共享账本和点对点网络组成。

区块链网络是为应用程序提供账本和智能合约服务的技术基础设施。区块链网络具备四个特征：对等点对点网络、基于某种共识算法、对所有交易进行分布式账本技术管理、对所有交易记录进行分布式账本技术管理。

从准入机制来看，区块链可以分为公有链、私有链和联盟链。公有链是任何人都可以加入和参与的区块链，其缺点是需要大量算力、交易的隐私性极低、安全性较弱；私有链是由一个组织来负责管理的区块链，该组织控制谁被允许参与网络，并执行共识协议，维护共享账本。联盟链是由多个机构合作建设并分担维护区块链的责任和决定谁可以提交交易或访问数据的区块链。

从部署方式[12]来看，区块链网络可以分为全节点、共识节点、路由节点以及服务节点。

全节点也被称为“全功能节点”，包含点对点网络（P2P）、完整的区块链账本数据、网络路由等；共识节点主要提供共识机制服务，负责交易验证、交易记账、区块打包和确认等工作，为达成共识提供账本的更新服务；路由节点通过维护路由表为网络节点的互联互通提供增强连接服务；服务节点专门提供除了路由共识之外的其他服务的节点，比如网络功能调用。

按照层次结构不同，区块链网络可以分为主链、侧链、中继链。主链是指正式部署上线且独立运行的区块链网络，是被所有人公认的区块链网络，发生在这个网络中的所有交易信息所有人都认可，是有效的区块在通过共识验证后被追加到主网的区块账本上的区块链。所谓侧链，维基百科的说法是："实质上不是特指某个区块链，而是指遵守侧链协议的所有区块链，该名词是相对于比特币主链来说的。侧链协议是指可以让比特币安全地从比特币主链转移到其他区块链，又可以从其他区块链安全地返回比特币主链的一种协议。"中继链[12]扮演"中间人"的角色，如果在区块链 A 和区块链 B 之间存在第三方链 C，并且 C 是 A 和 B 的中继，那么 C 就可以被称为"中继链"，中继链 C 为链 A 与链 B 之间的通信提供服务。

第五节　区块链技术价值

区块链能够提供独特的技术价值。

准确性：区块链网络上的交易由若干计算机组成的网络批准。区块链能够减少人为参与的验证过程，从而减少了人为错误并准确记录信息。假如网络上的某些计算节点出现计算错误，该错误也只会发生在区块链的一个副本上，并不会蔓延到整个区块链网络上。

低成本：区块链提供的不可篡改性能够大幅度降低对第三方验证的成本。例如，政务服务过程中可以对公民的证照信息“一次采集，多次流转”，满足不同部门在不同场景下的验证需求。

难篡改：区块链不会将其任何信息存储在所谓核心的位置。区块链被复制并分布在计算机网络中。每当将新块添加到区块链时，网络上的每台计算机都会更新其区块链以反映更改。如果区块链的副本落入黑客之手，则只会破坏信息的单个副本，而不是整个网络。

高效性：与传统机构交易不同，区块链不需要有人工确认交易的合法性，交易可以在短时间内完成并确认是否安全。同时，计算节点之间共享分布式账本，可以节约对账时间。

私密性：任何人都可以查看交易历史列表但不能访问进行这些交易的有关用户的标识信息。用户进行公共交易的唯一标识基于公钥，而非个人信息被记录在区块链上。

安全性：记录交易后，区块链上多个计算节点会确认交易细节的正确性，验证通过后将其添加到区块链中。以任何方式编辑块上的信息时，该块的哈希码都会更改，但是，其后的块上的哈希码不会更改。这种特性使得擅自更改区块链上信息的行为变得非常困难。

透明度：大多数区块链都是完全开源的软件或者基于开源软件构建的。这意味着任何人都可以查看其代码或者对其系统进行更改或升级。

增强信任：区块链可以为成员提供准确、及时、机密的数据，并且基于授权数据共享交换。

第二章

数字治理发展的新阶段

The New Stage of Digital Governance

第一节 从信息化到数字化

未来一段时间，信息化发展会进入数字化新阶段。厘定和区分信息化与数字化的概念与关系，是我们理解数字化新阶段的基础。

从信息化概念的发展历程看，信息化强调的是信息技术在经济和社会持续应用提高运行效能的过程。

1997 年，首届全国信息化工作会议对“信息化”首次进行定义：信息化是指培育、发展以智能化工具为代表的新的生产力并使之造福于社会的历史过程。

2006 年，国务院在《2006—2020 年国家信息化发展战略》中将“信息化”正式定义为：信息化是充分利用信息技术，开发利用信息资源，促进信息交流和知识共享，提高经济增长质量，推动经济社会发展转型的历史进程。

相比 1997 年的信息化定义，2006 年的更加清晰和明确，从信息化要素的视角给出了进一步的说明，列出了四个核心要素，即信息技术、信息资源、信息系统、信息利用。同时，在应用服务对象上又保持了连贯性，强调信息技术在时间序列上持续应用的经济社会效用。

数字化是信息化发展的新阶段，数字化强调的是应用数字技术对物理世界实现二进制表示，更好地改善与物理世界的互动关系以推动经济和社会持续提高运行效能的过程。

关于数字化，目前还没有官方权威的定义，国内外部分机构给出了探索性的定义。

加特纳对数字的定义是“通过二进制代码表示物理项目或活动”。当用作形容词时，“数字”描述了最新数字技术的主要用途，以改善组织流程，改善人、组织和事物之间的互动，或使新的商业模式成为可能。而数字化的定义是：从模拟形式转变为数字形式的过程，也被称为“数字使能”。

中关村信息技术和实体经济融合发展联盟发布的《数字化转型参考架构》（T/AIITRE 10001—2021）对数字化转型给出了定义：“不断深化应用云计算、大数据、物联网、人工智能、区块链等新一代信息技术，激发数据要素创新驱动潜能，建设提升数字时代生存和发展的新型能力，加速业务优化、创新与重构，创造、传递并获取新价值，实现转型升级和创新发展的过程。”其中，新型能力主要指的是价值创造向的 6 个相关能力，即载体、过程、对象、合作伙伴、主体和驱动要素。

数字化本质上也是信息化。数字化与信息化的具体定义虽然不完全相同，但其基本要素是同构的。数字化的四个基本要素是数字技术、数据要素、数字系统和数字赋能，与信息化的信息技术、信息资源、信息系统和信息利用的四个基本要素一一对应。所以数字化是信息化的一种形式，本质上还是信息化。信息化和数字化强调的都是信息技术持续应用的过程，价值指向也都是推动经济和社会的转型发展。

数字化是信息化的新发展阶段。数字化的本质特征是信息技术和数据作为要素本身参与到经济社会的运行之中，强调的是物理对象的数字化，关注的焦点是数据要素与其他生产要素融合、叠加、混合之后对要素资源的生产配置、流通和使用过程的要素价值提升、流程效率提升和运行成本节约。数字化的特点是应用数字技术与建设数字系统，但并不把数字技术和数字系统自身看作终极目标，而是把数据要素的生产和再生产作为终极目标。数字化过程的价值指向是要素与要素之间深层次的化学反应。信息化的本质特征是信息技术和信息系统作为对象参与到经济社会的运行之中，强调的是既有资料和信息的电子化，关注的焦点是信息系统与其他系统的融合、叠加、混合之后对既有流程的再造、优化和使用过程中的流程效率的提升和运行成本的节约，信息技术和信息系统作为与其他技术和系统平行独立存在的实体，是相互嵌入、替代的关系。“数字化是信息化的新发展阶段”，所谓“新”，指的就是数据作为新要素，也是数字赋能要素实现新的价值，更是数字技术的应用目标转变为数据的生产和再生产的新目标。

第二节 从数字化到现代化

2018 年，习近平总书记在全国网络安全和信息化工作会议上指出：“信息化为中华民族带来了千载难逢的机遇。”

进入 21 世纪，特别是党的十八大以来，我国信息化工作得到长足发展，数字中国建设的质量和效益加快提升，数字中国建设取得决定性进展和显著成效。2021 年 7 月，国家互联网信息办公室发布《数字中国发展报告（2020 年）》，该报告从信息基础设施建设规模全球领先、信息技术创新能力持续提升、数字经济发展活力不断增强、数字政府服务效能显著提升、信息便民惠民加速普及、网络空间国际合作深化拓展、信息化发展环境不断优化这 7 个方面对数字中国的质量和效益层面进行了总结。

"十四五"时期是我国"乘势而上开启全面建设社会主义现代化国家新征程、向第二个百年奋斗目标进军的第一个五年"。在"十四五"期间，我国的"机遇和挑战都有新的发展变化"，主要表现在科技革命与产业革命叠加，高质量发展与发展不均衡不充分叠加，中华民族伟大复兴战略全局和世界百年未有之大变局叠加。

未来很长一段时期，我国信息化发展面临新的外部环境要求和内部发展要求。全面提升我国信息化的能力和应用水平，已经成为建设现代化经济体系的优先任务。《数字中国发展报告（2020 年）》对此的描述是："落实 2035 年基本实现社会主义现代化目标，加快数字化发展、建设数字中国，是顺应新发展阶段形势变化、抢抓信息革命机遇构筑国家竞争新优势、加快建成社会主义现代化强国的必然要求，是贯彻新发展理念、推动高质量发展的战略举措，是推动构建新发展格局、建设现代化经济体系的优先任务。"

党和国家确立将建设数字中国作为新时代国家信息化发展目标的总体战略。《中共中央关于制定国民经济和社会发展第十四个五年规划和二〇三五年远景目标的建议》提出"坚定不移建设制造强国、质量强国、网络强国、数字中国，推进产业基础高级化、产业链现代化，提高经济质量效益和核心竞争力”，把“加快数字化发展”作为发展现代产业体系、推动经济体系优化升级的主要内容。《中华人民共和国国民经济和社会发展第十四个五年规划和2035年远景目标纲要》(后文简称“‘十四五’纲要”)在“加快数字化发展 建设数字中国”一篇中提出“迎接数字时代，激活数据要素潜能，推进网络强国建设，加快建设数字经济、数字社会、数字政府，以数字化转型整体驱动生产方式、生活方式和治理方式变革”。这两份纲领性文件确立了“数字中国”的建设成为新时代国家信息化发展的总体战略。

《国家信息化发展战略纲要》提出：“适应和引领经济发展新常态，增强发展新动力，需要将信息化贯穿我国现代化进程始终，加快释放信息化发展的巨大潜能。”在这份纲要中，“以信息化驱动现代化”成为国家信息化发展的主线，并把“建设网络强国”作为信息化发展的目标，通过增强国家信息化发展能力，提高信息化应用水平，优化信息化发展环境，实现国家治理体系和治理能力现代化。“十四五”时期，信息化进入加快数字化发展、建设数字中国的新阶段。

第三节 从数字化到数字治理

数字治理是数字时代的新型治理模式。数字治理可以看作数字技术与政府治理理论和实践的融合叠加，是政府及其治理能力、治理活动、治理规则的数字化过程。

数字治理的理论层面，国内学者黄建伟、陈玲玲[13]梳理了国内数字治理的研究和实践进展，从广义和狭义两个维度对数字治理的概念进行了总结：广义上，数字治理是一种社会组织、政治组织及其活动的形式；狭义上指在政府与市民社会、政府与以企业为代表的经济社会互动和政府内部运行中运用信息技术，简化政府行政及公共事务的处理程序，并提高民主化程度的治理模式。数字治理至少包含三个方面的内容：公共服务的数字化、管理技术的数字化和治理手段的数字化。黄建伟认为，数字治理是现代数字化技术与治理理论的融合，以政府、市民和企业为治理主体，是一种新型的治理模式。

在数字治理的实践层面，《数字中国发展报告（2020 年）》系统总结了我国在“十三五”期间取得的主要成绩，如数字政府建设成为推进国家治理体系和治理能力现代化的有效手段，政务服务创新提升企业和群众获得感和满意度，全国一体化政务服务平台、全国一体化数据共享交换平台、全国一体化在线监管体系、“互联网 +”督查平台等一批全国性的数字核心平台成为数字政府的核心数字设施，等等。

“十四五”规划提出了包括“国家行政体系更加完善、政府作用更好发挥、行政效率和公信力显著提升数字治理体系建设”在内的“十四五”时期经济社会发展的主要目标。由此看来，实现国家治理能力和治理体系现代化是未来发展的主要战略方向。

从 20 世纪 90 年代开始，国务院有关部门相继实施一批以“金”字开头的信息化工程，尤其是“金关”和“金税”工程取得了显著成效。2002 年国家信息化领导小组发布的《国家信息化领导小组关于我国电子政务建设指导意见》成为我国首个政务信息化领域的总体性规划，为此后电子政务建设的主要目标奠定了基础。

2006 年国家信息化领导小组发布《国家电子政务总体框架》，确立了“统筹兼顾中央与地方需求，以提高应用水平为重点，以政务信息资源开发利用为主线，建立信息共享和业务协同机制，更好地促进行政管理体制改革，带动信息化发展，走中国特色的电子政务发展道路”的总体目标。

2011 年工信部发布《国家电子政务“十二五”规划》，确立了“全面支撑政务部门履行职责，满足公共服务、社会管理、市场监管和宏观调控各项政务目标的需要，促进行政体制改革和服务型政府建设的作用更加显著”的总体目标。

2017 年国家发改委发布《“十三五”国家政务信息化工程建设规划》，确立了“基本形成满足国家治理体系与治理能力现代化要求的政务信息化体系”的总体目标。

到 2021 年，国家“十四五”纲要中提出“提高数字政府建设水平”，要求“将数字技术广泛应用于政府管理服务，推动政府治理流程再造和模式优化，不断提高决策科学性和服务效率”，从公共数据开放共享、政务信息化共建共用和数字化政务服务效能提高三个方面作出了部署，是指引我国数字政府建设的纲领性文件。

2021 年国务院审议通过《“十四五”推进国家政务信息化规划》，确立了“到 2025 年，政务信息化建设总体迈入以数据赋能、协同治理、智慧决策、优质服务为主要特征的融慧治理新阶段”和“形成平台化协同、在线化服务、数据化决策、智能化监管的新型数字政府治理模式”的主要发展目标。

2022 年 06 月 23 日，国务院发布《国务院关于加强数字政府建设的指导意见》，这份文件提出了“到 2025 年，与政府治理能力现代化相适应的数字政府顶层设计更加完善、统筹协调机制更加健全，政府数字化履职能力、安全保障、制度规则、数据资源、平台支撑等数字政府体系框架基本形成，政府履职数字化、智能化水平显著提升，政府决策科学化、社会治理精准化、公共服务高效化取得重要进展，数字政府建设在服务党和国家重大战略、促进经济社会高质量发展、建设人民满意的服务型政府等方面发挥重要作用。到 2035 年，与国家治理体系和治理能力现代化相适应的数字政府体系框架更加成熟完备，整体协同、敏捷高效、智能精准、开放透明、公平普惠的数字政府基本建成，为基本实现社会主义现代化提供有力支撑”的总体发展目标，并明确了构建协同高效的政府数字化履职能力体系、构建数字政府全方位安全保障体系、构建科学规范的数字政府建设制度规则体系、构建开放共享的数据资源体系、构建智能集约的平台支撑体系、以数字政府建设全面引领驱动数字化发展七大任务和加强党对数字政府建设工作的领导的要求。这份文件确立了我国中长期数字政府建设的顶层设计，是一份纲领性的重要文件。

以数字化转型驱动治理方式变革成为“十四五”时期政务信息化的主要建设要求，其主要内容包括治理流程再造、治理模式优化、政务服务质量提升、数字应用模式创新和从投资驱动到效能驱动的建设模式转变等。

进入“十四五”时期，通过推动数字政府“整体集约”建设“形成与数字经济发展相适应的数字治理能力，带动促进数字社会建设，有力支撑国家治理体系和治理能力现代化”，成为我国数字治理实践的核心战略。

第四节 从数字治理到区块链

习近平总书记高度重视区块链的发展和应用。在 2019 年 10 月 24 日中央政治局第十八次集体学习时，习近平总书记指出，要探索利用区块链数据共享模式，实现政务数据跨部门、跨区域共同维护和利用，促进业务协同办理，深化“最多跑一次”改革，为人民群众带来更好的政务服务体验。

区块链在我国政务领域的应用正在加速展开。《数字中国发展报告（2020 年）》列出了部分典型的政务区块链应用，主要包括：住房和城乡建设部建立基于区块链的住房公积金数据互联共享机制，实现全国住房公积金缴存人住房公积金数据查询服务。北京市建设了区块链可信数字基础设施和重点场景区块链应用，重庆市上线全国首个区块链政务服务平台，云南省启动全国首个省级区块链商品溯源“孔雀码”等。中国信息通信研究院 2021 年 12 月发布的《区块链白皮书》显示：区块链在政务服务事项管理、电子证照、数据共享开放平台的应用场景最多，并随着政务数据上链加速，打通政务数据跨部门共享堵点，在减材料、减环节、提效率方面取得了显著成效。

进入“十四五”时期，区块链成为数字治理体系和能力建设中的重要数字技术，从政务应用、政务数据交换共享、公共数据资源开发利用等方面给出了应用方向。

在政务应用方面，国家“十四五”纲要提出，一方面推动智能合约、共识算法、加密算法、分布式系统等区块链技术创新，明确要以联盟链为重点发展区块链服务平台，并推动政务服务领域的应用方案创新和示范。《“十四五”国家信息化规划》则把区块链应用纳入了国家电子政务外网支撑能力提升的范畴，提出探索 5G、区块链等新技术在政务外网领域的应用。

在政务数据交换共享方面，《“十四五”国家信息化规划》提出，要推动区块链在数据流通中的应用，并从制度供给层面建设技术规则治理体系，明确“人工智能、区块链等关键应用法律主体及相关责任”和强化区块链重点领域标准化建设，以构建完善的数据共享、数据应用等标准体系。更进一步，《“十四五”推进国家政务信息化规划》明确提出“推进政务区块链共性基础设施试点应用，支撑规范统一、集约共享、互联互通的数据交换和业务协同”，政务区块链共性基础设施进入政务信息化的范围。

在公共数据资源利用开放上，《“十四五”国家信息化规划》把“建设区域数据共享开放、政企数据融合应用等数据流通共性设施平台”作为主要内容。与此相呼应，《“十四五”推进国家政务信息化规划》把创新应用区块链技术作为“推进政务数据的算法式安全共享，推进国家数据共享交换平台与国家公共数据开放平台的协同联动”，从而实现公共资源交易平台数据资源整合共享的主要技术。

第五节　开启数字化新发展阶段

2021 年是“十四五”的开局之年，某种意义上也堪称“数字时代”的起点。我国运用系统思维，围绕数字治理和数据治理，加速顶层谋划和治理制度供给，为数字化发展营造了良好的发展环境。

一、数据要素治理制度供给

2021 年，围绕数据要素市场的建设呈现加速之势，正在为未来全国统一的数据要素大市场建设奠定基础。

党的十九届四中全会通过《中共中央关于坚持和完善中国特色社会主义制度、推进国家治理体系和治理能力现代化若干重大问题的决定》，首次将数据列为与劳动、资本、土地、知识、技术、管理并列的生产要素。

早在 2020 年 3 月 30 日，《中共中央 国务院关于构建更加完善的要素市场化配置体制机制的意见》就已经提出加快培育数字要素市场，充分挖掘数据要素价值。

数据要素是推动经济增长的新引擎，这一观点逐渐成为经济高质量发展的新共识。地方政府开始积极推进数据要素市场建设法律体系建设。2021 年，山东省、安徽省、吉林省、山西省、海南省、贵州省、上海市、天津市等 10 多个省市出台数据相关条例。以上海市为例，其条例的立法目标是：规范数据处理活动，促进数据依法有序自由流动，保障数据安全，加快数据要素市场培育，推动数字经济更好服务和融入新发展格局。

数据交易所成为各地竞相布局的核心数据经济基础设施。2021 年 4 月，北京国际大数据交易有限公司（简称“北数所”）成立，号称首家基于“数据可用不可见，用途可控可计量”新型交易范式的数据交易所；2021 年 11 月，上海市不甘落后，上海数据交易所在上海浦东新区正式揭牌成立，重点是聚焦确权难、定价难、互信难、入场难、监管难等关键共性难题，形成系列创新安排。此前贵州省在 2016 年就成立了国内首家数据交易所。经济学者黄奇帆在第三届外滩金融峰会上提出，国家可以成立中央数据部门对国内的数据活动进行统一管理，在确立总的管理规则后，主要城市可以设立定点数据交易所。

数据作为数字时代的资本，谁能够拥有数据的交易控制权，谁将能够获得发展的主导权，这一点应该成为新共识。

二、数字化新基建供给

数据的底层基础是算力，算力的底层基础是能源。到 2035 年，能源的战略目标是碳达峰、碳中和。“东数西算”的提出，可以看作建立与能源结构相适应的数字经济发展基础设施结构设计。

2020 年 12 月，国家发展改革委等四部门联合印发《关于加快构建全国一体化大数据中心协同创新体系的指导意见》，提出要在全国布局大数据中心国家枢纽节点，到 2025 年实现“基础设施一体化格局，东西部数据中心实现结构性平衡”。在“十四五”纲要中提出“加快构建全国一体化大数据中心体系，强化算力统筹智能调度，建设若干国家枢纽节点和大数据中心集群”。

2021 年 5 月，发改委联合四部门印发《全国一体化大数据中心协同创新体系算力枢纽实施方案》，确立在京津冀、长三角、粤港澳大湾区、成渝城市圈、贵州、内蒙古、甘肃、宁夏等地区设立 8 个国家枢纽节点，并启动建设。此后发改部门组织现场会、编制方案等方式推动“东数西算”。

2021 年 10 月 18 日，习近平总书记在主持政治局第三十四次集体学习时发表重要讲话，提出要加强战略布局，加快建设以 5G 网络、全国一体化数据中心体系、国家产业互联网等为抓手的高速泛在、天地一体、云网融合、智能敏捷、绿色低碳、安全可控的智能化综合性数字信息基础设施，打通经济社会发展的信息“大动脉”。

2021 年，发改委和工信部分别发布《国家发展改革委等部门关于严格能效约束推动重点领域节能降碳的若干意见》《新型数据中心发展三年行动计划（2021—2023 年）》，为“东数西算”提供产业政策指引。其目标是既能“加强数据中心绿色高质量发展”，又能“有效支撑各领域数字化转型，为经济社会高质量发展提供新动能”。

三、国企数字化赋能

2021 年堪称国企数字化转型的元年。数字化成为国企高质量发展的核心共识和基本路径。

2020 年 8 月，国资委发布《关于加快推进国有企业数字化转型工作的通知》开启了国企数字化转型的新局面。“数字化、网络化、智能化”的发展路径，成为国有企业“增强竞争力、创新力、控制力、影响力、抗风险能力，提升产业基础能力和产业链现代化水平”的新范式。

2021 年，国企数字化转型加速了理论和方法的供给。12 月 14 日，《2021 国有企业数字化转型发展指数与方法路径白皮书》发布，这是一本由 40 余家国企、行业协会、科研机构、服务企业等单位共同编写并发布的白皮书，很大程度上凝聚了国企数字化转型的行业共识。此外，国企层面的数字化转型工作还有以下三大动作。

一是两化融合管理体系升级。T/AIITRE 10001—2020 系列标准陆续发布实施，其中包括《数字化转型参考架构》《数字化转型价值效益参考模型》《数字化转型新型能力体系建设指南》等，信息化和工业化融合管理体系的新型能力分级要求、评定分级指南为国企数字化转型提供了基本的方法和工具体系。

二是国有企业加速推进国企数字化。招商集团、中核集团、国家能源集团，以及众多的地方国资企业都开始积极布局数字化转型。腾讯研究院的一份报告显示：当前绝大多数国企已开启数字化转型进程，但仍处于起步或初期转型阶段。大多数国企已经意识到数字化转型不能单打独斗，而是需要积极联合数字科技企业与产业链上下游企业，多方协同构建数字生态共同体。

三是地方政府陆续出台国企发展规划，数字化转型成为推动国企高质量发展的核心内容。例如，浙江省国企“十四五”规划提出要实施加快转型升级，实施数字化改革工程，推进企业数字化改革和打造企业数字化标杆；山东省国企“十四五”发展规划提出“促进省属国资国企数字化、网络化、智能化发展，实现企业管理模式、生产方式、业务流程、组织架构和商业模式的深刻变革，打造数字经济新优势”。此外杭州、浦东、嘉定、台州等地出台的国企发展规划都把数字化作为推动发展的主要路径。

四、数字政府建设制度供给

2021 年 3 月，浙江省率先开启省域全面数字化改革，标志着数字政府的建设进入一个新的阶段，此后“浙江模式”逐渐进入数字政府建设的主流话语体系。

2021 年在某种意义上可以说是数字政府建设的转折年：从“互联网 +”政务建设向政府全面数字化转变；从“摸着石头过河”向整体谋划转变；从公共服务向政府效能提升转变；从需求驱动向数据驱动转变；“块强条弱”向“块强条强”转变；从在实践中总结向理论指引实践转变。

2021 年 11 月 17 日，国务院总理李克强主持召开国务院常务会议，审议通过了《“十四五”推进国家政务信息化规划》，提出了数字政府建设的主要内容：构建统一的国家电子政务网络体系，丰富全国一体化政务服务平台功能，完善国家人口、法人、自然资源、经济数据等基础信息库，推动政务数据按政务公开规则依法依规向社会开放，加强市场监管信息化建设，强化网络安全保障。

《“十四五”国家信息化规划》提出了打造协同高效的数字政府服务体系，政府监管规范化精准化智能化、市场化法治化国际化营商环境建设、“一网通办”、政务数据共享流通和党政机关信息化建设水平，成为主要建设内容，以“推动有效市场和有为政府更好结合，打造服务型政府”。

2021 年，我国主要省份和城市几乎都发布了数字政府建设的相关规划，推动数据要素融入政府的服务和治理中成为共识，而在数字政府的规划、建设和运营以及人才培养上，多地也加速开展创新，从机制体制上提高数字政府的建设、运维、支撑能力。其中，数字化产业链的核心企业和电信运营商成为数字政府建设的主要参与者之一。

五、数字经济制度供给

2021 年，关于数字经济发展有两个主要事件：一是 5 月国家统计局发布《数字经济及其核心产业统计分类（2021）》，二是《中华人民共和国数据安全法》的出台。该法律规定省级以上人民政府应当将数字经济发展纳入本级国民经济和社会发展规划，并根据需要制定数字经济发展规划。

数字经济的发展从基本制度层面有了保障，为国家数字经济发展奠定了基础。

作为工业和信息化的主管部门，工信部在 2021 年陆续出台多项政策推动产业数字化发展：5月组织开展“2021年新一代信息技术与制造业融合发展试点”示范申报工作；6月发布《工业互联网专项工作组2021年工作计划》，联合网信部门发布《关于加快推动区块链技术应用和产业发展的指导意见》，以加快推动区块链技术应用和产业发展；7月联合9部门印发《5G应用“扬帆”行动计划（2021—2023年）》；9月印发《物联网新型基础设施建设三年行动计划（2021—2023年）》；11月印发《“十四五”信息通信行业发展规划》《“十四五”软件和信息技术服务业发展规划》《“十四五”信息化和工业化深度融合发展规划》；12月印发《“十四五”智能制造发展规划》《“十四五”医疗装备产业发展规划》《“十四五”机器人产业发展规划》和《工业互联网综合标准化体系建设指南（2021版）》。

此外，还有多个部委陆续发布“十四五”信息化发展规划。民政部印发《“十四五”民政信息化发展规划》；国家铁路局印发《“十四五”铁路科技创新规划》；商务部、中央网信办、发展改革委联合印发《“十四五”电子商务发展规划》；交通运输部印发《交通运输领域新型基础设施建设行动方案（2021—2025年）》；工信部、公安部、交通运输部三部委联合印发《智能网联汽车道路测试与示范应用管理规范（试行）》；文化和旅游部印发《“十四五”文化和旅游科技创新规划》。

推动产业数字化和发展数字经济，提高本部门、本地区的数据资本量，成为高质量发展的旋律之一。

六、数据安全制度供给

2021年国家立法部门明显加速了数据相关的法律制度体系建设，

尤其是数据安全相关的法律制度体系。

2021 年 6 月，全国人大通过《中华人民共和国数据安全法》，该法律制定的目标是：为了规范数据处理活动，保障数据安全，促进数据开发利用，保护个人、组织的合法权益，维护国家主权、安全和发展利益。11 月，《中华人民共和国个人信息保护法》正式施行，这是一部保护个人信息权益、规范个人信息处理活动、促进个人信息合理利用的法律，个人同意作为一般原则被纳入其中。与这两部法律配套的《网络数据安全管理条例（征求意见稿）》同月开始公开征求意见，其目标是：规范网络数据处理活动，保障数据安全，保护个人、组织在网络空间的合法权益，维护国家安全和公共利益。本着合法、正当、必要的原则，数据处理要尊重社会公德和伦理。纳入识别和建立“重要数据和核心数据目录”成为数据处理的前提和基础，以及“处理个人生物识别、宗教信仰、特定身份、医疗健康、金融账户、行踪轨迹等敏感个人信息应当取得个人单独同意”。此外，工信部在 2021 年 4 月起草了《移动互联网应用程序个人信息保护管理暂行规定（征求意见稿）》；8 月发布《互联网信息服务算法推荐管理规定（征求意见稿）》；10 月发布《互联网用户账号名称信息管理规定（征求意见稿）》。上述三项规定分别面向社会征求意见，从而建立算法推进和互联网用户账号的“法律铁笼”。

2021 年一系列数据安全法律和规定的出台，标志着一个规范化的数字时代的到来，信息和数据的蛮荒之地从此有了法律的守夜人。

2021 年数字化进程明显加速，技术、市场、制度、共识、要素等多个维度实现了质的跃迁，2021 年必将载入我国数字化进程的史册，而数字化也将成为推动我国经济社会创新发展的新引擎、新动能。

第三章

数字政府基本概念与趋势

The Concepts and Trends of Digital Government

第一节 数字政府概念与发展

数字政府指的是利用数字技术，基于政府和公民的信息资产，创建新的公共服务和服务交付模型。数字政府的核心是：以用户为中心，敏捷的、创新的公共服务[14]。

数字政府与电子政府不同，数字政府是公共管理科学领域的新概念，属于电子政务的后继者。数字政府并不是凭空产生的，它经历了从电子政府到数字政府的发展过程。电子政府的概念最早出现在20世纪90年代末。[15]在电子政府的发展过程中，其概念存在多个版本，其中“数字政府”“一站式政府”“网上政府”等词语也被看作电子政府的同义词。

经济合作与发展组织（OCED）① 对数字政府的研究为我们考察数字政府概念的演进提供了基础，其于2003年发布了第一个关于电子

① 经济合作与发展组织（OECD），简称经合组织，是由36个市场经济国家组成的政府间国际经济组织，旨在共同应对全球化带来的经济、社会和政府治理等方面的挑战，把握全球化带来的机遇。

政务的研究报告《电子政务势在必行》（*The e-Government Imperative*）[16]，其中对电子政府的定义是：指政府使用信息通信技术（ICT），尤其是互联网，作为实现更好的政府的工具。此后，随着电子政务在全球的普及，经合组织对电子政务的概念、内涵和趋势进行了两次变更，一次变更发生在 2005 年 [17]，经合组织在总结全球趋势的基础上，提出了"聚焦用户"（User Focused）的电子政务概念，强调电子政务服务应更好地响应公民和企业的需求。另一次是 2009 年，经合组织在一份报告中提出从以政府为中心向以用户为中心（User Centric）的转变，该报告回顾了从二十世纪六七十年代开始，ICT 技术在政府部门的应用历程，认为应该从以政府为中心向以用户为中心转变，从关注政府内部的透明度、成本和效率的改变向关注用户服务的改变。

2014 年，经合组织将数字政府定义为 [18] 使用数字技术作为政府现代化战略的有机组成部分（以创造公共价值）。它依赖于政府参与者，非政府组织、企业、公民协会和个人组成数字政府生态系统，该生态系统通过与政府的互动来支持数据、服务和内容的生产和访问。

我国在 2011 年发布的《电子政务术语》（GB/T 25647—2010）中对电子政务的定义是：政务部门为实现政务与公民、企事业之间的信息交互，向社区提供优质、高效、透明的管理和服务，对自身的管理结构和业务流程进行梳理，运用信息技术所构建的技术系统和形成的服务体系。

从电子政务到数字政府，我国目前关于数字政府的定义也存在多个版本。

电子政务专家郑爱军 [19] 认为数字政府通常是指建立在互联网

上、以数据为主体的整体政府，它是一种新型政府运行模式，它以新一代信息技术为支撑，以“业务数据化、数据业务化”为着力点，通过数据驱动重塑政务信息化管理架构、业务架构和组织架构，形成“用数据决策、数据服务、数据创新”的现代化治理模式。

广东省发布的《广东省“数字政府”建设总体规划（2018—2020）》为数字政府提供了更详细的定义。在这份规划中，数字政府是“对传统政务信息化模式的改革”，核心是“大数据驱动”，满足政府在“经济调节、市场监管、社会治理、公共服务、环境保护等领域的履职能力”，并把营商环境优化、便利公众和企业、激发市场活力和社会创造力、建设人民满意的服务型政府作为建设目标。

郑爱军的定义与广东省的定义在本质上没有不同，浙江省以“最多跑一次”为目标的数字政府建设也是本质相同、表述不同而已，只不过浙江省更多的是从公众的视角出发。

第二节 数字技术与数字政府

数字技术与政府数字化的进程相互影响。数字技术的发展为政府治理能力建设提供更加高效、低成本、创新性的解决方案，有助于提高政务服务效能，改善与公众、企业的互动模式。政府作为市场制度的主要供给者，其通过制定产业政策、促进企业市场主体活力、引导资源配置、培养人才、刺激消费、提供重大工程项目等方式为数字技术的发展提供成长环境和市场需求。同时，政府数字化自身为数字技术的应用和发展提供了直接的场景需求支持和财政购买支持。

一、数字技术与政府的相关关系

经合组织对政府在新型数字化技术上扮演的角色有系统的总结。

一是召集人角色。政府制定体现了国家意图的总体战略。例如通过制定国家战略、政策、规划，把数字政府和新兴数字技术纳入发展的议程。

二是融资方角色。政府通过提供直接或间接资金来支持新兴技术的研究、开发和采用。

三是直接用户和共同开发者角色。政府作为直接用户和共同开发者，通过创新采购方式、公私合作伙伴关系、成立联合创新中心等方式定制数字化解决方案。

四是监管者角色。政府通过调整优化现有政策框架，创制新的评估标准，推进新的数字技术相关标准、规则和法律体系的优化及建设，以确保政策的连贯性，并开展国际监管合作。

二、数字政府中主要可信计算技术

（一）区块链成熟度模型（BMM）

BMM[20] 是由政府区块链协会（GBA）标准与认证工作组开发的评估工具。BMM 模型包含 10 个评估域 [21]。

去中心化程度：用来衡量节点的分布程度，评估最大限度地发挥区块链技术优势的水平。

治理水平：用来衡量关键组件的有效管理水平，包括资产、节点、共识机制、基础设施 / 网络、系统、参与者、协议、记录以及智能合约或生命周期脚本。

身份管理：用来衡量区块链满足政府和法律对用户身份监管要

求的水平，例如实施反洗钱管理。

互操作性：用来衡量与其他区块链解决方案共享、使用信息和资产的水平。

处理性能：用来衡量满足交易量处理规模和处理速度的水平，指标包括延迟、内存、交易速度、交易完成情况等。

隐私管理：用来衡量加密水平和个人身份信息保护能力。评估的组件包括：节点、共识机制、基础设施 / 网络、系统、确定性脚本（Deterministic Script）和智能合约。

不变性水平：用来衡量网络所有者在确保性能和安全的情况下解决并减少有争议的分叉、区块以及错误或欺诈的能力。

弹性水平：用来衡量应对不可预见的事件时业务的连续性水平。评估的组件包括节点、共识机制、基础设施 / 网络、系统、智能合约和确定性脚本。

安全性水平：用来衡量采取的安全措施对关键组件安全的风险管理能力，关键组件包括节点、共识机制、基础架构 / 网络、系统、确定性脚本和智能合约。

可持续性水平：用来衡量社会可持续发展支持情况，主要对区块链接方案的能源的有效利用程度进行评估，评估要素包括能耗、效率和优化情况。

BMM 中每个评估域都包括 5 个成熟度等级。

级别 1：可行性——适合评估研究资助的准备情况。

级别 2：功能性——适合评估概念部署证明的功能准备情况。

级别 3：可持续性——适合评估解决方案是否已准备好进行运营部署。

级别 4：可扩展性——适合评估组织级部署的可扩展性。

级别 5：可持续性——适合评估全球级部署的可持续性。

BMM 模型为区块链在数字政府的应用提供了一个相对全面的解决方案成熟度评估的框架。政府的信息化管理部门可以基于此框架对区块链供应商的解决方案进行评估，比如我国已经出台了《中华人民共和国个人信息保护法》，可以使用 BMM 提供的身份管理评估模型，对区块链供应商的解决方案中身份管理与个人信息保护法的合规程度进行评估。

（二）智能合约技术

智能合约是分布式账本技术（DLT）的重要组成部分。在公共区块链中，两个匿名方可以创建智能合约以促进特定交易，但数据仍存储在公共账本中，即网络中的所有参与者都可以查看交易的详细信息，以确定其真实性，这样可以执行信任。智能合约具有一种自执行机制，该机制可根据设定的期限（也称为触发事件）提示运行。在公共网络中，任何感兴趣的一方都可以分析智能合约的活动，以便识别任何异常情况。交易者可以使用智能合约来把握市场脉搏，包括预测市场趋势和不确定性。

智能合约具有许多好处，包括数据的不变性。用基本术语来说，“不变”是指不可能从原始状态进行数据更改。这就是说，无法以任何可能的方式擦除或更改数据。数据的不变性使智能合约始终准确。在某些情况下，智能合约使对等方可以直接进行交易而无须中介参与。

在政府的公共服务中，我们可以应用智能合约技术来提高“一件事一次办”或者“秒批秒办”的能力。如前所述，智能合约与真实社会中的契约相似，都是各类主体之间对某项事务达成一致的载体形式。智能合约是一段计算机代码，真实社会中的契约是纸质的或者电子合同。当一家企业要申请出口退税的时候，可以把海关的报关数据、银行的资金往来数据、企业的销售合同数据、税务部门纳税数据、发改经信部门的出口退税政策数据全部上链，并开发一段智能合约。当企业开展出口活动，满足条件即可触发智能合约自动执行，就可以实现跨部门的事务协同，从而做到企业出口退税的秒批秒办、智能办、可信办等创新服务，改善营商环境。

智能合约必须具备的一个关键特征是不必对整个过程感到满意就可以进行交易。本质上来说，签订合同完全是自愿的，但后果是强制性的。因此，用户必须可靠且可信地考虑签订合约的未来含义。智能合约必须保证情况总是如此，这可能很难解决。

（三）共识算法

主流共识算法和共识机制需要满足 4 个特征[22]。

1. **安全性**：在良好的共识机制中，所有节点都能够根据协议规则生成有效的结果。

2. **包容性**：良好的共识机制可确保网络的每个特定节点都参与投票过程。

3. **参与性**：所有节点都积极参与并为更新区块链上的数据库做出贡献。

4. **平等性**：给从节点上收到的每个投票都赋予同等的价值和权重。

白平浩、杨柠聪[23]的研究显示区块链的共识机制在达成之后不可修改、不可伪造。共识算法保证了事件的真实性、透明性和安全性。许多政党、政府看重这一技术特性，将此用于民主协商或者投票选举。白平浩、杨柠聪认为共识技术融合区块链的去中介、去中心、去信任等技术能够带来显著价值："简化政府政务流程，减轻数据、资源下发和审核的负担；减少集中决策过程中的意见摩擦及时间耗费，从而提高效率，为群众提供快速的服务。”

业界常用的共识机制介绍如下。

1. 工作量证明（PoW）

工作量证明是区块链领域中最古老的共识机制，俗称“挖矿”，因此，参与的节点也被称为“矿工”。矿工必须使用综合计算能力来解决复杂的数学难题。根据挖矿采用的计算设备的不同，挖矿方法包括 CPU 挖掘、GPU 挖掘。最早解决问题的人将获得奖励。

工作量证明机制被比特币、莱特币、ZCash、Primecoin、Monero 和 Vertcoin 等多种加密货币所使用。

2. 权益证明（PoS）

权益证明是 PoW 共识协议最基本、最环保的替代方案。在这种区块链方法中，区块生产者是验证者，有机会创建一个“块”来节省能源、减少时间。所以，验证者必须投入金钱或其他资源。该共识模型中没有奖励系统，因此验证者可以通过收取交易费用的形式提供支持。在实际应用中，PoS 出现了两个变体，分别是委托权益证明（DPoS）和租赁权益证明（LPoS）。

DPoS 的原理是参与者提供押金并投票给一定数量的代表，投入的资金越多，获得的权重就越大。这些代表还可以通过交易费或一定数量的加密货币获得奖励。这是一种股权加权投票机制，DPoS 是的区块链共识模型之一，并在 Steem、EOS 和 BitShares 等区块链中被采用。

LPoS 的原理是将余额出租给完整的节点。该共识机制将较大数量的余额租借给整个节点中生成下一个“块”的可能性最高的那个节点，然后对租赁方奖励，并由整个节点收取一定百分比的交易费用。这个 PoS 变体是开发公共加密货币的有效且安全的选择。

3. 拜占庭式容错（BFT）

BFT 用于处理拜占庭式故障（也称为拜占庭将军问题[①]），系统参与者必须就有效策略达成共识，以规避系统的灾难性故障，但是其中一些参与者是可疑的。在区块链领域中最主要的 BFT 共识模型的两个变体是实用拜占庭式容错（PBFI）和委派拜占庭式容错（DBFT）。

PBFT 是一种轻量级算法，通过让用户执行计算来评估有关消息有效性的决策，从而使用户确认已传递给他们的消息，由此解决了拜占庭式故障。该参与方需要向最终处理该决定的其他节点宣布其决定，最终决策依赖于从其他节点检索到的决策。许多知名区块链平台都采用了该区块链共识机制，如 Stellar 、Ripple 和 Hyperledger Fabric 。

DBFT 类似于 DPoS 共识模型，也是选择代表作为验证者，但是验证者与他们投资的货币数量无关。具备经过验证的身份、正确的设备和 1000 GAS（GAS 在区块链技术中指的是用户通过在网络上的活动获得的奖励，例如在比特币场景下指的是用于支付以太坊矿工处理交易的费用）的任何人都可以成为代表，然后从这些代表中随机选择一位作为发言人。发言人从等待验证的交易中创建一个新块，并向有投票权的代表发送一份提案，这些代表有责任监督所有交易并将其记录在网络上。这些代表可以自由共享和分析提案并以此检查数据的准确性和发言人的诚实程度。如果有 2/3 的代表对其进行验

① 拜占庭将军问题，是由莱斯利 · 兰波特在论文中提出的分布式对等网络通信容错问题。

证，则将该块添加到区块链中。这种类型的区块链共识协议被称为“中国的以太坊”，可以通过资产数字化和在区块链上提供智能合约而成为构建“智能经济”的有用资源。

4. 有向无环图（DAG）

DAG 是每个适用于移动应用开发服务的公司的区块链共识模型。每个节点都准备成为“矿工”，由用户自己验证交易时，相关费用减为零。验证任意两个最接近的节点之间的事务变得更加容易，这使整个过程变得轻巧、快捷且安全。

5. 容量证明（PoC）

在 PoC 机制中，每个复杂的数学难题的解决方案都存储在硬盘等数字存储设备中。用户可以使用这些硬盘来生成区块。以最快的速度评估解决方案的人员获得创建区块的机会，这个过程也被称为绘图。依赖 PoC 区块链共识协议的两种加密货币是 Burstcoin 和 SpaceMint。

6. 燃烧证明（PoB）

PoB 共识模型是让“矿工”来“燃烧”或“破坏”虚拟加密货币的机制。“燃烧”的加密货币越多，就越有机会获得对应的新加密货币。为了“燃烧”加密货币，“矿工”需要将其发送到无法用于验证区块的地址上。这一模型在分布式共识的情况下被广泛采用。这种共识机制的最好例子就是 Slim 加密货币。

7. 身份证明（PoID）

PoID 的概念类似于授权身份。这是附加到每个特定交易的用户私钥的加密确认。每个被识别出的用户都能创建和管理可以提供给网络中其他人的数据块。该区块链共识模型可确保所创建数据的真实性和完整性，适用于智慧城市场景。

8. 活动证明（PoA）

PoA 基本上是一种通过 PoW 和 PoS 区块链共识模型的融合而设计的混合方法。像 PoW 中一样，“矿工”竞相使用特殊的硬件和电能尽早解决密码难题。在该共识机制中的区块仅包含有关区块赢家和奖励交易身份的信息。验证人（指定用于验证交易的股东）测试并确保该区块的正确性。如果对该区块进行多次检查，则验证器将激活为一个完整的块。这确认了未结交易是过程，并且最终被集成到找到的块容器中。

9. 经过时间证明（PoET）

PoET 是由英特尔引入的，其目的是通过考虑 CPU 架构和采矿硬件的数量知道“矿工”何时以及以何种频率获胜这一事实来接管 PoW 机制中涉及的密码难题。基于公平分配和增加参与者的可能性的想法，该节点要求每个参与节点等待特定的时间来参与下一个挖掘过程。时间最短的成员被要求提供签名证书通过身份验证形成区块的参与者并产生新的区块。同时，每个节点还提出自己的等待时间，然后它们进入睡眠模式。一旦一个节点变为活动状态并且有可用的块，则将该节点视为“幸运赢家”。然后，该节点可以在整个网络中传播信息，同时保持分散性并获得奖励。

10. 重要性证明（PoI）

PoI 由新经币（NEM）引入，是 PoS 协议的一种变体。重要性证明是根据交易量、活跃度等而不仅仅是根据工作量和币的数量来决定区块链的记账权力。PoI 共识算法更看重的是交易量、活跃度，以及和谁做的交易，从而能够避免富者越富的局面，也能够避免各个节点为了提高重要性浪费算力的情况。

（四）自主身份技术（SSI）

SSI 是指基于区块链技术创建身份和其相关凭证。从技术角度来看，自主身份通常被视为在线身份管理的新范式，个人和实体可以通过将身份存储在自己的设备（或远程分布式网络）上来管理其与身份相关的信息（如标识符、属性、凭据或其他个人数据），并有选择地向授权的第三方授予对此信息的访问权限，而无须参考任何受信任的权威机构或中间运营商来提供或验证这些声明[24]。这可以更好地控制个人识别信息或有关个人、实体的其他相关数据。因为数字标识符可以采用多种格式，所以对全局标识系统的一项重要要求是建立互操作性技术标准。目前，最流行的标准是分布标识符（DID）。

W3C 是开放互联网的技术标准组织，致力于 DID 标准建设。DID 是一种新型的全局唯一标识符，旨在使个人和组织能够使用所信任的系统生成自己的标识符。在万维网联盟关于 DID 的介绍中是这样描述 DID 的应用场景的：使实体能够通过使用数字签名等加密证明进行身份验证来证明对它们的控制。按照该标准的介绍，DID 主要是为了应对身份被盗和滥用的问题，提供一种可以由用户自主控制的方案。克里斯·艾伦（Chris Allen）和重启信任网络沙龙（Rebooting Web of Trust）的组织团队撰写的文章《通往自主身份的道路》（*A Survey on Essential Components of a Self-Sovereign Identity*）[25] 提出了自主身份的十大原则。

1. 存在：用户必须独立地存在。任何自我主权身份最终都基于身份核心不可言喻的“我”。它永远不可能完全以数字形式存在。这必须是维护和支持的自我核心。一个自我主权身份只是公开和可访问已经存在的“我”的某些有限方面。

2. 控制：用户必须控制其身份。遵循易于理解且安全的算法（可确保身份及其声明的持续有效性），用户是其身份的最终授权者。他们应该始终能够引用、更新甚至隐藏它。他们必须能够根据自己的喜好选择名人或隐私。这并不意味着用户可以控制关于其身份的所有声明：其他用户可以对某个用户提出声明，但是他们不应成为身份本身的中心。

3. 访问：用户必须有权访问自己的数据。用户必须始终能够轻松地检索其身份的所有声明和其他数据，不能有隐藏的数据，也不能有限制。这并不意味着用户可以修改与他的身份相关的所有声明，而是意味着用户应该意识到它们。这也不意味着用户可以平等地访问他人的数据，而是只能平等地访问自己的数据。

4. 透明度：系统和算法必须透明。用于管理和操作身份网络的系统必须在其功能以及管理和更新方式等方面都开放。这些算法应该是免费的、开源的、众所周知的，并且应尽可能独立于任何特定体系结构，任何人都应该能够检查他们的工作方式。

5. 相对独立：身份必须长期存在，优选的身份应该永久存在，或至少持续一段时间。尽管可能需要使用私钥并且可能需要更改数据，但身份仍然保留。在瞬息万变的网络世界中，这个目标可能并不完全合理，因此，身份至少应持续到新的身份系统出现。这绝不能与“被遗忘的权利”[①]相抵触（如果用户希望隐藏其身份）。并且，

① “被遗忘的权利”是指数据主体有要求数据控制者删除关于其个人数据的权利，控制者有责任在特定情况下及时删除个人数据。

随着时间的推移，应当适当修改或删除声明——该用户应能够处置该身份。要做到这一点，必须在身份和其主张之间建立可靠的隔离带：不能永远捆绑在一起。

6. 可移植性：有关身份的信息和服务必须是可传输的。身份绝对不能由单个第三方实体持有，即使该第三方实体是可为用户最大利益工作的受信任实体。问题在于实体可能会消失，甚至在网络上完全消失。制度也可能会发生变化，比如用户可能会移至不同的管辖区。可移植的身份确保用户无论如何都可以控制其身份，并且还可以随着时间的推移提高身份的持久性。

7. 互操作性：身份应尽可能广泛地使用。

8. 准许：用户必须准许使用其身份。任何身份系统都是围绕共享身份及其声明而构建的，并且一个可互操作的系统会增加共享的数量。数据共享只能在用户同意的情况下进行。

9. 最小化：信息的披露必须最小化。在披露数据时，应提供所需的最小数据量。例如，如果仅要求最低年龄，则不应披露确切的年龄；如果仅要求年龄，则不应披露更确切的出生日期。选择性公开、范围证明和其他零知识技术可以支持该原理。

10. 保护：用户的权利必须受到保护。当身份网络的需求与个人用户的权利之间存在冲突时，则网络应该避免在维护个人对网络需求的自由和权利方面犯下错误。

身份证电子化是大势所趋。在日常工作和生活中身份证被普遍应用，国家积极推进电子身份证，越来越多的公共服务开始依托电子身份证向公众提供服务。在数字政府建设中，自主身份管理技术就可以与电子身份证关联，从而提高公民身份的可信管理能力和安全保护能力。

三、政府应用数字技术的挑战

经合组织认为，在将数字技术用于公共服务方面，政府面临多重挑战。其中，包括技术和实践挑战，例如优质数据的可获得性差和缺乏共同标准；包括资源和能力的限制，例如常见的资金不足、公共部门的数字素养和技能缺失、数字化程度低；包括机制、法律和文化上的障碍，尤其是监管方面的差距以及政治和体制上的支持不足。

其中，缺乏通用标准和合适的法律框架是主要挑战。例如在数字政府中应用人工智能和区块链带来的公平性、透明性、数据隐私、问责、法律责任等方面的理论和实践上的问题。经合组织在一篇报告中指出，区块链在公共部门的正确应用，可以在透明度、问责制和安全性方面产生重大收益，这种收益主要是通过在各机构之间提供更强的数据完整性和不变性获得的。该报告显示，全球公共部门中区块链的常见用例集中在：数字身份和证书、个人记录认证、社会福利或权利、资产注册以及政企间或政府间交易有关的方面。它们通常在记录保存、身份验证、价值转移和智能合约方面利用区块链的三个核心功能。

第三节 数字政府建设的趋势

数字政府建设应该有一个愿景，在考虑这个愿景的时候，我们至少需要从两个角度进行思考：政府服务的角度和政府自身的角度。

一、政府公共服务视角的数字化愿景

首先，政府的数字化服务是一种垄断性服务，这是与任何其他服务的根本不同之处。这种垄断性与商业组织的垄断有着根本的不同，政府数字化服务具有以下特性。

唯一性：政府是唯一的服务提供者。

强制性：服务具有法律层面和政府治理层面的强制性。

区域性：服务具有严格的地理空间上的划分，政府的事项、权属、职能的划分都是基于空间尺度的，其服务的范围与地理区划严格绑定。

普遍性：政府服务的对象是全体公众，也就是说其服务的对象也是唯一的。政府无法自己选择服务对象。公众与政府互为唯一的服务使用者和提供者。

无差异：在法律面前人人平等，服务不设置任何歧视原则，比如不能有基于身份地位的服务差异化这类带有歧视性意味的服务设计。

首先，设定数字政府建设的愿景必须注意到政府数字化服务的垄断性特性。因此，设置合适的愿景，将有助于为数字政府的建设提供清晰的方向和发展的指引。

其次，政府作为一种特殊类型的组织，与商业组织具有类似的性质，同样有应对外部环境变化的需求。对于政府部门来说，其数字化服务需要持续不断地创新和优化，以满足公众对政府服务的多样化和不断演进的需求，以及适应外部环境的变化。这也是政府通过数字政府建设不断推动治理方式和治理能力变革的主要动因。

那么，从政府服务的角度，数字政府建设愿景可以设定为面向任何公众，在任何时间和任何地点提供无差异化数字政府的创新服务。所以，数字政府建设愿景至少包含以下几个方面。

1. 服务对象的无差异化，即政府数字化服务须充分考虑服务对象的普遍性，不因公众的地点、职业、性别、能力、身份或者其他个人属性和社会属性的差异设置不同的服务等级，也就是“任何人”都可以获得同等服务质量的公共服务。这是因为政府与商业组织不同，商业组织以追求利润最大化为根本目标，当提供商业服务的时候，商业服务是基于“支付能力歧视”的基本原则进行设计的。政府服务则是社会良序的需要，因此政府必须面向公众提供平等的公共服务。

2. 服务时间的全天候，即政府数字服务需要满足公众在任何时间使用服务的需求，利用信息和通信技术，提供 7 × 24 小时的不间断、可持续、一致性的服务。当前，出于安全等多种因素的考虑，有不少的政府数字服务还有“上下班”的概念，在周末或者下班之后，往往不再提供服务。同时，部分服务必须通过线下的环节才能完成。向公众提供不间断服务应该成为政府数字化服务设计的基本原则。

3. 服务的一致性，即政府数字化服务应该具备一致性，在线上和线下所提供的服务具有同等的水平和相同的功能。在考虑公众的心理认知的时候，我们需要注意，在同样的场景下，公众可以从商业服务中获得不间断的一致性服务，如果政府数字化服务不能达到同样的等级水平，就会面临来自公众的压力。

4. 服务地点的普遍性，即政府数字服务须考虑解除地理空间的约束，对于那些非严格地点约束的政府服务事项，不应该区分服务地点、服务渠道（如政务服务大厅、移动端或者其他渠道）。当我们讨论服务地点的时候，我们应该注意，服务地点包括物理空间，比如政务服务大厅或者政府部门的办公地点，也包括网络空间，即政府网站、移动 App、小程序等属于网络空间范畴的“数字地点”。

二、政府履职能力视角的数字化愿景

从政府自身的视角考虑数字政府的愿景时，剖析政府面临的挑战能够帮助我们厘清应该建设何种数字政府的愿景。

如果把政府视为一个整体，我们一般可以用“公开”“公正”“透明”“效率”“廉洁”等关键词来描述公众对政府的期望和公众认为政府应该具备的特征。

当大量的数字化技术被应用于政府服务的时候，数据成为政府运行的核心要素，为政府提供了在宏观视角的全局性洞察能力，可以从整体的角度掌握政府运行的机理，也可以从微观的视角掌握每个政府行为的肌理。

当使用“机理”这个词的时候，我们可以理解为是指在一定条件下，一组明确的规则、抽象的原则和确定性的行为方式的组合，这种组合是为了实现某种特定的功能、完成某种任务并达成特定目标的原理。

因此，所谓“数字政府可以从宏观视角掌握政府运行的机理”，是指数据的介入。比如，掌握数字政府的每一个原则、每一项规则与政务行为的匹配性；不同的政府服务行为在组合起来之后，是否符合原则和规则。这些内容以从政府自身视角考察数字政府愿景为前提。

当提到“肌理”的时候，我们的脑海里总会浮现一种纹路的画面。

当“肌”与“理”放在一起的时候，可以被理解为我们能够在细节层面对一种事物或者行为，具备直观的观察可能，并能够对这种事物或者行为的纹路有清晰的认识。“肌理”在某种程度上强调一种直觉，而且是未经分析和思考的直觉，是由我们的眼睛能够直接观察的原理。

当“肌理”被用来描述微观尺度政府数字化服务行为时，是指在数据的帮助下，我们能够直接观察政务行为的细节，并能够在这种细节中快速、简单地抽象概括出政务服务行为的运行模式。

正是数据要素的介入使得政府自身数字化的愿景设定带来新的想象空间，当政府部门能够在宏观和微观两个尺度上清晰地了解政府服务的“机理”和“肌理”的时候，构建“以人为中心”的高效、开放、透明、廉洁的数字政府，就具备了技术的基础。

当我们讨论以人为中心的愿景的时候，应该注意到另外一个词：用户。数字政府服务设计中的“以用户为中心”，实际上是从用户的画像开始的，通过描述用户的画像，分析用户的需求，然后按照需求进行服务设计。这样的好处是可以聚焦，能够快速地完成系统的功能设计，但是弊端在于系统的设计者可能因为画像不全导致无法兼顾特定用户或者用户特定场景下的需求。“用户”是商业概念，商业的视角是从用户的价值角度出发的，能够带来价值的属于用户，无法产生价值的不是用户，也就是说，用户是经过严格选择的，其背后含有某种拒绝和歧视。

显然，“以人为中心”要比“以用户为中心”好，符合数字政府服务对象的无差异化和不可拒绝性的本质特征。经合组织在相关建议中[18]认为，数字政府战略需要从以公民为中心的方法（Citizen Centric Approaches）到由公民驱动的方法（Citizen Driven Approaches）的根本转变。

以公民为中心，是“政府预期中公民和企业的需求”，也就是说，政府假定自己能够了解和掌握公民的需求，在这个过程中，公民是被动的，政府通过规范的需求分析以及在数据的支持下，对公民的需求、行为、结果提前进行的分析、规划和设计。

在这个过程中，由于政府服务的复杂性和公民的多样性，需要大量的假设、前提以及假想。毫无疑问，虽然和以政府治理方法（Governance Centric Approaches）为中心相比有了很大进步，但是依然难以满足精准性、时效性以及政策目标——在广泛的民意基础上满足公民的需求。

“以公民驱动为中心”则不同，它是指“公民和企业与政府合作制定和确定其需求”。这是一种假定政府和公民都是有限认知的理念。无论是政府还是公民，都假定自己不是无所不知的，即使在数字技术普遍应用的前提下，无所不知也是无法达到的状态，那么就需要公民和政府进行合作，充分地对数字政府服务的需求、规划、设计进行公开和广泛的讨论，并且建立起政府数字服务于公民的动态连接，以便能够在政府与公民之间实现双向的反馈，这种反馈是公民、企业与政府合作的基础。

“以公民驱动为中心”不等于“公民优先”。并非公民的所有需求都应该被置于政府管理规则之上，那种认为公民驱动就是“公民的需求永远正确”的观点也是不对的。反过来，“以公民驱动为中心”也不意味着“政府治理的原则规则优先”，政府和公民通过合作共同确定需求、服务的模式，谁都不应该比谁的需求更优先，不过考虑到在政府数字化服务中地位的不对等性和信息的不对称性，“以公民驱动为中心”的模式，需要建立动态反馈和实时审查并进行服务改进的机制。

考察政府内部的机理，对于设置数字政府的愿景也是必要的。在不同的政府部门和不同的层级政府之间，存在治理职能的分工协调与委托代理两种基本的服务模式。治理职能在“条”（按照同一职能部门的上下级垂直关系设置）和“块”（按照行政辖区地理区域设置）两个维度上有着不同的安排，即数字政府服务在建设过程中需要从“条”和“块”两个维度进行考虑。

从内部看，数字政府需要考虑三个基本问题。第一个问题是协同的问题，即跨职能和跨区域的协同服务问题。这个问题不单表现为在某个区域的政府数字服务上涉及本区域不同职能部门的业务系统，也涉及因为权限和层级的不同，需要与垂直的职能管理部门协同的问题。第二个基本问题是激励的问题。激励的问题表现在数字政府服务过程中对提供服务的人员和系统的激励。人员激励指的是如何提高公务员个人的积极性，系统的激励则是指使政府有意愿持续不断地提供财政预算进行系统的升级和优化，甚至重建。如果不解决激励的问题，很可能建设的数字服务系统会变成一个个的数字坟场。第三个是信息不对称的问题。信息不对称是数字政府建设所面临的根本性问题，也是建设的目标指向。信息不对称会造成种种问题，外在的表现之一就是各部门在开放数据上心存疑虑或者故意设置各种壁垒、门槛。

这要求数字政府建设在愿景的设计上，需要从数据驱动（Data Driven Approaches）向信息驱动（Info Driven Approaches）转变。因此，数字政府的愿景规划需要考虑以下三个方面。

一是充分地考虑政府数字服务的特殊性，建立向任何公众在任何时间和任何地点提供无差异化数字政府创新服务。

二是充分地考虑政府自身的视角，建立公民、企业与政府共同协同的，以公民驱动为中心的数字政府运行模式。

三是充分地考虑政府内部所面临的协同、激励、不对称等基本问题，建立从数据驱动向信息驱动的运行机制。

第四节 我国数字政府的实践

一、数字政府建设的“整体政府”模式

英国学者克里斯托弗·波利特（Christopher Pollitt）认为，整体政府的定义是指一种通过横向和纵向协调的思想与行动以实现预期利益的政府治理模式。广东省 2018 年发布的《广东省“数字政府”建设总体规划（2018—2020 年）》提出了一体化高效运行的“整体政府”的规划建设目标，主要思路和理念是建设上接国家、下联市县，横向到边、纵向到底全覆盖的“数字政府”，实现政府内部运作与对外服务一体化、线上线下深度融合，提升企业群众办事体验，促进“整体政府”建设。要按照服务思维、数据思维、流量思维、系统思维，构建“一体整合大平台、共享共用大数据、协同联动大系统”，纵向到底、横向到边”的整体型“数字政府”业务体系，目标是实现一体化、集约化、协同化的“数字政府”。

在“十四五”期间，我们可以看到广东省数字政府建设依然采用“整体政府”建设模式。2021 年 7 月发布的《广东省数字政府改革建设“十四五”规划》（以下简称广东省数字政府“十四五”规划）明确把统筹规划、均衡发展作为主要原则，提出要坚持“全省

一盘棋”，以系统观念进行整体规划、统筹布局，构建“条块结合、省市一体”的数字政府总体架构。在实施策略中把“整体政府、业务协同、持续改进”作为开展业务梳理和系统重构、搭建并完善数字政府业务协同体系、不断推动政务业务流程再造、驱动各地区各部门开展数字化转型的基本策略。

广东省数字政府的典型应用可以用一张表来总结，如表 3-1 所示，主要分为管理和服务两类应用。

表 3-1 数字政府应用分类

分类	内容	
管理应用	协同办公应用	一体化的公文处理、业务审批、机关事务处理，提高政府行政效率，降低行政成本
	经济调节应用	提高宏观经济各领域的监测分析、目标设定、政策制定与评估能力，强化经济预测、预警能力
	市场监管应用	实现统一协作的市场监管格局，构建良好营商环境
	社会治理应用	提升社会风险预测、预警、预防、应急指挥调度能力
	公共服务应用	形成线上线下协同、服务监管统筹的移动化、整体化服务能力，推进基本公共服务均等化、普惠化、便捷化
	环境保护应用	构建政府主导、企业主体、社会组织和公众共同参与的环境治理体系
服务应用	政务服务应用	足不出户即可办事，提升群众获得感和满意度
	决策保障应用	各级政府综合决策，提供科学、全面、准确、及时的信息支撑
	跨域协作应用	以数字协同融入粤港澳大湾区发展，优化揭阳营商环境，实现跨越发展

按照广东省数字政府“十四五”规划，其主要业务架构是面向群众、企业、公职人员，聚焦数字化综合服务能力、综合管理能力、综合决策能力，实现政务服务“一网通办”的优化，省域治理“一网统管”的深化，政府运行“一网协同”的强化。从技术的视角来看，广东省数字政府主要从以下方面推动数字政府建设、支持“整体政府”建设。

技术架构一体化：广东省在“十四五”期间主要在七个方面构建一体化的数字政府技术架构，包括推进一体化交付服务体系、一体化“服务、治理、协同”能力、一体化公共支撑能力、一体化政务大数据中心、一体化数字政府基础设施、一体化网络安全体系、一体化标准规范体系、一体化运行管理体系。

数据要素一体化：广东省在“十四五”期间的目标是：建立上接国家、下联市县的全省一体化、服务化的数据架构，建立畅通国家、省、市三级数据通道。

服务治理运行一体化：广东省在“十四五”期间把“省内通办”“跨省通办”“湾区通办”作为服务提升的重点，提出了“全周期管理”理念，目标是打破条块分割界限，实现一体协同治理。把整体运行管理成本降低作为目标，明确了基于“整体政府”视角，推动政府内部跨部门和跨层级的办文、办会、办事等提质增效的建设目标。

管理机制一体化：广东省首次设立省、市、县数字政府改革建设工作领导小组和政府首席数据官（CDO），在数字政府管理制度上是一种机制创新。首席数据官是本部门数字政府改革建设负责人，统筹信息化和数据管理工作。此外，广东省还在省、市、县三级设立政务服务数据管理局、数字广东公司、数字政府建设运营中心。以上都是广东省在管理机制上推进一体化的重要举措。

二、数字政府建设的服务模式

要想打造人民满意的服务型政府，其核心关键在于政府行政方式创新以及行政效能提升。

党的十九届四中全会提出了要坚持和完善中国特色社会主义行政体制，构建职责明确、依法行政的政府治理体系。“创新行政方式，提高行政效能，建设人民满意的服务型政府”。

黄冈市是典型的服务型政府建设案例。黄冈市提出“推动政府数字化转型，建设人民满意的服务型政府，创新政务服务，优化营商环境，促进我市经济社会高质量发展”，建设内容包括清理规范行政审批事项、提高网上可办率和全程网办率等核心内容。

三、数字政府建设的管理与服务并重模式

济南市采用了典型的管理与服务并重型数字政府建设思路。《济南市数字政府建设实施方案（2019—2022年）》提出“到2022年年底构建起以政务大数据为驱动的新型政务管理运行模式”，还提出了政府的5个建设目标（见表3-2）。

表3-2 政府建设目标与核心内容

目标	核心内容
服务型政府	力争基层办事100%实现网上证明开具的电子化
高效政府	“不见面审批事项”达到100%；推行“一窗受理”，推进线上线下政务服务业务融合。链条式服务事项上网运行，市、区、县级依申请政务服务事项100%实现网上可办
数据政府	推进政务数据、重要公共服务数据和社会数据采集、加工、存储、分析、开发、应用等，逐步打造全时空大数据中心
阳光政府	重点推动数据开放，实现具有实用价值的政府开放数据集超过3000项；探索政府数据[①]运营和数据交易试点，以政府数据开放赋能经济社会发展
创新型政府	以自然人、法人等为核心要素建立多维度数据“画像”，实现“见物知人、见人知物”

数字政府建设的底层逻辑是跨地区、跨部门、跨层级、跨应用的数据融合与流通，已经形成的基本共识是用数据来作为驱动数字

① 在2022年6月23日《国务院关于加强数字政府建设的指导意见》发布之前，对政务数据的命名人们有“政府数据”“政务数据”两种不同提法，本书在引用某些学术资料、政策文件、技术标准等内容时，为保留原文的连贯性，继续使用“政府数据”的提法，特此说明。——编者注

政府业务运行的“基本引擎燃料”。但是，在政府的管理实践过程中，我们经常会听到一句话，叫“底数不清”。

“底数不清”是因为在政务的活动中存在大量的数据孤岛，而数据孤岛的存在，是因为没有足够的工具和手段界定政务数据的产权，无法保护数据安全。数据的应用、分发、加工缺乏明确的法律法规，“条块”分割产生的部门主义造成了政务数据的割裂。

只有从底层解决数据的流动、交换、加工、应用的问题，数字政府的基石才能够更加牢固。

随着云计算、大数据、移动互联网、物联网、人工智能等新技术的不断发展，数据呈现出爆炸式增长，并迅速成为全球各个国家和地区发展的核心生产资料。现如今，数据正在驱动百行百业进行变革，政府数字化转型也迫在眉睫。

党的十九大提出要加快建设“网络强国”“数字中国”和“智慧社会”。习近平总书记曾强调，要运用大数据提升国家治理现代化水平。要建立健全大数据辅助科学决策和社会治理的机制，推进政府管理和社会治理模式创新，实现政府决策科学化、社会治理精准化、公共服务高效化。为顺应时代发展趋势，贯彻落实党的重要指示，全国各地政府正积极推进数字化转型。

但是，政府数字化转型到底该如何进行？转型的关键是什么？该从哪里切入？这些都是值得深入思考的问题。

数据治理专家念灿华[26]总结了全球数字政府的发展趋势。美国政府数字化转型以数字化的信息共享和数据获取为基础，以公共服务为导向，实现了由管制型政府向服务型政府的转变；英国通过颁布《政府数字化战略》（*UK Digital Strategy*）推进“数字政府即平台”转型战略计划，体现了以人为本的原则。念灿华认为，我国要“做好顶层设计，善用新兴技术，注重数据共享开放，实现政府移动办事和移动办公，保障网络空间安全，从而推动政府数字化转型平稳、快速、安全地发展”。

第四章

数字政府理论研究与建构

Research and Construction of Digital Government Theory

第一节 政府治理能力变迁与发展

一、春秋战国时期治理能力

春秋战国时代是中华民族各项基础性治理制度大辩论、大建设的阶段。在这个时期，针对如何走向繁荣富强的问题，百家争鸣，提出了各种不同的论点、路径和建议，一些著名的思想家还起而行之，躬行践履地去完成自己的治国理想。

在春秋战国时期，各国由于存在强大的外部军事压力，公共服务的主要目的是建设强大的军事能力，因此军事能力也是表征国家治理能力的核心指标。所以，在春秋战国时期，政府的治理能力主要体现在三个方面：一是土地的财富创造能力，二是水利工程建设能力，三是国家防御能力。春秋时期发生了一次农业生产力上的革命，就是铁犁牛耕的出现。这场革命一方面极大地提高了农业的生产效率，另一方面也摧毁了自商周以来就延续下来的井田制。

到了战国时期，铁开始被大规模应用到农业、军事、生活等方面。《管子》记载："今铁官之数曰：一女必有一鍼、一刀，若其事立；耕者必有一耒、一耜、一铫，若其事立；行服连轺辇者，必有一斤、一锯、一锥、一凿，若其事立；不尔而成事者，天下无有。"当时铁器已经进入经济社会的方方面面，成为了具有通用目的的技术能力，后来管仲开盐铁专卖制度之先河，把铁和盐作为国家垄断的行业，以此来提高政府的财富能力。

在当时，水利工程建设能力是体现治理能力的另一个核心指标，水利工程建设能力体现了国家对社会资源的组织动员能力。同时，作为农业发展的基础，春秋战国时期的当政者已经开始把治水列为发展农业的基础，因此出现了为数众多的水利工程。其中，知名的就有魏国开凿的引漳十二渠（又称西门豹渠）和鸿沟、秦国在蜀地开凿的都江堰、在关中地区开凿的郑国渠，还有楚相孙叔敖主持修建的水利工程芍陂、吴国修建的邗沟运河。几千年来，这些泽被后世的水利工程在这块土地上养育了中华民族。有一种观点认为，正是秦国修建了都江堰和郑国渠，从而获得了丰盛的物资和财富，并历经几代秦王的励精图治，最后才能剿灭六国而一统天下。

在春秋战国时期，公共治理还体现在防御能力上。除了军事力量之外，最重要的就是长城的修建。其中规模比较大的有楚长城、齐长城、魏长城、中山长城、韩长城、赵长城、燕长城、秦长城等。最后秦统一六国，除了利用原来燕、赵、秦部分北方长城的基础之外，还增筑扩修，终筑成万里长城，它在维持国家统一和抵御北方游牧民族对中原地区的骚扰方面发挥了重大作用。

二、农业文明时代治理能力

农业文明时代的公共服务主要目的是维持农业经济社会的结构

稳定，同时保持政府对社会财富的汲取。因此，在农业文明时代政府的治理能力主要体现在两个方面：一是以土地为核心载体的财富汲取能力，二是维持社会结构稳定的能力。整个国家机器的建设都是围绕这两件事情展开的。

在历史上，北宋王安石的青苗法、明朝张居正的一条鞭法、清朝雍正时期的摊丁入亩，其改革的核心离不开对社会财富的汲取。

在农业文明时代，国家还有更重要的职能，那就是平定内部的叛乱。开科取士、保甲制度、文化层面的三纲五常，本质上都是为了维护既有社会结构的稳定性，防止精英力量或者新的思想在政府不能控制的“域外”生长，从而给社会稳定带来潜在的威胁。而治理水患则同时兼具稳定财富和稳定社会的功能，因为水患带来的不只是肥沃土地的流失，还可能造成大规模的流民，从而影响社会的稳定。在历史上因为水患造成的朝代更迭屡屡发生，因此历朝历代都把水患治理作为头等大事，设置专门的政府部门统一负责。但是在这一时期，国民经济和社会的治理能力受限于时代的技术水平，存在按照空间距离和管理层级逐渐呈现政府控制力度递减的现象，于是出现了“皇权不下县”的制度安排，即县令由国家委派，但是县里的衙役们和其他办事人员都是选自本地人，本地的士绅负责与当地的农民打交道，包括维持乡里社会稳定、处理邻里纠纷，以及完成国家交办的财富征收任务。

农业文明时代的政府对农业生产技术的进步并不是非常在意，中国历史上很少出现政府部门有组织地研究农业耕作技术的情况，所以在这方面进步缓慢，农业的生产工具和土地的产出能力几乎没什么变化。部分历史时期由于战乱、技术退步，还会出现亩产下降的情况，如果在这种情况下遭遇天灾，往往会为朝代更替埋下伏笔。

农业文明时代的政府也同样缺乏对整个社会的精确掌握，无论是土地的规模、人口的数量、粮食的产量，都只能了解大概的情况，这里面既有技术的原因，无法精准地测量土地，统计每个出生和死亡的人口，也有中央政府与地方政府博弈导致层层隐瞒的制度原因。黄仁宇把这种现象归结为古代政府缺乏“数目字管理”能力，本质上是因为缺乏更加精准的科学理论支撑，也缺乏当代如此精准的各种测量、计量、计算的工具，管理如此大规模的国土空间和数以亿计的民众，不是古代政府所能具备的能力，所以很多问题只能被大而化之，依靠粗放的治理模式来实现国家治理。

驿站系统在农业文明时代的国家治理中发挥着重要作用，是在广阔的国土面积中维系大一统的治理体系的核心，中央政府依靠这个系统发布指令、传递消息、平定叛乱、治理洪水、救灾防疫，了解各地的经济社会发展情况。三国时期，曹魏制定了“邮驿令”，到了明代出现了馆驿之外的民驿（民信局[①]）用于满足普通民众的通信需求。可以说，中国的驿站系统是在无线电发明之前最完整、最先进的信息系统，对于维系2000多年来中华民族的统一发挥了关键性的作用。

三、工业革命时代国家治理能力

工业时代国家治理能力面临全新的环境，主要需求来自两个方向。一是城市大规模兴起，人口和产业在相对狭小的空间高密度地聚集，使得国家在经济社会治理能力上遇到了前所未有的新问题。出现这些问题是因为人口在空间上的聚集，产生了新的生产生活方式，从而带来了新的结构性矛盾，比如伴随城市规模扩大所带来的

① 明朝永乐年间出现的办理寄递信件和其他物品、经办汇兑等业务的民间私营机构。

交通拥挤、环境资源紧张，以及在面对自然灾害时所表现的不稳定性等。二是自工业革命以来新的生产形态和新的产品不断“涌现”，带来了新的生产形态、新的组织形态、新的社会形态和新的生活方式，使得人类面临前所未有的挑战。比如，自动驾驶技术出现之后，人们需要对道路和交通的规则进行新的调整；化工工业带来新产品的同时造成人工污染物不可逆的环境破坏；富可敌国的大型企业跨越国界和文化在全球配置资源推动经济增长的同时带来新的经济安全问题和劳工纠纷问题；互联网原住民构建起虚拟空间；计算机革命以来通达全球的数据和信息流动，让全球一体化的金融系统稍有风吹草动就会瞬间引发全球震荡……这些挑战使得工业时代治理能力的目的主要是提高公共服务的效率和透明度，从而应对工业化进程中出现的新型经济社会问题。

在工业时代，治理体系对人类影响最大的是科层官僚体制。从新公共管理运动下的政府市场化改革到现在强调协同的整体政府力量，在治理能力的建设上主要集中在三个领域：一是在组织制度上不断地进行变革，以提高公共行政效率、杜绝职务违法现象为核心，设计了具备各种职能的政府部门及其周边非政府组织，逐渐形成了几乎囊括社会经济各个方面的管理组织；二是在治理的工具上主要是完善对经济社会各项数据的统计分析能力，使用新的国民经济社会管理技术、数据分析技术，力图通过精准有效的有形之手提高应对问题的能力；三是随着信息技术的进步，大规模地开展经济社会管理、控制系统的建设，把技术系统作为应对问题、解决问题的核心辅助工具。

工业时代带给我们的核心思考逻辑就是已经习惯于对任何问题首先从技术的视角寻找解决方案，习惯于从局部和细节先解决问题，也习惯于“当下问题”导向的发展改革逻辑。

四、数字数据时代治理能力

“构建系统完备、科学规范、运行有效的制度体系，加强系统治理、依法治理、综合治理、源头治理，把我国制度优势更好转化为国家治理效能”是《中共中央关于坚持和完善中国特色社会主义制度 推进国家治理体系和治理能力现代化若干重大问题的决定》中的重要内容。

数字时代的来临，让国家在治理能力和治理体系上又面临着全新的挑战。挑战主要来自两个方面。

一是经济社会活动在数字空间和物理空间同步展开带来的压力。

政府所需要治理的对象不再只是依附于物理土地上的人和物，同时还需要兼顾数字空间里的各种经济社会活动。数字空间的经济社会活动由于以数据、计算、网络为基础，在本质上与物理空间的经济社会活动也就不同，主要表现在以下几点。

1. 组成要素不同。在数字空间中构成空间主体、活动主体的主要是数据，存储的是一个个比特，是“硅基生命体”。这种生命体的核心特征就是在空间和时间上的位置、变化、形态具有高度的塑变性。

2. 关系模式不同。数字空间的互动，主要是不同活动主体的关系的构建、解构、重建，呈现出高度的独立性，比如人们可以在数字空间中建立与物理空间完全不同的虚拟空间社会关系。

3. 交换的内容不同。数字空间主要交换的是信息。不同的活动主体，即使活动形式和目的如何不同，其交换的核心都是信息。而在物理空间，人们要交换的除了信息之外，还有物质、能量等“实在性”的内容。

4. 数字空间独立性。数字空间具有双重性，一方面表征物理空间人类的经济社会活动，另一方面蕴含了独特的内容。人们在数据空间建构经济社会活动，某些活动可以完全脱离物理空间形成存在的空间，具有自己的独立性、完备性。

5. 瞬时风暴的威胁。数字空间是真正意义上的地球村，数据在全球的流动不受空间和时间的限制，能够在瞬时完成交易、创造新的活动，也能瞬时形成复杂问题风暴，带来系统性的问题。对于国家来说，提高精准实时治理的能力就成为数字时代治理能力构建的核心。

二是“数字原住民”的数字化生存方式。

“数字原住民”是我们不曾遇到的“新人类”。从他们诞生的那一刻起，数字空间就是他们活动的主要空间，他们获取信息的方式、沟通方式、作出决策的方式，以及对社会角色的认知都因为数字空间的影响发生了一些新的变化。

从农业时代到工业时代再到数字时代，公共服务的核心特征从手段、目的、能力都是不同的，这是因为能力作为服务于目的的工具，目的不同所需要的能力也不同，但是能力又受限于时代背景下的技术所能提供的工具。

第二节 数字政府的理论发展现状

一、平台驱动的数字政府

平台驱动的数字政府主要是由北京大学公共治理研究所的黄璜团队提出的。在《平台驱动的数字政府：能力、转型与现代化》中，黄璜团队认为平台化是数字化领域的必然发展趋势。数字政府要通过平台化建设实现政府组织数字化转型，促进政府治理能力现代化。“平台驱动”的关键是数字能力和数字资源的统一，“驱动”表现为能力和资源在平台上的持续转化，数字能力共享是核心所在。[27]

所谓“平台驱动的数字政府”（见图 4-1），黄璜团队认为政府基于新型数字基础设施，构建广泛联系公众、企业、公务员和所有政

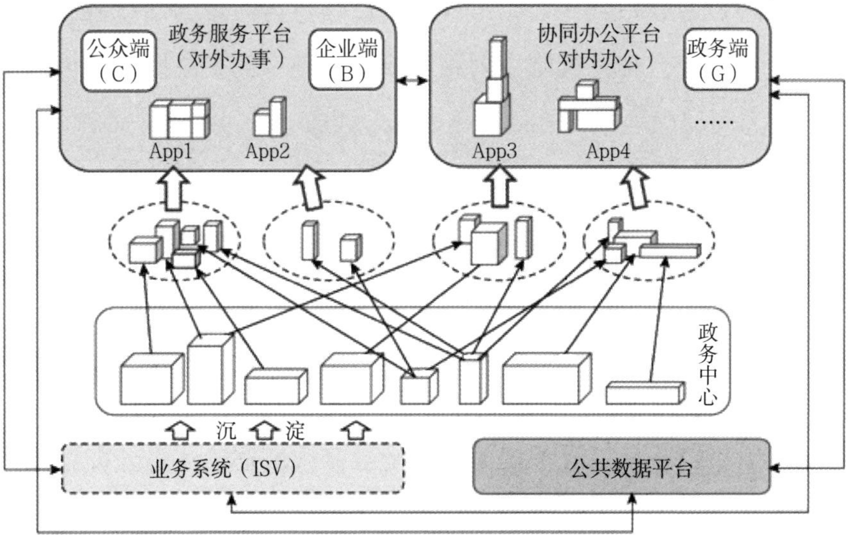

图 4-1 平台驱动的数字政府模型

府机构的平台，并在平台上持续地实现数字资源的能力化和数字能力的共享化，对外提供优质政务服务，对内提供高效办公协同，实现政府组织数字化转型，推进政府治理能力现代化的过程。

黄璜团队还认为数字政府建设要充分挖掘政府管理与服务的业务共性，实现技术融合、业务融合和数据融合，形成跨层级、跨地域、跨系统、跨部门、跨业务共享的“数字政府基础设施”。在《平台驱动的数字政府：能力、转型与现代化》中，黄璜团队总结了地方政府的实践方法，主要提供了4点基本经验：第一，服务牵引，从需求端来牵引整个系统的运作；第二，政企共创，政府和企业的共同合作、共同开发；第三，业务迭代，针对具体问题实现持续迭代；第四，能力组装，提供可以组装的能力模块，实现快速开发。

二、数字治理生态理论

清华大学的孟天广团队基于信息政治学提出了数字治理生态理论[28]，其核心观点是：在数字时代，依托信息可以将不同治理主体、治理资源联系到一起，形成一个以信息为纽带的动态系统，即数字治理生态。信息机制主要帮政府解决两个问题，即信息汲取难题（信息稀缺问题）、信息处理难题（信息过载问题）。

孟天广团队对数字政府给出的定义[29]是：数字政府是通过技术赋能和技术赋权双重机制推进政府建设，这一双向驱动机制不仅促使数字技术嵌入科层制以推进治理结构再造、业务流程重塑和服务方式变革，还构建着新型政府—社会关系、政府—市场关系，以支撑数字社会建构及数字经济发展。

孟天广团队从系统论视角来构建数字政府理论体系，即将工具论、平台论、治理论结合起来构建数字治理生态。数字政府建设的关键是构建由政府、社会、专业机构、媒体、科技企业共同参与、共享治理资源的生态系统。

孟天广团队认为可以从四个层次来分析数字政府建设。

一是数字时代正在重塑治理结构。数字技术导致治理资源在社会中弥散分布，不同主体分别掌握一部分治理资源，譬如政府拥有政策资源，科技企业拥有数据和算力，科学家拥有算法资源，数据由公民或消费者生产。因此，治理结构越来越强调政府与社会的合作。

二是组织机构再造。这意味着水平和垂直政府间协同正在发生变化，譬如建设数据局等新机构、围绕数字技术优化信息流和业务流构建整体政府。

三是通过数据分析破解治理过程的信息难题。难题主要是信息稀缺难题和信息处理难题。孟天广团队认为国家信息能力是国家治理的重要能力，由致力于解决信息稀缺难题的信息汲取能力和致力于解决信息过载问题的信息处理能力两部分组成。其中，信息处理能力的建构主要是通过国家与社会对海量数据的标准化管理、聚合化处理和数据挖掘分析的能力实现的，如各地建设的政府大数据中心、数字政府运营智慧中心、城市大脑等。在信息汲取能力上，主要是从制度设计上形成“自上而下”督察、巡视和“自下而上”的信息汲取机制以及政府通过政府信息化工程建设构建政府数据治理体系[30]。例如在《“十四五”推进国家政务信息化规划》中，强调了数据资源要素赋能能力建设，把统一的国家政务数据共享交换平台和国家公共数据开放平台建设、宏观经济治理基础数据库建设作为核心内容，这些做法是提高信息汲取能力的重要部署。

四是形成新型治理技术。新型治理技术主要是指新型数字技术在政府治理能力建设中的应用。孟天广认为[31]，新兴的数字技术可以通过技术赋能从两个方面推动数字政府治理技术变革：一是从技术上改进治理方式、治理手段和治理机制，例如提升政府的信息汲取、数据治理、数字规制、回应服务和濡化能力；二是应用数字技术重构政府、市场和社会主体之间协同的治理结构，通过激发不同主体所占有的治理资源，例如数据、算法、算力，构建共治共享格局。

三、基于价值的数字政府模型

韩国学者李政宇（Jungwoo Lee）[32] 提出了一个基于价值的数字政府模型（Value-Based Digital Government Model，VDG）（见图 4-2）。

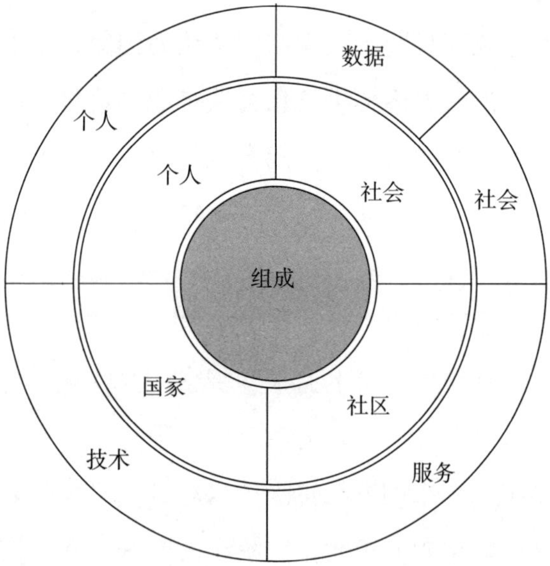

图 4-2 VDG 数字政府模型

李政宇认为，目前主流的数字政府模型大都属于有限政府状态的模式，一种是分段成熟度模型，另一种是组件模型。这些传统的模型已经不足以支持政府的数字化转型，主要是公共价值焦点从效率转向可持续发展目标的“有效实现”，尤其是“棘手的问题”（Wicked Problem）越来越多，越来越呈现系统性，“使用微观方法来强调技术和服务”的电子政府模型就会力不从心。因为这些模型主要关注的是强调技术和服务的微观方法，运营效率导向，以政策评估为重点的框架。李政宇分析了部分数字政府模型，他认为有如下三点。

第一，当前大多数模型都是基于强调技术和服务的微观方法。阶段模型和组件模型都将技术定位为影响政府服务水平和政府技术进步程度的核心影响变量。从详细的角度看，分阶段的成熟度模型似乎使用以技术为中心的方法，而基于组件的模型则包括技术以外的概念，例如流程、组织、人力资源和治理，这进一步反映了数字政府的多维本质。

第二，当前的大多数模型都以政府的运营效率和公民服务运营的优化为导向。当前的数字政府模型倾向于强调在线行政服务的效率。

第三，现有模型大多是零散的故障排除模型，而不是专注于解决严重问题的模型。它们用于定量评估服务改进。在这方面，到目前为止已开发和使用的模型是基于成熟度或组件的。在提供面向未来的观点方面，它们似乎受到限制。

基于以上缺点，韩国学者李政宇提出了一个数据、技术、服务、人员、治理“五要素数字政府模型”，具体描述如下。

数据：分为分散数据、归集数据、互通数据和融合数据四个阶段，最终方向是融合和联动。

技术：分为代码编程、数据库应用、网络互联和平台构建四个阶段，最终方向是技术高效和恰当应用。

服务：分为简单应用、替代应用、转型应用和融合应用四个阶段，最终是实现应用的场景化适应和灵活性。

人员：分为简单实用、数字应用、信息服务到知识服务四个阶段，最终是降低负担、提升创造力。

治理：分为规则和政策为主、交易和服务为主、互动和满意度为主最终达到共同创造和参与，从而打造开放的政府，鼓励人们参与决策。

在李政宇看来，由于数字政府的未来无法被定义为有限状态，该 VDG 模型中呈现的框架将用作定性工具，以评估人们为解决他们所面临的棘手问题而提出的综合解决方案的概念化工作。

此外，咨询公司加特纳提出了一个五级数字政府成熟模型[33]（见表 4–1）。

表 4–1 加特纳五级数字政府成熟模型

级 别	阶 段
Level 1 电子政府	关注政府服务线上化以及降低成本，数据处于孤岛状态，应用有限
Level 2 发展（开放）政府	提高面向公众的透明度，促进公民服务和数据经济的发展
Level 3 可定义的政府（数据为中心）	从关注和倾听用户需求到汇聚融合更多数据，多少数据被开放出来以及多少被应用使用成为被关注的焦点，实现数据驱动战略
Level 4 可管理的政府（全数字化）	数据为中心的方法以及基于数据创新的原则被广泛应用到各部门、各层级；数据跨层级、跨部门流动；公众可能会对数据隐私关注和产生不适，需要提高数据使用的透明度
Level 5 持续优化（智能政府）	基于开放数据的数字化创新深嵌进整个政府，并导入了高层政策决策过程。即使面对需要快速响应的中断事件或突发事件，创新过程也是可预测和可重复的

第三节 政府治理能力现代化内涵

治理能力与治理体系现代化的本质是持续构建基于国家、社会、个人等数据要素的整合过程。所谓“现代化”，本质上是治理体系、治理能力、治理要素、治理工具的数字化、智能化过程。也就是说，数字政府建设既是一个过程，也是目标，更是工具。

一、能力的概念与本质再认识

能力是一种基于主观意志的行动力量。

能力可以从不同的维度进行定义。比如“能胜任某项任务的主观条件”，“完成一项目标或者任务所体现出来的综合素质”或者“完成一定活动的本领、一种力量”等。以上种种描述都属于工具视角，把能力看作一种解决问题、改造世界的工具。但能力也可以解释为“一个人相对于某事物而言，能够给此事物创造的利益”，这是一种结果视角。可以看出，能力需要具备三个基本元素：工具性、效用性、目标（任务）导向。无论是个人还是组织，想要完成某个任务、达成某种目标，都需要具备能力。

能力由主体的主观意志和客观条件组成。如果只有客观条件，没有能够使用这些条件的主观意志，能力就不存在。所以，主观意志在能力的构成中是先导性和决定性的。对于个人而言，主观意志就是完成任务的决心和决断力；对组织而言，主观意志则是组织完成任务的决断力，也就是面对任务和问题要采取行动的意愿和决心。主观意志是看不见的、无法触摸的，所以往往容易被忽略。比如在信息化系统的建设中重视硬件的投资，轻视软件的投资；重视系统的建设，轻视熟悉系统的人力资源的建设；重视信息化系统的建设，轻视与信息化系统建设配套的流程制度的建设；重视流程制度的建设，轻视文化价值观的建设；等等。

组织的主观意志与组织的价值观密切相关。组织价值观也是一个特别容易被忽视的内容。只有有正确价值观的组织才能够发展壮大，而组织的衰弱也首先是从组织价值观的异化开始的。组织处理问题的能力变差，应对风险的能力变弱，都是在组织价值观变异之后缓慢发生的，所以组织的价值观变化并不是一时之间就能够看出来的。比如，华为“以客户为中心”的价值观这么多年来一直被奉为圭臬，使得华为往往在关键的时刻做出正确的选择，在短短 20 多年间成为行业的王者。

主观意志就是组织在面对任务和问题时按照何种价值观进行选择的模式。组织价值观决定组织选择什么问题和任务，也决定选择什么客观条件完成任务。主观意志影响组织的判断和决策是通过判断产生影响的，只有组织认为是正确的判断才会采取行动，当然这种正确性一定要具备合法性，否则就容易出现组织违法行为。

能力的客观条件由资源要素、工具、方法及知识组成。客观条件是完成任务的过程中所要耗费的资源，这些资源需要被消耗掉，并发生物理或者化学的变化，在空间上发生转移。工具则是与资源要素发生联系的条件，工具的进步是社会进步的最重要表征，甚至可以说是人类历史的进步。所以工具的建设是能力建设的关键组成部分。方法是我们使用工具处置资源完成任务所要遵循的规程。我们在工作和生活中都有直接的经验和教训，如果方法不得当往往会事倍功半甚至前功尽弃。而同样的资源、同样的工具，方法不同，所产生的效用也可能完全不同。

我国数学家华罗庚把数学理论应用于国民经济领域，提出以改进生产工艺和提高质量为内容的“优选法”和以处理生产组织与管理问题为内容的“统筹法”，其价值和作用就是体现了方法在能力建设中的重要性。

客观条件还有一个至关重要的组成部分，就是知识。知识可以被理解为对规律的把握，也就是说在完成任务的过程中，个人和组织都必须掌握足够的知识，掌握所要处理事物的规律，按照规律的要求找到合适的方法、选择合适的工具，处置资源要素达成目标。

二、能力建设的基本范式

在能力建设过程中，有两个模式可以选择，一个是问题导向的，另一个是未来导向的。选择哪种模式与我们的认知有关。

问题导向能力建设范式

问题导向能力建设范式中的能力建设是为了完成某项任务或者为了应对可能发生的风险，该范式不会建设或者储备对已知问题无效用的能力。

面向未来的建设能力范式

能力是面向未来发展需要的，是为了完成未来的任务和解决未来的问题而需要存在的主观条件。这意味着需要一种应对不确定性的能力。能力不是静态的，而是发展的。按照这些定位展开能力构建，那么能力的建设范式就是面向未来的。

我们可以用人来类比：当一个人出生的时候，他并不知道他在一生中会遇到什么问题，但是他天生继承了一部分能力，同时在成长的过程中不断地储备能力。当遇到需要处理的问题时，他能够通过灵活地组装自己的能力来完成某项任务并获得满意的结果。

三、数字技术给治理能力建设带来新的机遇和挑战

在外部环境不确定性加剧的今天，思考如何构建政府的现代化治理能力的时候，我们面临着一个非常严峻的困境，这个困境就是前所未有的不确定性。

如果我们试图通过准确的外部环境分析，确定组织的战略目标，然后依据目标储备资源以及构建能力来完成任务和提供服务，我们可能会遇到刻舟求剑的尴尬境地。在以前，当我们需要解决经济社会问题的时候，我们是可以预见将要出现的问题的。在今天，技术和社会的结构日趋复杂，经济结构也变得更加复杂。政府可能没有办法对可能出现的问题进行精确的预测。大部分的情况是，只有当问题出现以后，政府才会意识到问题的存在。这种不确定性的增加是系统性的，它既表现在局部，也会表现在整个系统上，其影响的深度和速度都是前所未有的。这也意味着组织通过规划来实现组织战略越来越困难。

既然未来是不确定的，那么我们就需要用一种新的视角来对政府进行审视，把政府的组织看作一种能力的组合而不是一种职能的组合。

把政府组织的职能转化为一种能力，对这种能力进行分解，直到分解到元能力。通过元能力组合形成上一层次的能力，从而达到能力的动态组合，具备灵活的未来适应性能力结构。这样政府的治理能力是现代化的，也自然有了应对“涌现”的柔性结构的能力。

“涌现”是指一个过程的整体行为远比构成它的部分复杂。经济

结构和社会结构非常复杂，是一个复杂的巨系统[①]。其复杂程度已经远远超过任何单个组织所能理解和管理的范畴。在这些复杂的巨系统里面，任何子系统本身就是复杂的，当这些子系统组合在一起之后，就会形成“涌现”现象。任何微小的变动都会造成整个系统级的风暴。

四、现代政府治理能力现代化内涵

对于现代政府而言，应对“涌现”，是追求治理能力和治理体系现代化的核心目标所在。为从容应对“涌现”需要现代政府具备三种能力。

现代化的先见能力

现代化的进程是一个高度复杂的过程，拥有某种“先见”是消除现代化进程不确定性的关键。现代化进程并非完全不可知的，其本身就是我们使用现代的技术、工具、方法和理念不断发展的过程。这是现代化先见的存在基础。现代化先见与数字化进程密切相关，数字化进程是现代化先见的前提和基础。数据要素是现代化进程的核心要素，为我们提供了发现人类社会基本规律的新的要素，形成了数字政府的现代化先见的技术基础。政府的先见能力来源于三个方面：一是具有丰富的数据要素及其分析工具实现洞察；二是对经济社会发展规律与趋势的高度敏锐度；三是数字化的专业人才，政府越来越需要数据专业人才。

① “巨系统”是钱学森、乌家培提出的社会系统工程概念，指子系统或构成的元素数量特别庞大，系统演化和系统行为都呈现出高度复杂性的系统。

影响未来的规划能力

在我国的经济社会发展进程中，我们习惯于开展多种形式的规划，从国家层面的五年规划到各个行业、商业组织的战略规划或者连续或者离散地形成了经济社会发展的过程。现代化的治理能力中，影响未来的规划能力是在先见的基础上，对未来所要达到的某种状态的路径的设计。这些设计体现在各个层面，比如法律制度、产业政策、社会规则，甚至文化、意识形态。现代化的规划能力与两个因素有关：对客观规律的认知，以及社会价值体系的设计。认识到自然、社会、经济的客观规律，按照规律办事，在治理的行为上就会达到顺其自然的状态；引导具有“善”的社会价值体系，引导经济社会的运行符合人性，按照现代文明对善的定义办事，在治理的结果上就会达到顺乎人心的状态。那么，我们的发展就会形成最大的社会合力。这是治理能力现代化的工具指向。

核心治理能力中的“涌现”能力

加里·哈默（Grey Hamel）在《竞争大未来》中对核心竞争力（能力）的定义是：代表着从各种技能模块和各个组织单元那里学到的经验的综合。因而，一项核心能力便不大可能完全来自一个单独的个体或者小型团队。成为“核心”必须经受三个方面的考验：顾客价值、竞争者差异化、可延伸性。

虽然哈默对核心竞争力（能力）的论述是从商业组织的视角出发的，但是并不影响我们从非商业组织或者从政府的视角对核心能力进行厘定。核心能力的“涌现”能力是指在经受外部的刺激、政府组织内部应对不确定性的过程（这一过程通常也被称为“涌现过程”）中，让那些处于边缘非核心地位的能力快速成为组织核心能力的“能力”。

每个部门、每一级政府都是由各种“能力”组成的，但是组织不可能列出所有的能力清单，资源是有限的，那么只有识别出核心和非核心能力，组织才能清楚自己的能力边界，并在应对外部“涌现”时迅速整合资源形成动态的核心治理能力。

在这种情况下，当我们思考数字政府应该如何建设的时候，数字政府的核心能力应当从如何面向未来进行构建的方面展开设计。在设计时，我们需要回答三个问题：组织会面临什么样的自然、经济、社会环境？组织外部系统会有什么样的“涌现”？组织核心能力结构如何做到灵活地应对随机的“涌现”？

应对“涌现”的治理能力应该通过数字政府建设，且深深根植于政府内部，这些能力是隐藏的（就像一棵树的树根一样），但是在面对“涌现”时又是灵活的、有效的。

第四节　能力领先的数字治理范式

从治理能力的视角思考数字政府的建设时，我们可以参考哈默对商业组织的描述来进行类比：企业（组织）的成功秘诀在于一套使得企业（组织）可以创造优秀产品（公共服务）的独特能力。企业（组织）应该被看成可以用各种方法将不同资源和能力进行组合的组织。那么，我们就可以基于企业核心能力理论，设计一个能够表征数字政府治理能力模型的分析框架——基于能力领先的数字治理框架。这个框架基于两个假设：一是政府现代化治理能力是“涌现”的。数字治理能力是治理实践过程中沉淀下来的，是适应环境的产物。二是现代化的进程是一个复杂的“涌现”系统。现代化的发展进程是系统的规划与随机的“涌现”并存的，处于“涌现”过程中是现代化发展的关键特征。

一、能力领先数字治理框架

能力领先数字治理框架主要由 4 个系统、13 种能力领域组成，如图 4-3 所示。

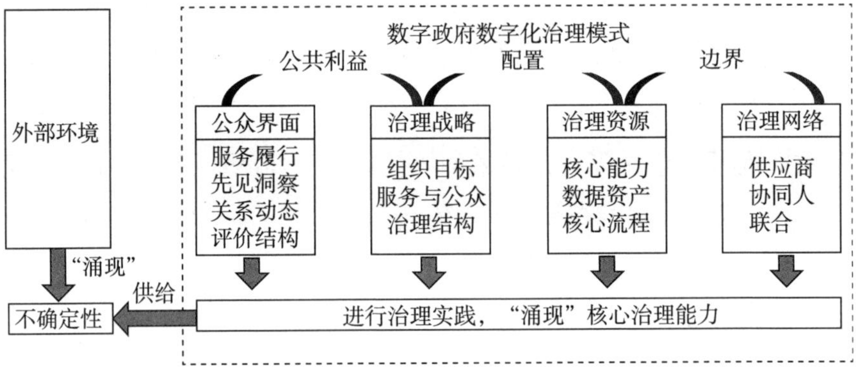

图 4-3 能力领先数字治理框架

能力领先数字治理框架包括 4 个子系统，分别是公众界面、治理战略、治理资源、治理网络。这 4 个子系统又分为 13 个能力领域。4 个子系统不是孤立存在的，即是通过某种联系、关系形成了一个协调运作的整体。治理战略子系统通过公共利益与公众界面子系统形成联系界面，治理资源子系统通过要素配置与治理战略子系统形成联系界面；在治理网络子系统与治理资源子系统之间通过治理边界区分数字政府与外部支持系统。

公众界面

公众界面子系统定义了数字政府提供数字化政府服务的结构，它涉及供给与需求两个层面。公众界面子系统包括 4 个能力领域：服务履行是指面向公众提供公共服务的范式、渠道以及服务内容的能力；先见洞察是指政府基于数据要素提炼信息对公众需求进行预测和洞察的能力；关系动态是指公共服务与公众之间联系的方式，即如何与公众进行互动的能力；评价结构是指政府与公众的价值评价体系和价值交流模式，包括对价值共识、价值评价与共享的渠道以及价值内容及其在不同价值区间的分布。

治理战略

治理战略子系统是指组织的法定职能，包括在国家或者区域治理体系中的定位、职能与治理服务的对象。治理战略子系统包括 3 个能力领域：组织目标是指通过数智化实现组织既定使命的能力，组织目标一般来自法律授权；服务与公众能力是指组织所面向的公众群体以及所提供的数字化服务能力；治理结构数字化指的是通过数字化更好地实现在国家治理体系中与其他组织互动的能力。

治理资源

治理资源子系统指的是治理资源的数字化系统，包括核心能力、数据资产以及核心流程。核心能力是指应对“涌现”的知识、规则以及组织运作方式，是一种处置“涌现”的行动力；数据资产是指治理资源的核心组织资产，定义了数字政府组织中的要素；核心流程是指处置“涌现”的模式以及组织内部不同能力实体之间逻辑衔接的关系结构。

治理网络

治理网络是指围绕组织的支持系统，包括供应商、合作伙伴和数字平台运营商。它们共同组成了数字政府的完整系统，为组织提供所需要的知识、工具、资源、规则，是治理能力的底层支撑系统。

连接 4 个子系统成为整体的被称为“联系”，有 3 类联系把数字治理框架中的 4 个子系统连接为整体系统，形成整体政府建设的基本支撑。

公共利益

公共利益是连接公众界面与治理战略的联系。现代化的公共服务需要以人民为中心，通过该联系在数字治理战略与公众界面之间建立关系，确保战略的设计与能力的构建可以为公众提供以用户为中心的服务。

配置

配置是连接治理资源与治理战略的联系。通过配置的联系，确保治理资源服务于治理战略，确保核心能力、数字资产以及核心流程的配置方式和价值导向与数字治理战略相匹配，保障治理战略的达成。

边界

边界是连接治理资源与治理网络的联系。通过边界的界定，能够为数字治理过程中政府与合作伙伴划定边界，为数字治理可持续数字生态建设划定边界，帮助政府建设有为政府与有效市场。

二、基于能力领先数字治理框架的能力体系设计

（一）公共服务履行能力

本质上政府提供的公共服务与企业提供的产品服务具有相似性，都可以看作满足公众（消费者）某种需求或者政府公共管理（政府自身需求）的一组服务，唯一的不同是政府提供的公共服务是垄断的、无竞争的。

虽然没有竞争压力，但是政府依然有不断地改善公共服务的履行方式、为公众提供更好的服务体验的外在压力和降低公共服务的成本、提高公共服务效率的内在需求。

公共服务在履行过程中，有一个极其重要的特征，即在部分环节“在现场”的必需性。这就是人们在与政府打交道的过程中遇到的“当事人”必须“亲自”携带“证件”去办理的情况。

这是因为在公共服务履行过程中，政府必须确定公民身份的真实性、意愿的真实性、行为的合法性。当然，公民也必须在现场确定履行政府职能的机构和个人也是真实的、合法的政府机构以及公务人员。

当政府开始推广移动端服务、网上办理、非现场服务的时候，“不在现场”就成了公共服务的常态，那么政府机构与公众如何判断身份、意愿及行为的真实性，就成了非常关键的问题。这个场景其实像极了区块链刚刚出来的时候所试图解决的问题：一群完全没有任何信任基础的人，如何能够在零知识的情况下，解决交易的信任问题。

数字政府在公共服务的履行上需要从履行的方式和模式上进行变革，以解决公众如何在市场经济体制下不受时间和空间限制，享

受一致性的公共服务的问题。

首先，公众可以在任何地点接入任何公共服务，无论公共服务的提供是否具有区域限制，公众都可以获得服务接入。同时，公共服务能够在任何时间向任何公众提供服务，并能够提供除了必须人工干预的服务之外的任何服务。其次，公共服务要具有普遍性，在线上渠道、线下渠道都应该提供一致性的服务，不因渠道的不同而限制服务的内容和方式。

在公共服务的模式上，需要从被动等待到主动提供转变。首先，按照公共服务的流程环节，能够自动关联跨部门、跨层级的服务过程，自动流转，而不是仅仅需要公众主动请求。其次，根据公共服务的场景，主动触发公共服务的履行，包括主动提醒、智能预约、主动提供服务，实现无须公众申请就能主动提供所需要的公共服务。

（二）先见洞察能力

先见洞察是政府基于数据要素提炼信息对公众需求的预测和洞察。

先见洞察也体现了政府对未来发展趋势的预测能力，是建立在真实数据、真实偏好表达的基础上，通过数据分析获得的。区块链技术可以大幅度提高政府的先见洞察能力，主要体现在以下这些方面。

1. 获得高质量的数据。利用区块链技术对涉及分析决策的个人数据、企业数据、政务数据进行存储、管理和整合，客观真实地记录数据及其行为，从而提高整个政府的“数目字管理”水平。区块链能够减少数据的篡改风险，为政府构建先见能力提供高质量的数据。

2. 城市发展需求洞察。城市发展和规划是一个涉及多方主体利益的复杂事务，需要涉及的各方提供真实的数据，包括公众的真实意愿，道路交通部门的真实路网、运力的数据，环境保护部门的环境数据，公共设施部门的水、电、煤气、通信的规划数据等。只有在真实性的基础上才能做到对城市发展需求的精准洞察。区块链可以为数据提供可信任的保障，并且能够在保护数据安全的基础上，在不同的部门之间进行数据安全的共享和交换，提高政府部门在城市更新发展中的洞察能力和规划能力。

3. 公众偏好洞察。基于区块链的隐私保护和唯一性，洞察公众在公共事务上的真实偏好。

4. 社会风险的先见能力。利用区块链安全的数据共享和智能合约，通过在不同的风险部门建设区块链节点，实现对风险数据的安全可靠共享与交换，以及智能风险模拟，可以提高政府部门的风险先见能力。

5. 产业发展先见能力。一个地区的产业发展先见有赖于政策实施效果的客观评估，有赖于企业经营发展数据的客观提供，区块链可以解决企业隐私数据与政府部门安全共享的问题，为政府产业规划和产业政策制定提供客观真实的数据。同时，不同的产业管理部门的数据也可以安全共享，满足产业规划和发展过程中系统性的规划、全局性的洞察、实时性的优化的需求。

6. 监管的先见能力。食品药品安全监管、环境污染监管与企业安全生产监管，可以利用区块链的数据真实性和可审计性，对监管的监督、整改、处罚与问责实现精细化的管理。同时，能够利用监管部门部署的智能合约，在违规行为发生的时候实时触发监管和控制。

（三）关系动态能力

关系动态定义的是公共服务与公众之间联系的方式，换句话说，是如何与公众进行互动。

身份的真实性和唯一性。在公共服务中，供需双方都有验证身份真实性的需要，这也是公共服务中成本重复投入最大的环节之一。例如在新生儿登记过程中，需要新生儿的父母向医院、卫生管理机构、公安机关、银行、社保机构、街道部门等重复提供结婚证、身份证、出生证、生育服务证等各种材料，用于新生儿户籍登记。

在公共服务中，供需关系是需要管理的基本关系。公共服务虽然属于行政垄断的服务，并不像商业服务一样存在竞争性，但是公共服务依然要考虑服务的成本问题。对供需关系的管理需要政府能够对公众的服务需求进行精确的预测，并通过规划和政策来影响需求，进而对公共服务资源进行准确的配置，例如教育资源、医疗资源、交通资源、电力资源等，同时也包括政府提供的公共行政服务，例如税务服务、婚姻服务等。

公共评价关系是另一个非常重要的政府与公众的关系。顾名思义，公共事务就是众人之事，在公众与政府互动的关系中，对公共服务提供的方式、渠道、质量以及效果由政府部门、第三方机构和公众进行可信真实的评价非常重要，这决定了政府公共服务的能级，也影响现代社会的动员能力和治理能力。

公众参与的激励。在公共服务过程中，需要激励公众参与到社会治理中，例如垃圾分类、环境保护或者城市管理，借助公众的资源和力量，提高公共服务的能力、覆盖的范围和执行的效力，如何为分散的、规模庞大的参与者提供真实可信、低成本的激励能力，将影响公共服务的效率和效果。

（四）定价关系能力

定价关系定义了数字政府进行经济社会治理时，如何发现成本并对公共产品及其服务进行定价的模式。

政府提供公共服务也是有成本的，因此也是需要定价的，这就形成了政府与公众的定价关系。

任何公共服务的成本都是相互的，如果在某一项公共服务中需要公众往复不停地奔跑于各个部门之间或者重复提供某项证明文件，既是对公众个人时间和资源的浪费，更是对政府公共服务资源成本的浪费。

公共管理学者们一般把公共服务产品分为 3 类：第一类是既不排他也无竞争的纯公共产品，如国防、公安、外交等；第二类是无竞争但是排他的俱乐部产品，如高速公路、电信服务、教育服务、医疗服务等；第三类是不排他但是有竞争的公共池塘资源产品，如城市公园绿地、公共交通、水资源、渔业资源等。

区块链在公共服务的成本管理方面具有显著性的价值，能够帮助政府精细化地发现公共服务的成本结构，并控制公共财政的支出。由于区块链具备追溯、不可篡改、真实性、隐私性和智能合约自动化处理能力，为政府在公共服务过程中发现成本提供了低成本的、可信任的解决方案，能够帮助政府对公共服务的成本支出和定价进行精细化的管理。

例如对俱乐部产品，可以使用智能合约对产品的服务进行动态的定价，控制由于公共需求的拥挤带来的成本增加。而对于公共池塘资源产品，则可以利用区块链能够提供零信任、零先验知识的能力建立配额交易制度，解决公众在公共池塘产品消费过程中的无序过度使用造成的损害。

政府在公共服务中嵌入区块链技术，可以建立真实的公共服务互动关系。这种互动关系的表达关系之一最核心的是评价关系。通过区块链获得真实的公共服务需求表达，并发现真实的成本结构，可以帮助政府优化公共财政支出，优化公共资源的配置结构，并提高行政的公共服务效率。

（五）组织目标

整体政府是数字政府建设的战略目标。整体政府是“一种通过横向和纵向协调的思想与行动以实现预期利益的政府改革模式，包括 4 个方面的内容：排除相互破坏与腐蚀的政策情境；更好地使用稀缺资源；促使某一政策领域中不同利益主体团结协作；为公民提供无缝隙而非分离的服务”。我国以“三融五跨”为指导思想建设数字政府，本质上是整体政府思想的体现。

数字政府的目标有 3 类：治理目标、发展目标和职能目标。职能目标是法定目标和上级机关分解的目标；发展目标主要是指经济社会的发展目标；治理目标主要是经济、社会、环境、政治等各方面的综合目标。

就职能目标而言，某一级政府或者某个职能部门在制定职能目标的时候，主要考虑的是与上级部门和平级部门的职能协调的问题，一是承接上级部门的要求，分解落实具体职能目标要求；二是以行政辖区为主考虑具体目标的细化。

发展目标和治理目标的规划和制定则有极大的不同，不像政府的职能目标可以找到明确的依据，这两类目标更多的是在持续不断的整体协调中寻找最优解的过程，是动态的、协调的。

因此，在制定发展目标和治理目标时，就政府整体而言，某一级的政府机构建设数字政府需要考虑以下 4 个因素。

一是局部目标与整体目标的协同，即所辖行政辖区的目标与上级行政辖区的目标协同。在规划经济社会发展区域目标的时候，必须考虑到“局部最优未必是整体最优”，还必须接受上级政府的指导。同时也需要考虑本区域目标最优可能对邻近区域的发展治理目标的达成造成不利的影响，因此还必须与邻近区域的发展治理目标协同。

二是“条”目标与“块”目标的协同。“条”目标的最优与“块”目标的最优往往并不相容，这主要是由于“条”“块”的利益结构和信息不完备性以及委托代理过程中实际执行人的理解能力、遵从上级部门的意愿、可以调度的资源以及本地实际情况与上级部门制定的目标的适应性有关。

三是地理相邻性目标与发展治理相近性目标协同。地理空间相邻性是首要的，不同区域的地方政府在制定目标时需要首先考虑地理相邻的其他区域的目标，同时还要考虑地理不相邻但是在经济结构和治理目标上相近的情况，这是相对次要的，不过这种次要情况随着数据要素在经济领域的参与越来越广泛和深入，正在变得越来越重要。那么政府在规划、制定目标的时候，就要考虑相近性目标的协同。

四是刚性目标、激励目标、保健目标与竞争性目标的协同。从目标的价值取向角度来说，刚性目标是政府为公众提供的基本公共服务以及自身运转的基本目标，此类目标往往比较清晰，是政府无论如何都要提供以及公众无论如何都必须承担成本，无须协商就可以明确的目标。激励目标则是政府需要向公众提供某种激励，尽可能地获得更多公众参与的目标，以获得更好的治理效果。此类目标往往需要带有经济刺激的手段，需要为参与者提供某种精神或者物质的奖励。保健目标则是介于刚性目标和激励目标之间，为了满足公众或者政府自身的运转，所涉及的带有安慰性价值的目标，缓解公共舆论压力或者获得公众对公共事务的支持。竞争性目标则主要在经济事务或者需要跨区域协同的公共事务中。不同层级和不同区域的政府需要提供有高度竞争性奖励的政策资源或者其他资源以与其他层级或者区域的政府竞争性地获得某个产业在本地的聚集。

（六）服务与公众

“服务与公众”定义的是政府所面向的公众群体以及所提供的数字化政府服务。

数字化技术的出现为政府的公众服务带来新的模式，作为一种重构信任的技术模式，区块链则在底层逻辑上为政府服务的数字化开创了一种新型的公共服务方式。依靠可靠的数据作为服务的要素进行政府数字服务的重构，我们可以建立以下几种新的政府公共服务以及在服务细分公众群体上的新的低成本解决方案。

1. 非现场、可信的身份验证。无须公众在特定服务现场即可以验证公众的真实身份并对其行为提供不可抵赖和篡改的真实性记录。

2. 智能化、自动化的公共服务。这为一件事项能够从开始到办结提供智能化的自动协同，包括横向跨部门协同、跨区域协同以及纵向跨层级协同。在协同过程中能够对权责界面、审批决策实现智能化和自动化。

3. 主动发现需要服务的公众。公共服务，尤其是关联性和强制性的服务，对于公众而言也有必要性，并非可有可无、可办理可不办理的。政府服务的数字化在设计上需要服务的智能化，按照公共服务的事务逻辑以及公众自身的状态变化实现自动化的服务执行，主动发现需要服务的公众，甚至在公众可信授权的情况下做到无感知的智能化。

4. 横向和纵向协同的数字化服务。横向和纵向的公共服务是数字政府设计的关键，在“块”和“条”的层面提供高质量的公共服务，离不开横向和纵向的协同。很多地方政府已经开始以企业和个人的具体办事需求为线索，在横向跨部门协同和纵向跨层级两个方向上进行公众服务的协同设计。协同的基础是数据协同和业务协同，在这个过程中，公共服务部门之间的数据信任和业务信任是关键，确定公共行政行为的真实性和合法性，需要建立在真实的业务数据基础上。

区块链在赋能公共服务的过程中，主要有以下几种应用模式。

1. **政务权力清单透明化**。对部门所负责的政务事项以区块链的形式进行数字化，对权力的运行过程进行全程的透明化。

2. **履职行为透明可信化**。对关键的政务服务行为使用区块链技术进行存储记录，在政务服务部门进行可信流转，并对政务行为进行合规审计。

3. **帮助政府记录公众关键行为**。在履行公共服务过程中，存在大量需要即时、不可篡改的公众行为记录的情况，目前的解决方案大都是通过视频采集的方式进行存证，例如对当事人的约谈、行政处罚通知送达、财产转移。使用区块链可以对这些公众的行为进行存储记录，并在公共服务过程中进行共享流转，作为其他部门行政行为的凭证以及对公众行为的确认凭证。

（七）治理结构

治理结构定义的是组织在整个国家治理体系中的位置、内部治理结构及其在“条”“块”两个维度与其他组织之间的互动模式。按照整体政府的理论，整体型治理包括 3 个方面的整合：不同层级或者同一层级上治理的整合，包括地方政府、地方以及中央政府的代理机构、国际社会范围内全球治理网络的整合；治理功能的整合，它既有同一机构内不同功能上的整合，也有不同功能部门之间功能的整合；公私部门之间的整合，即政府部门、私人部门以及非营利性机构之间的整合。

按照上面三个层级的整合，我们可以认为数字政府治理结构的构建需要把数字政府看作一个平台，至少需要设计和规划三种结构整合模式：一是数据整合，包括政府内部不同层级和不同部门的数据资源整合、政府与私营部门的数据整合、政府与公众的数据整合。二是功能整合，包括按照治理目标区分政府内部各个部门的功能并进行整合，区分政府与私营部门的功能并进行整合以及跨区域、跨层级的功能整合。三是能力整合，包括政府的公共服务能力内部整合、与私营部门的能力整合，尤其是跨区域、跨层级的能力整合。

新的数字政府治理结构的设计需要按照能力的视角，基于任务目标的设计，进行治理结构的规划。我们可以以治理结构的紧密程度与利益关系区分不同的数字政府治理结构类型。

流程型治理结构类型。在公共服务过程中，流程协同性治理结构是按照事项的时间、因果、前提条件等逻辑关系形成的流水线型治理结构。

中心型治理结构类型。某个部门处于治理的核心地位，需要与不同的部门、第三方机构和公众进行治理功能协同。

多中心型治理结构类型。多个治理的主体处于平等的地位，共同协调完成某项治理目标，各个治理主体需要平等地协商，按照某种协商确定的规则开展治理活动。

纯分散治理结构类型。在这种治理结构中不存在任何处于主导地位的治理主体，各个治理主体的关系和行为是依靠利益结构的协调进行自动协同的，每个治理主体通过市场化的机制进行治理协同，甚至在不同的治理主体之间还存在竞争关系。

（八）核心能力

数字政府治理能力模型对核心能力的定义是：应对“涌现”的知识、规则以及组织运作方式，是一种处置“涌现”的行动力。那么区块链可以在以下几个方面提供应用价值。

1. 加速组织知识资产沉淀。政务数据使用区块链进行管理并且在政府部门之间进行安全的共享和交换，其数据的真实性和可靠性能够帮助政府部门减少混乱和降低行政行为的二义性，从而能够加速组织内部知识资产的高效率沉淀。

2. 跨部门跨层级自动协同的能力。使用智能合约能够帮助部门跨职能和跨层级进行自动化协同，从整体政府的角度显然可以提高政府应对公共突发事件的智能化的处置能力。

3. 应对“涌现”的能力。智能合约能够按照政府的层级权限配置以及职能结构进行规则和条件的配置，实现公共服务的自动化处置，从而提高面对公共事务时跨部门、跨层级的协调性和响应的时效性，应对各种“涌现”。

4. 发现焦点的能力。利用区块链在数据存储和处理上的真实性可审计特性，在公共事务中可以提高对问题本质焦点分析的能力，比如可以客观地呈现在流程环节中的事务堵点，可以精准洞察公众的需求偏好，可以准确了解公共资源配置的情况，能够通过智能合约汇聚的精准信息和结果发现某些不易为人所察觉的趋势，以上都可以帮助政府部门提高发现焦点的能力。

5. 提高决策的能力。决策能力是数字政府治理中的核心能力，决策依赖于高质量的数据，利用区块链对决策涉及的各类主体的数据进行存储、分析和处理，实现决策所涉及的各类主体数据共享的安全，为政府决策提供真实可信的数据，形成高质量的决策能力。

6. 提高路径选择的能力。公共决策往往会涉及多个方案的选择，区块链不但能够提供真实可信的数据、提高路径选对的概率，还可以利用区块链对多部门数据进行安全共享和交换。

（九）数字资产能力

数字资产是数字政府的核心，其中既包括数字化的系统、设备、数据，也包括数据化的资产。既然是资产，就具有资产的基本性质。

与数字政府数字资产有关的核心要素有以下三种。

1. 安全的政府数字化基础设施。区块链可以帮助政府构建安全的数字化基础设施，防止网络资产、数据资产、证照资产、物质资产被黑客攻击、被非授权使用。其中，主要是区块链的分布式账本使得某个节点的数据遭受损坏之后并不影响整个系统，共识算法能够防止黑客节点的入侵和对数据的篡改，从而防止资产的价值转移。智能合约也能够对数据设施的访问实施精细化的实时控制。这些都可以帮助政府建立安全可信的数字化基础设施。

2. 数据资产的质量。如果使用区块链作为分布式共享数据库对政务数据进行存储和管理，当数据提供者知道会被永久记录的时候，就会对数据的质量控制更加审慎和负责，如果有配套的数据治理法规或者制度形成足够的威慑，数据提供者甚至不敢提供虚假数据，这可以提高政务数据资产的质量。

3. 确保公共资源资产的可信交易。使用区块链对各类公共资源进行价值化，为资产的核查、转移、交易、价值分配提供全生命周期的证照验证、资产价值评估、所有权转移、使用权确认，从而为公共资源的交易提供可信的、可审计的、全流程的、全生命周期的监督管控能力。

（十）核心流程能力

核心流程定义了处置“涌现”的模式以及组织内部不同能力实体之间逻辑衔接的关系结构。使用区块链可以大幅度提高政府内部、政府间以及政府与企业、行业组织的流程效率和响应时间。在数字政府核心流程建设上，我们需要进行以下 5 种流程的改善和优化。

1. **政府部门间横向治理协同流程**。主要是跨部门自动化横向协同能力，在数据融通共享的基础上，对横向管理涉及多部门协同的事务进行协同，改善政府治理的部门间协同能力。

2. **政府与企业之间的治理协同流程**。建立政府与企业可信的协同流程，共享治理数据、治理资源需求和治理任务；政府和企业共同提供资源、执行任务，自动进行交易协同和任务协同。

3. **横向数据资源共享交换**。数据资源在政府部门间、政企之间进行安全的零信任访问、交换、共享。

4. **纵向治理流程协同**。通过向下进行数据和业务协同，提高基层部门依靠数据进行治理的能力。对汇聚到上一层级的数据资源进行安全访问的精准实时地授权，按照下级和基层部门治理的场景、角色、位置、治理对象、事件、部件进行数据资源访问授权。

5. **纵向治理权限精准授权**。自上而下对治理权限进行授权，实现权限的可信授权惯例，对各个层级的治理权限和协同规范进行固证，并对实时治理过程中自上而下或者自下而上的授权进行动态调整和实时存证，提高纵向协同的能力。

（十一）供应商治理能力

供应商是指为政府直接提供产品、服务、设备的厂商。区块链为政府管理供应商提供了新的解决方案，在供应商资质信用管理、招标管理、设备运行及维护管理、服务评价及共享供应商生态方面，可以充分利用区块链的分布式数据存储与共享、智能合约自动化业务处理能力等方面与供应商建立新型的供需关系。具体来看，有以下6种能力。

1. 建立供应商的信用可信评价能力。对政府供应商的产品和服务以及企业经营行为，通过区块链存证和与信用单位、工商单位、税务单位、银行等进行安全可信的数据交换，准确地掌握供应商的信用情况。

2. 建立基于区块链的阳光采购招投标能力。在招投标的全过程中进行区块链化管理，提供招投标的证据链和招投标行为人的全程行为痕迹链。

3. 验证供应商的能力。通过区块链与供应商进行关键能力数据信息安全共享，在无须了解供应商核心机密的情况下，通过区块链数据交换，建立验证供应商的能力。

4. 与供应商的产品建立安全可信的服务关系。与供应商安全地交换设备运行数据，在不泄露隐私和敏感数据的前提下，使用智能合约对设备的运行维护信息进行交换，帮助政府提高设备的维护效率。

5. 使用智能合约对设备进行智能维护作业。供应商开发设备维护智能合约，在经过政府部门或者第三方进行代码或者规则安全审核之后，对设备进行自动化的智能维护作业。

6. 共享供应商的生态。可以建立政府关键设备链，通过设备上链，在链上对设备的身份进行统一维护，并在链上共享设备运行数据或者数据指纹，由供应商及其合作方开发智能合约，安全可信地参与到政府关键设备的运行维护服务中。

（十二）数字生态治理能力

数字政府的数字生态是为政府提供间接的资源、能力或者流程支持的政府部门、企业，甚至也可以是公众个人。合作伙伴与政府并不存在直接的产品或者服务的买卖关系，而是在政府经济社会治理过程中，作为平等主体，通过与政府共享资源和能力，在帮助政府进行公共管理的同时，能够获取自身所关注的利益，其表现是在行动或者价值取向上与政府的治理行为保持一致。政府的合作伙伴包括商业公司、民间组织、公民个人、独立的第三方机构、智囊咨询机构、专业团体或者某些独立的利益群体。

使用区块链技术可以使政府部门与合作伙伴重构基于信任的协同关系。这种协同关系具体可以分为以下三种。

1. 建立可信的数据协同关系。利用区块链技术的可追溯、不可篡改的特性，可以重构政府部门与合作伙伴的数据协同关系，在敏感和关键数据协同上，政府部门与合作伙伴之间可以更加开放，例如可以使用智能合约对数据协同进行自动化的管理，减少人工干预带来的低效率，也可以在不泄露关键、敏感的数据的前提下使用智能合约进行业务可信验证。

2. 建立自动化的业务协同关系。政府部门与生态伙伴建立业务协同链，双方共同开发智能合约，在共享数据或者能够安全可信地进行数据验证协同的基础上，在公共服务过程中进行自动化的业务协同，例如在环境保护中，公众或者企业参与污染源调查取证、污染源分析、专家论证等。

3. 建立可信的协商机制。基于区块链具备的真实性和隐私性，政府部门与合作伙伴在公共事务协商过程中可以获得真实的数据、真实的企业和个人利益的关切表达。在这个过程中可以提高政府部门与合作伙伴协同的有效性。

（十三）联合能力

数字平台已经成为支配现代国家经济社会运行的关键力量。由于拥有高价值的数据资源、强大的公众联结能力、技术能力以及在经济社会运行中提供高频刚需服务的能力，数字平台成为国家治理能力现代化的关键组成部分。

国际数据公司（IDC）认为，数字平台是融合技术、聚合数据、赋能应用的机构数字服务中枢。数字平台具有社会价值，表现在：技术普惠消除不平等、降低壁垒，以技术服务促进全要素生产率的提升。[34]

区块链能够帮助政府与数字平台建立新的关系，主要是共享数据资源、安全地管理公众及设备身份信息、促进数据交易，建立自动化的协同能力。

在这个过程中，数字平台在某种程度上可以看作数字政府治理体系的一部分。数字平台与数字政府平台共同构成了一个国家现代化治理能力体系的网络，数字平台按照法律和政府的授权在约定的场景下参与经济社会治理。

数字政府平台和数字平台之间可以建立治理链，进行安全可信的数据共享、交换和交易，共同开发经济社会治理智能合约，进行治理任务的自动化协同。

改善公共数据供给能力是与第三方建立开放的数字政府网络的关键，其中包括对数据流通记录的安全管理、精准的授权、与第三方数字资源结构（主要包括互联网公司、电信、社区物业、交通、卫生、应急、科研等部门）进行数字资源整合。

第五章

政务数据特性及其治理技术

Government Data Characteristics and It's Governale Technology

第一节 数据与信息概念辨析

数据与信息不同，如果不严格区分两者细微的区别，往往会给数字政府的建设带来混乱。按照梅里厄姆－韦伯斯特[①]在线词典中的定义：信息是知识，而且是来自调查、研究和指导才能掌握的且能够指导人的知识；数据是对事实的客观记录，是用来进行“推理、讨论或计算”的基础事实。大量的知识隐含在数据之中，如果想要了解数据背后所代表的事实之间的关系，比如因果关系、先后关系，或者事实背后所代表的原理、机理、规则等知识，还需要经过调查和研究。

信息比数据更高阶，因为它是人可以直接掌握的有价值的知识。信息是显性的，不是隐性的。

实现从数据驱动到信息驱动的转变，应该成为数字政府设计内部视角的愿景。从逻辑上，数据不具备驱动政府数字服务的能力，

① 梅里厄姆－韦伯斯特（Merriam-Webster）公司是美国权威的词典出版机构，该公司出版的词典通常也被称为“韦氏词典”。

只有信息才具有。当信息驱动政府数字服务时，我们才能确保服务的一致性和普遍性，并在很大程度上消除因为不同的系统、不同的服务对象而产生的负面影响。从数字政府系统建设的角度，信息能够对政府治理和服务规则的数字化提供更加友好的容纳能力：当我们把政府治理的规则、法律、制度、能力以及行为看作知识的时候，用一种知识框架容纳同属于知识的内容会更加容易，因为无须翻译和再次转换，不存在知识隔离。知识隔离是指不同的知识之间因为符号、概念、解释系统和构建系统的不同，无法实现融合。通俗地说，知识隔离可以用物种的生殖隔离来打比方，即两个物种之间不能发生基因交流，比如猴子和老鼠之间无法发生生殖交流。对于数字政府的信息和政府的规则制度而言，它们在表现形式上的差异只是同一枚硬币的两面，数字政府的信息只不过是对这些规则和制度在数字空间的表现，所以信息可以更好地、无缝地、直接地为这些规则和制度的数字化提供支持。

第二节　政务数据的概念与内涵

业界对政务数据的概念有很多定义，目前还没有形成权威、一致的通用定义。但是对于政务数据的范围和内涵还是存在共识的，一般是指政府或者代替政府行使部分或者全部行政职能的机构在依法履行公共服务和管理职责过程中产生、获取的直接数据。

《政务信息系统定义和范围》（GB/T 40692—2021）对政务信息资源的定义是：由政务部门或为政务部门采集、加工、使用、处理等的信息资源，包括：政务部门依法采集的信息资源；政务部门在履行职能过程中产生和生成的信息资源；政务部门投资建设和外购服务获取的信息资源；政务部门依法授权管理的信息资源。

与《政务信息系统定义和范围》对政务信息资源的定义不同，《信息技术 大数据 政务数据开放共享第 1 部分：总则》（GB/T 38664.1 —2020）从数据生命周期的角度，把政府部门“管理”的数据也纳入政务数据（Government Data）的范畴，其对政务数据的定义是：各级政务部门及其技术支撑单位在履行职责过程中依法采集、生成、存储、管理的各类数据资源。根据可传播范围，政务数据一般包括可共享政务数据、可开放公共数据及不宜开放共享政务数据。从“处理”到“管理”，我们可以看到对政务数据的认识发生了变化，只要是需要政府管理的数据（并不只是经过政府处理或者能够被政府处理的数据），都属于政务数据的范围。这一点也与我国出台的《中华人民共和国数据安全法》《中华人民共和国个人信息保护法》等系列数据相关法律相呼应，按照法律法规的授权内容，政府部门“管理”的数据也应该纳入政务数据的范畴。

政务数据与政府信息不同，国务院发展研究中心的李广乾[35]区分了这两种概念：“政府信息”强调一种更加直观地提供给人们的行政管理内容，而“政府数据”则强调基于上述“政府信息”而进行的行政业务处理的条件、依据、过程、结果的数字化材料。按照 DIKW（Data-Information-Knowlege-Wisdom，数据—信息—知识—智慧）模型，“信息”和“数据”也不同，李广乾认为“数据”比“信息”更为根本，“数据”强调“信息”的一种更加原始的状态，保留了更多原始的“信息”，人们通过“数据”可以挖掘更多的“信息”，因此“政务数据更适合大数据的开放和利用”，在李广乾看来，“当前强调从政府信息公开向政府数据开放转型，就是强调由公众的‘知情权’向政府数据的开发利用转变，要让社会公众能够应用更加基础的政府数据”。

第三节　政务数据的特性

政务数据是政府活动产生和管理的数据，由于政府本身在经济和社会生活中的特殊地位和作用，使得政务数据具有独特的性质，呈现出公共性、垄断性、强制性、泛在性和实时性。从这个角度上看，政务数据具有以下这些特点。

1. 政务数据的公共性。政务数据是政府公共服务过程中采集产生的数据，具有天然的公共性质。纳税人为公共服务提供财政支持，需要将政府公共服务产生的数据回馈纳税人，同时政府的公共服务涉及经济社会管理，与经济社会密不可分，也需要流动到经济社会部门作为运行之需要。

2. 政务数据的垄断性。政务数据的保存和管理由政府部门及承担公共职能的机构承担，具有行政和法律的垄断性。这种垄断性不以政府部门和公众的意志为转移。公众无法从政府之外的任何机构合法获得政务数据，这是政务数据的供给垄断性。

3. 政务数据的强制性。由于公共服务和公共利益的需要，在政务数据的生命周期中，自然人和法人的数据在采集、使用等多个环节都具有强制性，数据的提供者以及使用者既需要按照法律法规的要求提供数据，也需要依法依规处理数据。

4. 政务数据的广泛性。从数据的种类、数据的范围、数据的生命周期看，政务数据具有广泛性，既涵盖与政府相关的各行业各领域的数据，也随着政府对经济和社会的治理能力的深化使得数据的深度和精度持续提高，政务数据的广度和深度是其他行业数据所不可比拟的。从“条块”角度看，政务数据更具有广泛性，在块的维度上，政务数据的范围覆盖所有的行政区划，在区域层面则涵盖所有的行政区域；在条的角度上，则涵盖垂直管理部门所辖领域的所有主体数据。

5. 政务数据的实时性。政府活动时时刻刻都在发生，这些数据需要实时更新，同时由于法律法规对政务活动的时效有强制要求，政务数据的时效性也是其他行业数据所不具备的。

由于这些特殊性质，政务数据的管理面临极大的挑战，但是我们也只有认识到政务数据的这些独特性质，才能更好地发挥政务数据在数字政府中的作用。

第四节　政务数据要素内容与范围

数据是数字政府建设的核心基础。为什么这么说呢？首先，数字政府的建设、运营是以数据为基础和前提的，贯穿始终；其次，政务数据是政府提供公共服务、进行社会管理、进行经济调节过程中所要依赖的基础；最后，政府的调度、统筹、管理、决策、服务、分析都是建立在数据的基础上的。

政务数据的使用有两种形式：一是政务数据隐含的信息被挖掘

出来用于公共服务，二是政务数据作为原材料提供给公众用于非政府部门的事务处理。无论哪种形式，政务数据都不是数字政府建设和运营的全部数据要素。一个具备良序、现代化治理能力的数字政府必须构建在“全域数据”之上，如经济数据、社会数据、政务数据、物理空间数据及国土自然空间数据等。政务数据在某种意义上只是经济数据等其他领域数据的一种表征、一种抽象，它就好像管理对象画像的一个侧面。政府只有把画像与真实的数据结合起来，才能完整、真实地弄清楚所要服务、管理的对象，认识到这一点非常重要。

我们还可以从另外一个视角来分析这个观点。

前文已经说过，政务数据是政府及具有公共行政功能的机构在提供公共管理和服务过程中所采集、获取的数据。在这个过程中，政府所采集、获取的数据是为了满足政府行政管理之需要，是对行政管理和服务对象的某种特征和行为的采样之后的抽象，这是一种“虚数据”，并不能完整地代表采样对象的全貌。由于公共服务的对象所生存和发展的空间包含了自然空间、物理空间、经济空间和社会空间，并且这些空间的关系变化、位置移动时时刻刻都在发生，所以这些变化着的数据属于“实数据”。对于政府来说，建设现代化的治理能力，就必须拓展数字政府的数据原材料，融合“虚数据”和“实数据”，把两者有机地结合起来，这样才能真正具备“知行合一”的现代化治理能力。

自然空间数据是指表征国土范围内的自然貌态的数据，主要是山川平原、江河湖泊、森林草原及动植物，它们是我们赖以生存和发展的大自然。现代数字化技术已经为我们构建数字自然空间扫除了障碍，我们可以通过各种数字测量技术、物联网技术、建模技术，无限逼真地在数字空间构建一个“数字自然”。

物理空间数据指表征人类在自然空间之上所构建的生产、生活空间的数据，主要是指人类修建、构造的一切人工痕迹的物理设施，比如城市、乡村、道路、桥梁、运河、管廊、空间标识、机场、码头等各类满足生产生活的物理设施。

经济空间数据指表征人类经济活动生产资料、经济主体、经济制度及维护经济运行的法律关系的数据，主要包括工厂厂房、生产工具、生产设备、企事业组织、市场交易活动、经济法律监管等经济活动的主体和客体以及各种经济活动所产生的动态数据。从产业的视角来看，主要是指第一、二、三产业的数据。

社会空间数据指表征社会活动、社会主体，维护社会运行的法律关系的数据。主要包括教育、文化、医疗、公共安全、社区治理等数据。除了以上三个空间数据之外，只要是表征人类社会活动关系及行为的数据都可以归为社会空间数据。社会管理是政府管理的重要组成部分，因此，对社会空间数据的掌握能力是表现政府社会关系调节能力的核心指标。

第五节 政务数据的分类与分级

一、政务数据分类分级的一般讨论

政务数据分类分级是数据管理、开放、分发、再利用、使用的前提和基础，只有精确的分类、精准的分级才能在数据的全生命周期中发挥数据的价值。

数据分类的目的是控制和管理风险，不同的组织在不同的场景、不同的文化和法律环境下，对数据的管理要求和风险显然是不一样的。这种管理的复杂性使得数据分类极其复杂。《DAMA 数据管理知识体系指南》[36] 讨论了不同种类的数据分类方法，如按照数据类型（交易数据、参考数据、主数据、元数据或者类别数据、源头数据、事件数据等）、数据内容（数据域、主题域）、数据格式、保护级别、存储访问方式等分类的方法。

数据的分类、分级需要符合法律法规和标准的基本要求。

法律法规是开展政务数据分类的基础。目前我国在数据法律法规方面已经出台了系列国家级、部门级、地方级的法律法规。在国家层面，主要有《中华人民共和国数据安全法》《中华人民共和国个人信息保护法》《数据安全管理办法》系列法律法规；在部门层面，工业和信息化部发布了《电信和互联网行业数据安全标准体系建设指南》，并在 2022 年 2 月开始对《工业和信息化领域数据安全管理办法（试行）》征求意见、国家互联网信息办公室等五部门发布《汽车数据安全管理若干规定（试行）》《数据出境安全评估办法（征求意见稿）》，中国银保监会发布《中国银保监会监管数据安全管理办法（试行）》，国务院办公厅印发《科学数据管理办法》，国家统计局发布《国家统计信息系统数据安全管理办法（试行）》；在地方层面，《上海市数据条例》《浙江省公共数据条例》《深圳经济特区数据条例》《广东省公共数据管理办法》《江苏省公共数据管理办法》等一批地方的数据条例和管理办法出台，国家和地方两个层级数据合规体系已经形成，成为指导政务数据分类分级的法律法规。

政务数据分级分类必须符合相关标准要求。我国在数据标准方面已经形成了相对完备的标准架构。在信息技术标准领域，就包括政务数据开放共享标准、数据分类指南、政务信息共享的数据安全技术要求、个人信息安全规范等系列数据相关标准；在电子政务领域已经发布电子政务数据元、政务信息资源目录体系系列标准。在地方标准层面，政务数据分级分类也是地方政府开展数字政府建设的重要领域，例如贵州早在2016年就发布了《政府数据—数据分类分级指南》（DB 52/T 1123—2016），浙江省在2021年7月发布《数字化改革公共数据分类分级指南》（DB33/T 2351—2021）、杭州市发布《数据资源管理第3部分：政务数据分类分级》（DB3301/T 0322.3—2020），四川省开始对地方标准《政务数据数据分类分级指南》征求意见。政务数据分类分级首先要满足法律法规的合规性要求，这是前提和基础，而标准在技术体系上为政务数据分类分级提供的是框架性的指引，在实际的工程实践中还要结合具体的应用场景、部门的具体管理要求和技术上的可行性开展工作。

二、政务数据的分级分类

我国在政务数据分类上经历了一个发展过程。早期没有区分信息和数据，主要是从政务信息的角度开展数据分类，并且对数据分级考虑不多。《政务信息资源目录体系第4部分：政务信息资源分类》（GB/T 21063.4—2007）对政务信息资源目录建立提供分类方法，按照该标准建议，政务信息资源推荐采用主题分类模式为主，也可以与部门、服务、资源形态进行组合扩展分类。其分类包括21个一级分类和133个二级分类，例如一级分类有综合政务、经济管理、国土资源和能源、工业交通、信息产业等；在综合政务中又有政府工作、人大、政协等二级分类。该标准对政务数据的分类颗粒度还比较粗，但是可以作为参考框架。

此后我国地方政府开始结合实际情况开展政务数据分类分级的标准制定。2016 年贵州省发布的《政府数据　数据分类分级指南》（DB 52/T 1123 —2016）对政务数据分类推荐采用“多维度和线分类法相结合的方法，在主题、行业和服务三个维度对贵州省政府数据进行分类”，其主题分类主要参考了政务信息资源分类国家标准，而在行业分类中采用《国民经济行业分类与代码》（GB/T 4754—2011），将四级类目的前三级（即门类、大类、中类）对应大类、中类、小类。在服务维度则分为惠民服务、服务交付方式、服务交付的支撑、政府资源管理四类。

贵州省是我国第一个建立了政府数据分类地方标准 [37] 的省份，其在 2016 年发布的《政府数据 数据分类分级指南》（DB 52/T 1123 —2016）可以作为我国各地开展政务数据分类的参考样本。该标准明确了政务数据的分类原则及方法、分级原则及方法。一是通过多维数据特征准确描述政府基础数据类型，以对政务数据实施有效管理，有利于按类别正确开发利用政务数据，实现政务数据价值的最大化挖掘利用；二是通过政务数据的敏感程度确定数据类型，从而为政府不同类型数据的开放和共享策略的制定提供支撑。最终实现数据价值最大化的同时，不会影响到国家安全、社会稳定、公众和个人安全。在分级上，主要从风险控制角度将数据分为敏感数据和非敏感数据。（见表 5-1）

表 5-1　政务数据敏感程度分类

政务数据敏感程度	非敏感数据	涉及用户隐私数据	涉及国家秘密数据
等级划分	公开数据	内部数据	涉密数据

在数据分类上，采用多维度和线分类法相结合的方法，在主题、行业和服务三个维度上对贵州省政务数据进行分类，对于每个维度采用线分类法将其分为大类、中类和小类三级。贵州省对数据分级采取自主定级的操作方法，既要求各政府部门单位在开放和共享政务数据之前，应该按照分级方法自主对各类型政务数据进行分级，同时也提出各政府部门的开放和共享需求、数据分发范围、是否需要脱密或脱敏处理等。不同的数据等级按照不同的管控要求进行管理（见表 5-2）。

表 5-2 政务数据分等级管控要求

数据等级	数据等级管控要求
公开数据	原则上政府部门无条件共享，可以完全开放
内部数据	原则上政府部门无条件共享，部分涉及公民、法人和其他组织权益的敏感数据可由政府部门有条件共享；按国家法律法规决定是否开放，原则上在不违反国家法律法规的条件下，予以开放或脱敏开放
涉密数据	按国家法律法规处理，决定是否共享，可根据要求选择政府部门条件共享或不予共享；原则上不允许开放，对于部分需要开放的数据，需要进行脱密处理，且控制数据分析类型

该标准还明确规定，凡列入不予共享类的，必须有法律、法规、规章和政策依据。这是我国第一部政府部门发布的政务数据分类标准，具有重大的里程碑价值和理论及实践参考价值。

四川省在 2022 年 3 月 11 日开始对《政务数据 数据分类分级指南》征求意见，在某种程度上代表着我国政务数据分类分级实践的最新趋势。从该标准来看，随着政务数据共享开放的实践，我国地方政府的政务数据分类更加倾向于实用性。四川省的政务数据分类分级指南在分类原则上相应地提出了实用性原则：政务数据分类应从基础库建设及政务数据应用等实际需求出发，确保各个类目下都含有真实的有价值数据，不设定无价值类目，设定的数据类目符合普遍认知且综合实用。其对数据分类的一级分类维度是资源属性维度、共享属性维度和开放属性维度，在资源属性维度方面，相比贵州省的标准，四川省做了进一步区分：基础信息资源、主题信息资源、行业信息资源、对象信息资源、部门信息资源 5 种类型，其中对象信息资源是一种新的分类维度，指的是某领域内的某个特定时期或特定对象的专项数据，包括主体对象（如执法人员）和客体对象（如重大项目、车辆信息、地址信息、不动产信息等对象的信息资源）。

在数据分级上，贵州省的主要考虑因素是政务数据对国家安全、社会稳定和公民安全的重要程度，以及数据是否涉及国家秘密、用户隐私等敏感信息，这一点与四川省在 2022 年发布的政务数据分级分类标准类似，其分级的主要考虑因素包括 4 个方面：对国家安全的影响，对社会秩序及公共利益的影响，对政府机构、企事业单位及其他社会组织自身权益的影响和对个人权益的影响。与贵州省不同，四川省还考虑了影响程度的因素，从对影响对象的范围、是否可控以及影响所造成的损害程度设定影响程度，具有更强的实操性。除了四川省和贵州省之外，内蒙古自治区、浙江省、吉林省等地也发布了自己的地方标准，用于指导地方数字政府建设的实践。

主要国际组织也在推动政务数据分级，其中经合组织是主要的推动者之一。经合组织给出了政府职能的分类，它可以作为政务数据按照职能进行数据分类的参考框架。该分类是根据资金用途将国民账户体系中的政府支出数据分类（见表 5-3）。第一级政府功能分类（Classification of the Functions of Government，COFOG）将支出数据划分为 10 个“功能性”支出组或支出子部门（如经济事务、教育和社会保障），第二级政府功能分类进一步将每个第一级组划分最多分为 9 个小组。

表 5-3 经合组织政府职能的参考分类

第一级和第二级 COFOG	
一般公共服务	行政和立法事务、财政和财政事务、对外事务，对外经济援助、通用服务、基础研究研发 一般公共服务：公共债务交易、各级政府之间的一般性转移
防御	军事防御、民防、外国军事援助、研发防御、国防
公共秩序与安全	警察服务、防火服务、法院、监狱、公共秩序与安全
经济事务	一般经济、商业和劳工事务：农业、林业、渔业和狩猎业，燃料与能源，采矿、制造和建筑，运输，通信，其他产业 研发经济事务 其他经济事务
环保	废物管理、废水管理减少污染、保护生物多样性和景观、环保研发
住房和社区设施	住宅开发、社区发展、水源、街道照明、研发房屋和社区设施，其他住房和社区设施
健康	医疗产品、器具和设备，门诊服务，医院服务，公共卫生服务，健康研发
娱乐、文化和宗教	娱乐和体育服务、文化服务、广播和出版服务、宗教和其他社区服务，娱乐、文化和宗教方面的研发
教育	学前和小学教育、中学教育、非高等教育、高等教育 不能按级别定义的教育附属服务：教育研发及其他教育
社会保障	疾病和残疾保障、老年人保障、灾害生还者保境、家庭和儿童保障、失业保障、住房保障，无社会排斥领域保障

政务数据也属于大数据范畴，因此我国在 2020 年发布的《信息技术 大数据 数据分类指南》（GB/T 38667—2020）可以作为政务数据分类的顶层指南。

该标准的数据分类方法可以用于指导政务数据的分类。如图 5-1 所示，从分类规划、分类准备、分类实施、结果评估和维护改进 5 个方面指导政务数据分类活动。

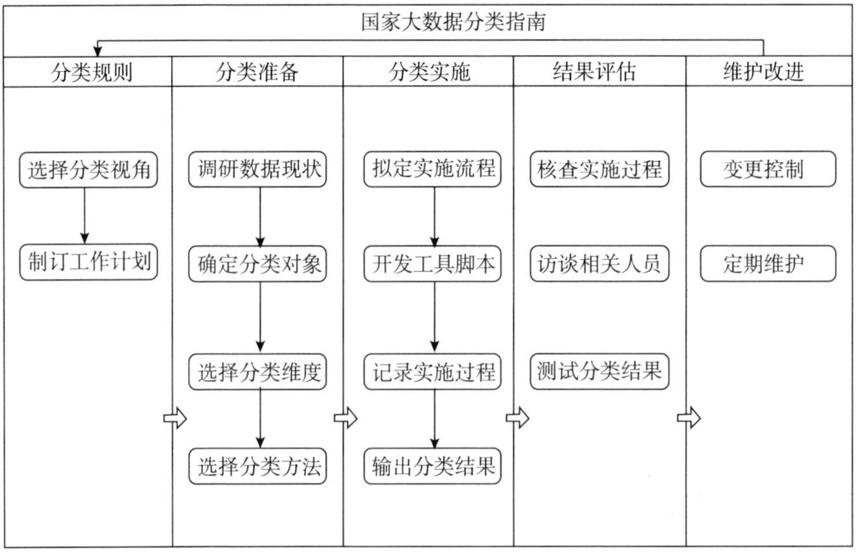

图 5-1　国家大数据分类指南

同时，该标准还对数据从技术选型、业务应用、安全隐私保护三个视角给出了指引。

1. 技术视角的指引

（1）厘清数据产生频率，明确数据产生规律，确定数据更新周期和存储策略，确定数据存储平台配型等存储资源分配方案；

（2）厘清数据产生方式，分析数据的来源和质量，确定在整个数据处理流程中数据所处的位置，数据处理及存储技术；

（3）分析数据的结构化特征，确定数据存储与处理方案；

（4）明确数据的存储方式，确定数据建模模型与数据的访问方式，支撑各类数据应用场景；

（5）厘清数据稀疏稠密程度，明确数据稀疏稠密规律，确定数据存储策略和分析方法，选择数据存储方案和分析方案；

（6）明确数据处理时效性要求，明确数据处理时机，确定数据处理策略，选择包括计算平台和资源匹配等的数据处理方案；

（7）厘清数据交换方式，确定数据共享方式及策略，支撑构建信息交换体系。

2. 业务视角的指引

（1）厘清数据产生来源，明确数据权属和访问权限，便于数据追踪溯源；

（2）明确数据应用场景，确定数据业务主题，判断数据应用价值，选择数据分析方案；

（3）明确数据分发场景，确定数据应用行业，明确可用数据的种类和范围；

（4）厘清数据质量情况，明确数据应用需求，确定数据质量管理方案。

3. 安全视角的指引

（1）明确不同敏感程度的大数据在存储、传输、访问、分发时的安全要求；

（2）明确不同敏感程度的大数据的隐私保护要求；

（3）指导分类主体制订隐私保护方案；

（4）指导分类主体制订安全管理方案。

三、分类的法律法规

分级分类是数据治理管理的基础，也是数据共享、交换、应用、交易的前提。

在国家层面，与数据分级分类有关的主要法律有《中华人民共和国数据安全法》，其中第二十一条规定，国家建立数据分类分级保护制度，根据数据在经济社会发展中的重要程度，以及一旦遭到篡改、破坏、泄露或者非法获取、非法利用，对国家安全、公共利益或者个人、组织合法权益造成的危害程度，对数据实行分类分级保护。并规定各地区、各部门应当按照数据分类分级保护制度，确定本地区、本部门以及相关行业、领域的重要数据具体目录，对列入目录的数据进行重点保护。《数据安全管理办法》第十九条要求：（网络运营者）采用数据分类、备份、加密等措施加强对个人信息和重要数据保护。

按照国家数据相关法律要求，地方政府出台的数据条例均把建立健全数据分类分级保护制度纳入其中，《上海市数据条例》明确要求对公共数据实行分类管理，并根据国家和本市数据分类分级相关要求对公共数据进行分级。《深圳经济特区数据条例》也要求公共数据开放应当遵循分类分级、需求导向、安全可控的原则，在法律法规允许范围内最大限度开放。数据处理者应当依照法律法规规定，建立健全数据分类分级、风险监测、安全评估、安全教育等安全管理制度，落实保障措施，不断提升技术手段，确保数据安全和应当对数据存储进行分域分级管理。

《上海市公共数据开放暂行办法》规定，数据开放主体应当按照分级分类规则，结合行业、区域特点，制定相应的实施细则，并对公共数据进行分级分类，确定开放类型、开放条件和监管措施。同时，将涉及商业秘密、个人隐私或者法律法规规定不得开放的公共数据，列入非开放类；将数据安全和处理能力要求较高、时效性较强或者需要持续获取的公共数据列入有条件开放类；将其他公共数据列入无条件开放类。非开放类公共数据则需要依法进行脱密、脱敏处理，或者相关权利人同意开放的，可以列入无条件开放类或者有条件开放类。

《山东省公共数据开放办法》规定经过脱敏、脱密处理可以开放的或者第三方同意开放的公共数据，应当纳入开放范围。该办法把数据开放区分为无条件开放、有条件开放和不予开放三种模式，优先开放人民群众迫切需要、商业增值潜力显著的高价值数据，保证数据的完整性、准确性、原始性、机器可读性、非歧视性、及时性，方便社会公众在线检索、获取和利用。

可以说，在数字政府的建设实践中，国家的法律法规和地方政府的条例办法为政务数据的分级分类提供了顶层设计，数据分级分类是政务数据管理必须考虑的首要问题，唯有如此才能为政务数据的安全和数字政府的安全奠定基础，也才能为政务数据的应用奠定基础。

第六节 政务数据生命周期

一、数据的生命周期

生命周期的思想来自生物的生命周期。广西多源信息挖掘与安全重点实验室专家朱晓峰[38]认为生命周期是“利用生物生命周期的思想，将对象从其形成到最后消亡看成是一个完整的生命过程（运动整体性）”，具有时间的线性特征，也可以说生命周期是人类从自然观察而习得的知识。朱晓峰也分析了生命周期模型的几种典型形式：波浪型、链型、环型、矩阵型、过程型。

任何事物都有生命周期，数据也不例外。虽然数据的使用并不像实物一样具有排他性，但是数据的价值却可能随着时间、空间、场景的变化而变化，甚至消失或者重生，这就是数据的特殊性。

数据的生命周期一般按照时间线进行划分，包括数据计划、数据创建、数据采集、数据准备、数据发布、数据整合、数据交换（共享）、数据利用、数据维护、数据评估、数据归档、数据销毁（重生）。数据重生与数据创建首尾相接，重生的数据可以看作数据创建的来源之一。

在实践中一般并不需要按照以上完整的数据生命周期进行数据管理，以避免陷入高度复杂的局面，数据生命周期的最小集可以是：数据采集、数据发布、数据利用、数据评估、数据销毁。之所以把数据评估列入数据生命周期的最小集，是因为数据评估是数据质量管理的重要手段，数据质量又是数据价值创造的基础和前提。

国际和国内有关数据生命周期的模型可谓汗牛充栋，主要有DAMA 模型、DDI 模型、生态信息学模型、一般科学模型、USGS 模型等，其中 DAMA 模型得到了最广泛的应用。按照国际卫星对地观测委员会（Committee on Earth Observation Satellites，CEOS）[39] 的研究，目前分布在各个学科的数据生命周期模型，目前已经有 55 种之多。

二、政务数据生命周期

政务数据生命周期需要考虑到公共服务的特殊性，不能简单地从数据产生到消亡的时间维度去考虑。

一是自然人和法人生命周期的影响，由于公共服务的对象是自然人和法人，在其生命周期内有些数据的使用需要贯穿始终。

二是法律法规对政务数据的存续、利用、再生的影响，有些数据需要持久存续，如知识产权数据。

三是政务活动的跨时间、跨部门、跨空间、跨场景的多维应用需求影响，有些数据需要与其他数据融合才能再生或者利用。

因此，对数据生命周期的阶段判断必须从整体性、系统性、动态性的角度去考虑，不能立足于一时一地一事一人进行研判。

在政务数据生命周期模型中，国内学者展开了一系列的研究工作，提出了很多模型架构。

电子政务学者段尧清、姜慧、汤弘昊[40]从政府开放数据全生命周期（GODFL）进行研究，认为“应系统地看待政府开放数据全过程，充分考虑政府开放数据全生命周期各阶段的影响因素，重视内部子系统之间的互动和反馈，关注系统运行的内部规律”。这是一种环形生命周期模型，如图 5–2 所示。

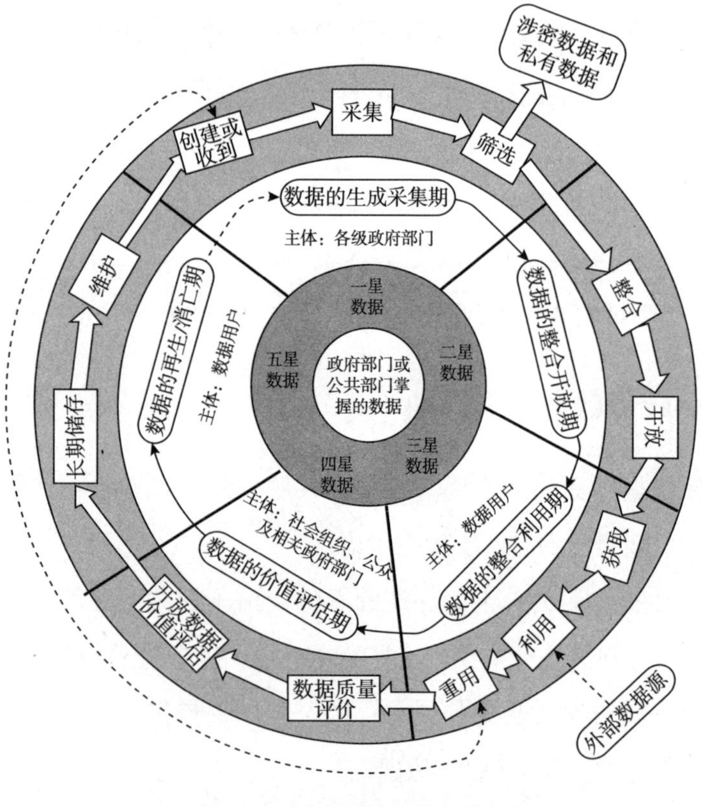

图 5–2 政府开放数据全生命周期

黄如花、赖彤[41]根据政务数据特点、政务数据管理的要求及政务数据开放障碍因素的研究需求，构建了一个创建与采集、组织与处理、存储与发布、发现与获取、增值与评价的五阶段政务数据生命周期管理模型，这是一种链型模型（见图 5-3）。

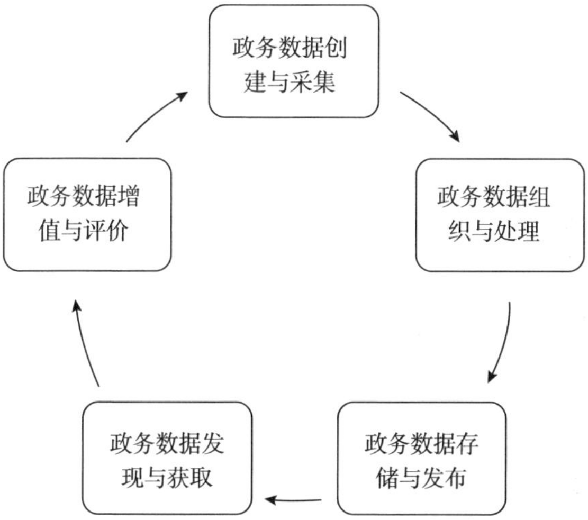

图 5-3 五阶段政务数据生命周期管理模型

内蒙古自治区发布的以地方标准定义的政务数据生命周期[42]包含政务数据采集、政务数据传输、政务数据存储、政务数据处理、政务数据使用和政务数据退役 6 个阶段。该标准还把政务数据生命周期定义为“将原始数据转化为可用于行动的知识的一组过程”（见图 5-4）。

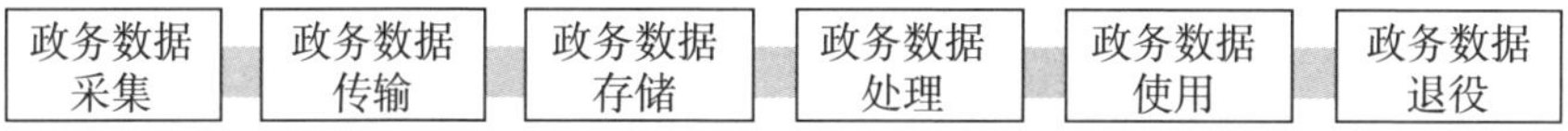

图 5-4 内蒙古自治区以地方标准定义的政务数据生命周期

政务数据由于涉及诸多领域，除了定义通用的框架之外，还需要按照业务领域不同、定义不同的数据模型，以满足对不同领域的数据利用需求，显然单一的、框架性的政务数据生命周期模型无法满足整体数字政府建设需求。陆莉[43]等基于数据生命周期理论研究了公共安全领域的数据生命周期模型，如图 5-5 所示，是一种积极的探索。而 CEOS 总结的 55 个数据模型，也可以作为国内开展细分领域的数据模型研究的参考。

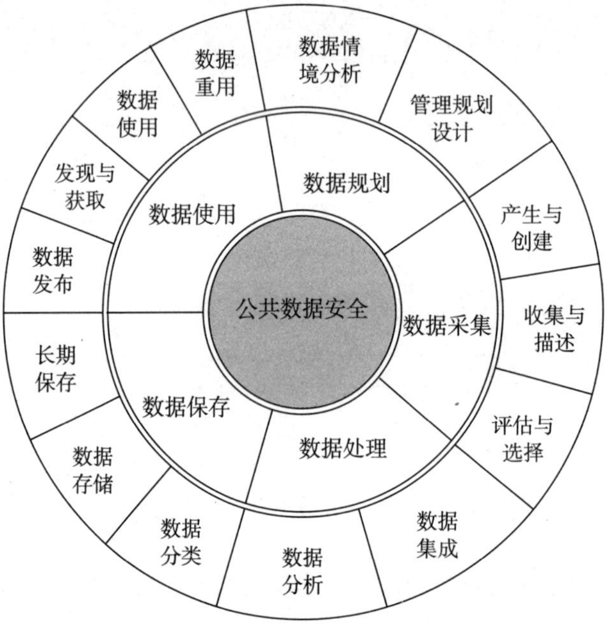

图 5-5 公共安全领域的数据生命周期模型

第七节 政务数据的结构

一、政务信息资源目录编制视角的政务数据结构

《政务信息资源目录编制指南（试行）》[44]可以作为政务数据结

构设计的参考。按照该指南，政务信息分为资源属性分类、涉密属性分类、共享属性分类和层级属性分类。

1. 资源属性分为基础信息资源目录、主题信息资源目录、部门信息资源目录三种类型。其中，基础信息资源一般又分为人口信息、法人单位信息、自然资源和空间地理信息、电子证照信息。

2. 信息资源涉密属性，分为涉密政务信息资源目录和非涉密政务信息资源目录。

3. 共享属性分为无条件共享、有条件共享、不予共享三种类型。

4. 层级属性分为部门政务信息资源目录、国家政务信息资源目录。

在层级方面，以《政务信息资源目录编制指南（试行）》中介绍的分类法为基础，还可以继续细分为省、市、县、镇、村，同时由于中国在行政管理上还设置有各种类型的管委会，从公共服务的角度，也可以看作一种特殊类型的“块”。不过目前由于管委会大多属于某一级政府的派出机构行使部分职能，并不具备完整独立的行政职能，在政务数据分类的实践过程中鲜少考虑。但是考虑到在中国大量存在的管委会，从整体政府的视角，政务数据结构设计必须考虑管委会作为政务数据的供给方和需求方的要求。

二、技术视角的政务数据结构

按照数据来源，政务数据可以分为来自传感器的自然空间数据（如水、气象、环境、土壤）、来自机器设备的经济空间数据（如工程设备、工厂设备、排污管线等）、来自垂直领域业务系统的行业数据（如交通、医疗、卫生、教育、社保、公安、互联网、市场监管等）、来自政务系统的政务数据（如政务内外网及其政务业务系统、互联网 + 政务平台）。

按照数据类型，政务数据可分为结构化数据和非结构化数据。其中，结构化数据是指高度组织和整齐格式化的数据。典型的结构化数据如身份证号码、出生日期、银行存款金额、电话号码、家庭地址等。结构化数据能够以表格和电子表格的形式管理。非结构化数据是指结构化数据之外的任何数据，只能使用非关系数据库存储。非结构化数据又分为人为产生的（如聊天记录、即时消息、通话录音）和机器产生的（如卫星图像、视频监控数据、地理信息数据等）。

三、业务视角的政务数据结构

按照业务主题进行分类，是构建政务数据结构的通用方法。

基础资源数据一般包括：人口基础数据、法人单位基础数据、自然资源和空间地理基础数据、社会信用基础数据、电子证照基础数据。

主题库[45]一般是："围绕经济社会发展的同一主题领域，由多部门共建项目形成的主题数据资源库。加快推进宏观经济、营商环境、投资项目、空间规划、财政预决算、重大建设项目批准和实施、公共资源配置、社会公益事业建设、卫生健康、社会保障、医疗保健、应急救助、食品药品安全、安全生产、生态环保、教育、就业、能源、统计、自然资源、城乡建设、交通运输、农业农村、精准扶贫、多式联运、住房保障、应急救助、煤气水电网、文化旅游、金融财险、市场监管、工业经济。"此外，各地一般也会把基础设施领域的数据视同政务数据进行管理，主要包括：邮政、通信、水务、电力、燃气、热力、公共交通、民航、铁路等。目前国家标准已经发布，可以作为权威的主题库建设参考。

四、政务数据的行政结构

按照“条块”行政管理结构对政务数据进行组织管理是目前主要的模式。一是分部门地构建数据结构，并在构建过程中按照资源熟悉、保密熟悉、开放熟悉、安全属性进行数据分类定级。二是通过在“面”的层面上进行数据共享和数据开放，形成服务于本部门、本区域的数据交换和共享结构，并实现向上的数据级联和向下的数据共享。同时，处于公共服务的需求，在“块”的层面还会基于地理空间进行政务数据的聚合，形成新的政务数据视图。

五、政务数据的法律结构

数据具有主权特征，具体的体现就是要符合网络安全法“境内存储”的要求。政务数据作为承载政府公共服务职能的基础，更需要符合数据主权的要求，在数据的流动管理上考虑法律和法规的要求，比如网络安全法、各地出台的数据安全规章制度；当涉及跨境流动时还要考虑流出地和流入地的数据安全管理要求。

数据具有权利属性，理论经济学专家李爱君[46]对数据权利的定义是“指主体以某种正当的、合法的理由要求或吁请承认主张者对数据的占有，或要求返还数据，或要求承认数据事实（行为）”，其中涉及数据的经济价值、权利转移，数据权利客体具有财产属性、人格权属性，在法律上具有“无体财产权”的特性，隐私开放法律属性。政务数据涉及自然人和法人的个性化数据采集和使用，在保护数据隐私方面，也需要考虑法律法规的要求，经合组织对数据隐私保护提供了 8 条基本隐私指引。

1. 限制个人信息的收集；
2. 确保准确性和完整性；
3. 指定事先收集数据的目的；
4. 仅按规定使用数据；
5. 以合理的安全性保护数据；
6. 数据实践的开放性和数据管理员的身份；
7. 个人参与其数据；
8. 数据所有者对上述原则的责任。

世界各国都在强化数据安全、对数据隐私的保护，因此我们在实践中需要充分地考虑法律法规的要求，并制定符合法律要求的数据隐私法律操作指南。加拿大的“公民开放数据指南”提供了可以参考的案例：通过隐私法规范公共服务部门管理个人信息的行为，同时在技术上也提出可以通过制定开放数据程序，提供假名数据、匿名数据、汇总数据，制定访问和重用限制策略进行保护。在法律方面，政务数据还存在知识产权方面的属性，这也是政务数据变现的前提和基础，目前，这方面的研究主要集中在大数据的产品方面，具体到政务数据方面的研究还处于起步阶段，未形成成熟的结论。

第八节 政务数据的价值

有关开放数据的价值，学术界、产业界和国际组织间已经有过很多的讨论，这些讨论大都是从开放数据提高政府透明度、提高政务效率、创造以人为本或者以公民为中心的高效公共服务等方面展开的。毫无疑问，政务数据开放是打造数字政府的关键。

由于政务数据“具有高权威性、高准确率、高可信度”的特性，陈晋祥等人[47]发现“在授信决策中的可发挥重要的参考作用”，这是政务数据的经济价值的一部分。目前，我国政府部门一般把政务数据看作推动数字经济的动力之一，“公共数据开放是开放环境的有机组成部分，是促进数字经济发展、保障社会民生的重要推动力，也是提升政府管理理念、实现政府治理能力现代化的内在要求”[48]。

关于政务数据对创新的价值，Hui-Ju Wang[49] 梳理了关于政务公开数据创新的观点，包括：基于政府公开数据的创新可以称为数据驱动型创新；数据驱动型创新被视为通过生成新知识、新流程、新服务、新产品和新业务来创造经济价值的关键机制。Hui-Ju Wang 认为，“个人用户创新者采用开放政府数据的两个因素，即社会影响力和计算机自我效能感”，因此政府应该“根据成熟度方面，我国现在主要采用什么标准，有没有通行的标准，作者实践中用的是什么标准，个人用户创新者的相对重要性来考虑开放政府数据采用的两个重要决定因素，同时为开放政府数据计划制定战略计划”。

在国内，各地政府也积极推动基于政务数据的创新，一是通过规章制度把数据创新作为规定动作，二是开展数据创新大赛推动数据创新，三是建立数据创新平台提供服务。

以山东省为例，《山东省公共数据开放办法》明确规定“鼓励、支持公民、法人和其他组织利用开放的公共数据开展科学研究、咨询服务、应用开发、创新创业等活动”。山东省还设立大数据创新应用服务平台，面向全省各地政府、科研院所、创业企业及社会大众提供创新研究、应用开发和创业发展的技术支撑和集成框架，并举办山东省数据应用（青岛）创新创业大赛。

对政务数据的掌握能力也是国家治理能力的最重要表现，高质量的政务数据是国家开展经济管理、市场调节、社会管理、公共服务的关键。政务数据是政府开展政务活动的"能力要素"和"生产要素"，从这个角度上说，政务数据是必备要素。

政务数据的核心经济价值在于管理和生产这两种属性，占据"数字经济生产要素"地位。我们知道数字经济的发展离不开"数据要素"，政务数据有很大部分是来自政府管理经济、社会活动产生的数据，这种互动性决定了政务数据对数字经济的发展具有决定性、关键性的影响。

政务数据对数字经济的价值主要体现在降低数字经济运行的制度成本、为数字经济企业提供生产资料、构建良好的数字经济营商环境、提高数字经济产业的精细化管理能力、提高产业政策的适应性。

数字经济的运行离不开高质量的数据要素，如陈晋祥等人的研究所证，政务数据是除了银行征信数据之外价值最高的数据。因此从数字经济发展的角度来看，政务数据的价值也是不可替代的。《昆明市关于支持数字经济发展的若干政策（试行）》从降低数字经济基础设施运行成本的角度出发，提出"推动政务数据库和公共数据库依法合规向数字经济企业开放"。

第六章

政务数据要素开发利用与可信治理

Development and Utilization of Government Data Elements and Trusted Governance

第一节 政务数据开放

政务数据开放是开放政府和开放数据运动的结合。

开放数据是任何人都可以出于任何目的使用、更改和传递的数据[50]，因此政务数据开放也应该符合开放数据的基本特征、定义。

一、开放数据发展过程

“开放数据”一词在 1995 年首次出现在美国科学机构的一份文件中，与地球物理和环境数据的公开有关[51]。西蒙·奇尼亚德（Simon Chignard）考察了开放数据运动的源头，他认为开放数据运动与“开源软件思想、免费软件思想和默顿主义科学规范”[52]有关。所谓“默顿主义科学规范”，即科学社会学家罗伯特·默顿（Robert Merton）定义的科学共同体的内部行为规范。其内容包括普遍主义、公有主义、无私利性、有条理的怀疑精神和独立性。这些构成了开放数据活动的理论基础。数据开放是信息共享的一种形式，2009 年诺贝尔经济学奖得主之一的埃里诺·奥斯特罗姆（Elinor Orstrom）解释了信息共享的价值：信息共享与公共品的相似性，一个人的使用不会妨碍另一个人的使用。同时，信息作为公共品还具有新的特性：另一个人的使用不会给这种公共品造成损耗。今天社会政府部门、企业积极推动数据开放，正是相信数据开放既能利己也能利人，是一个多赢共赢的事情。

我们可以通过一张表了解国外与开放数据和相关主题相关的典型事件时间表[53]。

表 6-1　开放数据发展典型事件时间表

时间	事件	描述
2017 年	《开放数据法》生效	2017 年 7 月，德国联邦政府《开放数据法》生效。这是对现有电子政府法律的更改，尤其是第 12a 条 EGovG 对其进行了扩展
2014 年	《实施 G8 开放数据宪章》行动计划	德国联邦政府在 2014 年颁布《实施 G8 开放数据宪章》行动计划
2013 年 6 月 18 日	《G8 开放数据宪章》发布	2013 年 6 月 18 日，加拿大、法国、德国、意大利、日本、俄罗斯、英国和美国批准了《G8 开放数据宪章》
2012 年	OpenData.ch 和奥地利开放知识论坛协会成立	2012 年，OpenData.ch 协会成立，成为开放知识基金会的瑞士分部和奥地利开放知识论坛协会
2010 年 5 月 6 日	德国开放知识基金会成立，并发起了 offenedaten.de	2010 年，德国开放知识基金会成立，并由有决心的公民发起了第一个（非正式）德国公开数据目录——offenedaten.de
2010 年	开放政务数据的 10 条原则提出	2010 年，阳光基金会根据 2007 年塞巴斯托波尔会议的结果发布了开放政务数据的 10 条原则。这些原则在国际上被公认为开放政务数据的指南
2009 年 5 月	data.gov 上线	2009 年 5 月，美国国家数据门户网站 data.gov 上线

续表

时间	事件	描述
2009 年 1 月	美国发布《透明度与公开政府备忘录》	2009 年 1 月，巴拉克 · 奥巴马（Barack Obama）发布了《透明度与开放政府备忘录》，该备忘录将美国联邦政府的信息宣布为国家利益
2007 年 12 月	美国塞巴斯托波尔举办公开数据会议	2007 年 12 月，在加利福尼亚州塞巴斯托波尔举行的会议上，以自由软件和自由文化运动而闻名的 30 位专家设计了“开放式公共数据”的概念
2007 年 12 月	开放数据共享 PDDL 许可证的发放	2007 年 12 月，Jordan Hatcher 启动了开放数据共享项目，并与 夏洛特 · 威尔德（Charlotte Waelde）拥有开放数据的公共领域专用许可证（PDDL）。自 2009 年 1 月以来，该项目得到了开放知识基金会的支持
2006 年 7 月	开放定义 1.0 版本出版	开放知识基金会的《开放定义》（Open Definition）1.0 版本出版
2006 年 4 月 26 日	阳光基金会（SUNLIGHT FOUNDATION）成立	在华盛顿特区建立的阳光基金会是一个开放政务数据的非营利性非政府组织。最初，它的活动仅限于美国国会，然后在国内和国际范围内扩展
2006 年 2 月 4 日	开源地理空间基金会（OSGeo）成立	2006 年 2 月 4 日，在美国特拉华州成立了开源地理空间基金会，这是一个在国际范围内致力于免费、开源地理软件（如 QGIS、MapServer、OpenLayers）以及开源地理数据和开源教育开发的非营利性组织。（资料来源于 www.geoforall.org）
2004 年 12 月 17 日	瑞士公共行政自由原则立法	2004 年 12 月 17 日，瑞士通过了关于公共行政自由原则的联邦法律
2004 年 5 月 20 日	开放知识基金会成立	2004 年 5 月 20 日，在英国剑桥成立开放知识基金会，作为一个非营利性组织，在社会上传播免费、开放的知识
2004 年	开放地图（OpenStreetMap）上线	2004 年 8 月，OpenStreetMap 平台开始提供免费的世界地图和开放的地理数据

续表

时间	事件	描述
2002 年	Linux 条款被纳入德国版权法	2002 年，在自由开源软件法律研究所（ifrOSS）的倡导下，所谓的 Linux 条款（第 32 条第 3 款 UrhG 条款）被纳入德国版权法，该法规定德国版权法与自由软件和开放内容具有兼容性
2001 年	知识共享组织 Creative Commons（CC）成立	2001 年美国创建了一个非营利组织 Creative Commons。机器可读版权许可证的 1.0 版本出现在 2002 年。到 2004 年，使用了 470 万个许可证
2001 年	提出布达佩斯开放获取倡议（Budapest Open Access Initiative）	2001 —2002 年设立布达佩斯开放获取倡议，旨在使研究成果和出版物可免费获取
1998 年 2 月 3 日	开源计划	于 1998 年的开源计划（Open Source Initiative）创造了“开源软件”（Open Source Software）一词，使之与自由软件区分开。从那时起，它代表了开源运动
1997 年	卡尔斯鲁厄讲座	卡尔斯鲁厄讲座服务于公共科学。自 1997 年以来，每年的活动都向广泛的观众介绍了复杂的话题。
1996 年	世界气象组织（WMO）第 40 号决议	1996 年，世界气象组织通过了第 40 号决议，该决议宣布希望自由，不受限制、（即非歧视、免费）获得气象和相关数据产品
1994 年	开放地理空间联盟成立	1994 年，开放地理空间联盟（OGC）成立了（当时名称为“开放 GIS 联盟”）
1994 年	研究国际标准化组织（ISO）TC 211 系列标准	国际标准化组织的技术委员会 TC 211 开始研究有关地理信息的 191xx 系列标准
1989 年	开发出 GNU 通用公共许可证（GPL）	1989 年，GNU 通用公共许可证作为可重复使用的软件许可证（具有“Copyleft”或“ share a like”原则）被开发出来

续表

时间	事件	描述
1984 年、1985 年	GNU 项目与自由软件基金会（FSF）成立	1984 年，理查德·斯托曼（Richard Stallman）发起了一个类似 Linux 的免费操作系统的 GNU 项目，并于 1985 年成立了自由软件基金会

从国外数据开放重要事件发展历程来看，数据开放的主导权逐步从研究机构向产业机构转移，话语权从产业机构向政府部门转移，通过政府的法律法规与产业机构和研究机构的标准和技术融合，共同推动数据开放。

政务数据的开放是一个循序渐进的过程。目前已经被广泛开放的政务部门的数据是气象数据，它被应用在经济和社会的运行中。刚刚出现互联网的时候，恰恰也是气象数据最早被开放的时候，这可能与气象数据属于专业领域的数据，且具有经济和社会运行必需性和基础性有关，也与气象数据在没有网络的时代就一直通过广播等渠道分发有关。

今天我们看到部分数据已经获得了充分的开放，比如证券监管的数据，公众可以自由地获取，这与证券行业需要给予公众充分的知情权、毫无保留地接受公众监督有关。

二、数据开放的原则

当审视今天政务数据开放时，我们可以发现在 2007 年由一群互联网人士提出的“开放政府数据八原则”至今依然具有参考价值。

2007 年 12 月 7 日至 8 日，卡尔·玛拉默德（Carl Malamud）、蒂姆·奥莱里（Tim O’Reilly）等 30 位开放政府拥护者聚集在加利福尼亚州的塞巴斯托波尔，他们成立工作组并撰写了“开放政府数据八原则”[54]，具体如下。

1. 数据必须完整且所有公开数据均可用。数据是电子存储的信息或记录，包括但不限于文档、数据库、成绩单以及音频、视频记录。公共数据是不受有效隐私、安全或特权限制的数据。

2. 数据必须是原始数据。数据是在源头收集时发布的，具有尽可能细的颗粒度，而不是以汇总或修改的形式收集的。

3. 数据必须被及时提供，以保持数据的价值。

4. 数据必须可访问，可用于最广大的用户群体且用途广泛。

5. 数据必须是可加工的、结构合理的，且可以对其进行自动处理。

6. 访问必须是非歧视性的，任何人都可以使用数据，且无须注册。

7. 数据格式必须为非专有数据可用的格式，是没有任何实体具有独占控制权的。

8. 数据必须免许可证，数据不受任何版权、专利、商标或商业秘密法规的约束。其他法规可能会允许合理的隐私、安全和特权限制。

“开放政府数据八原则”某种程度上是一种相对理想化的倡议。2012 年和 2014 年，“开放政府数据八原则”参与者之一约书亚·陶伯勒（Joshua Tauberer）就非歧视性和免许可证两个原则，做了进一步讨论[55]。对于非歧视性原则，他认为《英国公开数据白皮书（2012 年）》规定的原则更加清晰，如“（10）公共数据将免费以任何合法方式使用……申请者能够以任何合法方式使用数据，而无须通知或获得有关公共机构的许可……（11）公开数据无须申请或注册，也不需要用户详细信息即可获得”等描述。关于免许可原则方面，陶伯勒则引用阳光基金会（Sunlight Foundation）的《开放数据政策指南（2014 年）》的观点，“（11）强制要求数据明确免许可证”，强调政府数据开放往往会施加契约性而非法定性的任何限制，这些准则不符合免许可证原则。

我们可以看出，早期支持数据开放的人笃信一个基本价值观，即公共数据与科学思想一样，属于公共财产。因此，推动公共数据的开放，将会增进整个社会的福利。这一点在“开放政府数据八原则”中体现得淋漓尽致。“开放政府数据八原则”充满某种理想化的色彩，例如非歧视性访问，在实践中就是很难完全达到的状态。现实的情况则是，那些最容易获得的数据集已经被开放，敏感和对经济社会有重大影响的数据开放进程却并不乐观。数据的可用性和互操作性依然是制约数据开放的核心问题。

三、我国政务数据开放的趋势

王万华[56]梳理了政务数据开放与政府信息公开的关系。他认为，“政府数据开放与政府信息公开同为开放政府的组成部分，形式上二者均体现为政府将信息或数据公开给社会知悉、利用”，但是二者还是有区别的，是一种“承继但不取代”的关系，政务数据开放绝不是政务信息公开的升级版，“而是与政府信息公开一起完善和丰富了开放政府的结构与内容，构成二元并立的开放机制体系”。开放数据的特殊要求与信息公开也不一样，开放数据需要符合“开放数据的基本要求，涉及数据的质量、开放范围、用户获得数据方式等”，核心是需要满足机器可读的基本要求，这一点，在政务信息公开上却并非必然要求。

王文华还提出了“政府数据开放是全新的政府治理模式”的观点，他认为，“政府数据开放不仅仅是政府信息公开向大数据时代的自然延伸，更是代表着一种全新的政府治理模式”。政务数据开放与政府信息公开主要存在以下不同之处：

一是动力机制不一样。政务数据开放更多的是一种“价值驱动”的行为，是政府为了提高公共服务的效率、提高政府的治理能力，促进数字经济发展做出的行为；而政府信息公开则是政府为了满足法律法规的强制要求、提高政务的透明度开展的行为。

二是行为方式不一样。政府数据开放一般都会通过纵向和横向对分散的数据进行汇聚，之后通过建设数据共享平台和数据开放平台提供服务；政务信息公开则主要是独立的部门、独立的地区对本部门的政务信息进行公开，不涉及多个部门的数据汇聚。

三是对象不一样。政务数据开放涉及政府、政府各部门、公众、企业、开发者、科研机构彼此之间的数据服务，是多层次、多主体之间的数据流动；政府信息公开则主要涉及政府与公众之间的信息公开。

四是使用方式不一样。政务数据公开后的数据蕴含着信息，需要使用者通过分析处理才能挖掘出这些信息；而政府信息公开的一般是结果，是经过处理之后可以供人们获取的信息，这些信息在某些情况下却并非机器可读的。

五是原则不一样。政务数据开放一般遵循免费的原则，但是也可以提供付费服务。政府信息公开都是法律强制免费的，不允许收取任何费用。

时至今日，我国持续强化数据开放战略。《“十四五”数字经济发展规划》明确提出“建立健全国家公共数据资源体系，统筹公共数据资源开发利用，推动基础公共数据安全有序开放，构建统一的国家公共数据开放平台和开发利用端口，提升公共数据开放水平”，从而提升数据资源开发利用水平。《中华人民共和国数据安全法》则把“政务数据安全与开放”作为单独的一章，第四十二条明确规定：“国家制定政务数据开放目录，构建统一规范、互联互通、安全可控的政务数据开放平台，推动政务数据开放利用。”同时，多地也在实践中提出“以开放为原则，以不开放为例外”的要求。正是人们意识到政务数据开放的巨大价值，在法律和实践中，数据开放已经成为必答题而不是选择题，因此，在《“十四五”推进国家政务信息化规划》中，把数据赋能作为提高治理能力的基本原则，要求：以数据共享开放与深度开发利用作为提升政务信息化水平的着力点和突破口，优化完善数据共享和开放机制，严格规范政务数据应用，强化央地协同，全面提升用数据决策、用数据管理、用数据监管、用数据服务的能力。在健全国家数据共享与开放体系中，把优化国家数据共享交换平台体系和深化公共数据开放平台应用作为数据共享开放深化工程的主要建设任务。这些规划成为指导政务数据开放的主要工程实践指南。

第二节 政务数据的共享

2016 年 12 月 20 日国务院办公厅印发的《“互联网 + 政务服务”技术体系建设指南》，旨在推动“互联网 + 政务服务”技术体系建设，构建国家级、省级、市级以及县乡级政务信息资源的交换平台，促进政务数据资源的开放共享。

一、政务数据共享标准建设

部分地方政府也发布了政务数据标准，用于指导本地区的政务数据资源共享。山西省发布了政务信息资源数据共享交换平台的总体架构目录编制规范、交换规范、资源中心设计规范、共享网站功能指南、部门接入规范、省市级联规范和安全技术规范。广东省在2018年发布了三个数据开放和共享系列地方标准，分别是：《政务信息资源标识编码规范》（DB44/T2109—2018）、《电子政务数据资源开放数据技术规范》（DB44/T2110—2018）、《电子政务数据资源开放数据管理规范》（DB44/T2111—2018）。

在国家层面，国家质检总局和国家标准化管理委员会于2020年4月28日发布系列政务数据开放共享标准，分别是发布了系列标准，见表6-2。

表6-2　部分政务数据开放共享标准

序号	编号	标准名称	类别	实施日期
1	GB/T 38664.1—2020	信息技术 大数据 政务数据开放共享 第1部分：总则	推荐标准	2020年11月1日
2	GB/T 38664.2—2020	信息技术 大数据 政务数据开放共享 第2部分：基本要求	推荐标准	2020年11月1日
3	GB/T 38664.3—2020	信息技术 大数据 政务数据开放共享 第3部分：开放程度评价	推荐标准	2020年11月1日
4	GB/T 19488.2—2008	电子政务数据元 第2部分：公共数据元目录	推荐标准	2008年9月1日
5	GB/T 19488.1—2004	电子政务数据元 第1部分：设计和管理规范	推荐标准	2004年10月1日

在《信息技术 大数据 政务数据开放共享 第1部分：总则》（GB/T 38664.1—2020）中，“公共数据开放”被定义为：政务部门

在安全保密、公共利益导向前提下，面向公民、法人、其他组织以非排他形式提供政务数据的行为。“政务数据共享”被定义为：各级政务部门因履行职责需要，使用其他政务部门的政务数据以及为其他政务部门提供政务数据的行为。

公共数据开放可以被等同视为政务数据开放，两者可以不做实质性的区分。对政务数据共享而言，也可以视为各级政府及不同部门之间的数据开放行为，主要不同在于开放的范围、开放的法律依据、开放的形式等，例如在开放范围上，政务部门之间可以使用不可面向公众开放的数据，而在开放形式上则要考虑政府部门在横向协同和纵向协同过程中按照事项、职权的不同对数据的分级分类权限进行处理。这一点，由于政府内部事务的复杂性，政务数据共享所面临的技术和管理难度远大于公共数据开放。

二、开放与数据开放

按照开放知识基金会的定义，“开放”是指“任何人都可以出于任何目的自由访问、使用、修改和共享（只需遵循保留来源和开放性的要求）”。

该基金会对开放数据的定义是[57]：开放数据是任何人都可以自由使用、重复使用和重新分发的数据——最多仅服从于属性和共享的要求。

与开放知识基金会的定义不同，考虑到真实的社会中数据分属不同的主体以及数据开放带来的潜在风险，世界银行指出，数据开放性有两个方面：一是数据必须是合法开放的、技术上开放的，必须以机器可读且非专有的电子格式发布。二是数据必须是公共可用的，可以在公共服务器上访问，并且没有密码或防火墙限制。为了使开放数据更易于查找，大多数组织都会创建和管理开放数据目录。也就是说，“每个人都必须能够使用、重复使用和重新分配”[57]。例如，尽管在政府网站上发布了大量数据，但发布的大多数数据仅应作为独立的文档阅读，而不能再用于其他目的，则不应该被看作是开放的。

值得注意的是，数据开放与数据使用费用的问题，不能把数据开放等同于数据免费。数据必须在法律上是开放的，这需要“开放数据的使用条款受许可的约束，允许自由使用（也可以商业使用），传输、修改、链接和完善数据”。但是，为提供数据而收取费用，这样的使用限制是可以接受的。开放定义[58]对数据开放作出了详细的规定，列出了符合标准的现有标准许可证，并提出数据开放必须满足互操作性的要求，即在数据交换和软件系统的上下文中，通常使用术语语法的互操作性或系统的互操作性。

经合组织则把数据开放上升到哲学的高度，并从对政府的价值提升方面提供了关于数据开放的定义[59]：开放政府数据（OGD）是一种哲学思想，并且越来越多地成为一组政策，它通过使所有人都能使用政府数据来提高透明度、规范问责制和进行价值创造。公共机构产生并委托处理大量数据和信息，通过提供其数据集，公共机构变得更加透明，更对公民负责。通过鼓励使用、重用和免费分发数据集，政府促进了业务创造和以公民为中心的创新服务。经合组织的开放政府数据能够更容易让政府理解开放数据的好处。

考虑到数据开放涉及政府、市场、企业、社会等多个组织和各个方面，《G8 开放数据宪章》扩大了数据开放的定义，列出了数据开放的 5 个原则：开放数据成为规则、注重质量和数量、让所有人都可用、为改善治理发布数据、为激励创新发布数据。同时，它给出了更详细的重点数据开放领域，包括公司、犯罪与司法、地球观测、教育、能源与环境、财政与合同、地理空间、全球发展、政府问责与民主、健康、科研、社会流动与福利、交通运输与基础设施开放领域，用于指导实践。

开放政务数据并不只是技术问题，还涉及文化层面和政策层面的内容，因此在产业实践中，政务数据开放还要考虑本地区、本部门、本系统的实际政策和文化。在这方面，洪京一的研究为产业实践提供了洞见[60]，他认为开放政务数据“不仅涉及技术问题，而且涉及理念、文化等问题，需要强有力的政策引导和推动”，同时他也指出“发布机器可读的高价值数据和推动数据的开发利用是当前开放数据的重点”。

根据洪京一的研究，开放数据有四大特征：一是每个人都可获取，二是机器可读，三是获取不需要成本，四是对数据再使用和分发无限制。开放数据并不是简单地将数据电子化、格式化，降低获取数据的难度和提高数据的再利用程度才是核心。

三、政务数据开放的范围

在实践中需要区分政务数据共享和公共数据开放。《信息技术 大数据 政务数据开放共享 第 1 部分：总则》（GB/T 38664.1—2020）中对“政务数据共享”的定义是“各级政务部门因履行职责需要，使用其他政务部门的政务数据以及为其他政务部门提供政务数据的行为”，而把公共数据开放界定为向非政府部门提供政务数据的行为。公共数据开放指的是：政务部门在安全保密、公共利益导向前提下，面向公民、法人和其他组织以非排他形式提供政务数据的行为。因此，公共数据开放更多强调公共性、强调服务性。

我们可以通过两个地方性法规来梳理下公共数据开放的脉络。

作为中国第一个政务数据开放的地方法规，《上海市公共数据开放暂行办法》（沪府令 21 号）对“公共数据”的定义为：本市各级行政机关以及履行公共管理和服务职能的事业单位在依法履职过程中，采集和产生的各类数据资源。《浙江省公共数据开放与安全管理暂行办法》（省政府令 381 号）对“公共数据”的定义是：各级行政机关以及具有公共管理和服务职能的事业单位，在依法履行职责过程中获得的各类数据资源。以上两个定义的不同之处在于把“采集和产生”替换成了“获得”，“获得”一词相比“采集”，还含有潜在的购买行为，例如北京市就向第三方机构采购数据，这些数据也可以作为公共数据以服务的方式提供给公众使用。

因此在公共服务的层面，我们可以把政务数据等同于公共数据，彼此是同义词，可以在理论和实践中不加区分地使用。不过我们看到，在实践中，在政务数据开放的制度层面上，也正是考虑了数据开放的特殊性，遵循了数据开放的规律。在《信息技术 大数据 政务数据开放共享 第 1 部分：总则》（GB/T 38664.1 —2020）中，对“政务数据”的定义是：各级政务部门及其技术支撑单位在履行职责过程中采集、生成、存储、管理的各类数据资源。其中还特别注明：一般包括可共享政务数据、可开放公共数据及不宜开放政务数据。

公共数据的开放也部分遵循前述“开放数据八原则”，例如《上海市公共数据开放暂行办法》将“公共数据开放”定义为：公共管理和服务机构在公共数据范围内，面向社会提供具备原始性、可机器读取、可供社会化再利用的数据集的公共服务。《山东省公共数据开放办法》将“公共数据开放”定义为：“各级数据开放主体在公共数据范围内，依托全省统一的公共数据开放平台，为自然人、法人以及其他组织等（以下统称数据利用主体）提供可机器读取、可利用、具有原始性的数据，供其开发利用的一种公共服务。”我们可以看到原始性、可机器读、公共性都被纳入公共数据开放办法中。

我们来看一下山东省公共数据开放的具体例子。

《山东省公共数据开放办法（征求意见稿）》对数据开放提出的原

则是：经过脱敏、脱密处理可以开放的，或者第三方同意开放的公共数据，应当纳入开放范围。开放内容遵循无条件开放、有条件开放和不予开放三种模式。在开放数据的选择上，山东省优先开放人民群众迫切需要、商业增值潜力显著的高价值数据。上海的选择大同小异，上海市经济信息化部门根据本市经济社会发展需要，确定年度公共数据开放重点。与民生紧密相关、社会迫切需要、行业增值潜力显著和产业战略意义重大的公共数据，优先纳入公共数据开放重点。

山东省发布了全国首个评价指标体系，该体系主要从数据开放的计划、数据质量、数据利用程度以及互动反馈维度进行评价[61]。

国内学术界也对评价政务数据开放做了多方面的研究，马海群、邹纯龙两位学者“运用权力理论分析政府数据开放的理论基础，从权力主体和相对人权利两个角度入手，结合已有开放数据特点和政府开放数据评价研究设计评价指标”[62]，提出了一个评价指标模型，见表 6–3。

表 6–3 基于权力主体和相对人权利的指标体系

角度	一级指标	二级指标	项　目
权力主体角度	体制层面 C1	数据开放义务 F1	法律法规中明确的各级政府数据开放义务
		数据开放义务 F2	法律法规中规定的各级政府数据开放细则
		隐私和数据保护 F3	法律法规中对开放数据的隐私保护制度
	要素层面 C2	组织 F4	形成相应的开放数据组织职能体系
		技术 F5	具备相应的政府开放数据技术
		人力 F6	具备相应的政府开放数据人力储备
	管理层面 C3	政府支持 F7	对开放政府数据项目的公开支持
		政府行动计划 F8	开放政府数据的行动计划
		政府数据安全保障 F9	对涉及国家秘密、商业秘密、公民隐私的数据提供安全保障

续表

角度	一级指标	二级指标	项　目
相对人权利角度	服务层面 1（有用性）C4	及时性 F10	政府开放数据能够及时更新
		全面性 F11	政府开放数据覆盖领域全面
		准确性 F12	政府开放数据与事实相符
	服务层面 2（易用性）C5	检索 F13	政府开放数据便于检索和获取
		阅读 F14	政府开放数据的内容和格式便于阅读
		使用 F15	政府数据开放的格式便于使用和研究

管理学学者王迪对国际上 8 个开放政府数据评估体系进行了比较分析，认为“为建立符合我国国情的开放政府数据评估体系提供了诸多借鉴”[63]，有助于我们从评估体系的全面性、评估数据获取方式的多元化、评估周期的调控三个维度，建立一个评估体系，见表 6-4。

表 6-4　开放政府数据评估体系比较分析

评估体系名称	提出者	评估重点	评估对象	对象等级	起始时间	评估概率	数据获取	体系构造	权重设计
公开数据普查	开放知识基金会	数据集	41 个国家的城市、地区数据集	城市、地区级别	2013 年	一年一次	众包网络问卷	单级评估体系	非均分
开放数据索引	开放知识基金会	数据集	41 个国家的城市、地区数据集	城市、地区级别	2013 年	一年一次	众包网络问卷	单级评估体系	非均分
开放数据索引	开放知识基金会	数据集	122 个国家的 13 种数据	国家级别	2013 年	一年一次	众包网络问卷	二级评估体系	非均分
公开数据晴雨表	万维网基金会	准备度、数据集、使用情况、影响力	92 个国家的开放数据情况	国家级别	2013 年	一年一次	专家问卷、政府自评、二手数据	二级评估体系	均分

续表

评估体系名称	提出者	评估重点	评估对象	对象等级	起始时间	评估概率	数据获取	体系构造	权重设计
政府公开索引	世界正义工程	准备度、使用情况	102个国家的政府开放程度	国家级别	2015年	一年两次	专家问卷、大众随机问卷	二级评价体系	均分
OUR数据索引	世界银行	准备度	11个国家的政府	国家、城市地区、机构	2013年	暂无	专家问卷	二级评估体系	非均分
OUR数据索引	经合组织	准备度、数据集、影响力	30个国家的政府开放数据情况	国家、城市地区、机构	2013年	暂无	专家问卷	二级评估体系	非均分
OUR数据索引	经合组织	准备度、数据集、影响力	30个国家的政府开放数据情况	国家级别	2014年	一年一次	专家问卷	二级评估体系	均分

四、数据开放的安全

关于提高数据安全方面，经合组织的指引要点如下。

数字安全不是一项可选的附加功能，而是必须成为围绕数字、数据和技术的政府战略的基本组成部分。

向公众提供数字安全技能同样重要，政府不仅要保护自己，还要让公民了解如何保护自己的安全，从而可以更轻松地进行在线互动和使用个人信息。

在战略上，将数字安全视为其国家数字政府议程上的高度优先事项。

政务数据的安全涉及多个方面，一般来说至少包括技术层面的安全和法律法规层面的安全。立法是建立安全的政务数据开放体系的前提。上海市在解读《上海市公共数据开放暂行办法》时指出，“数据利用是实现数据开放价值的最终途径，也是可能产生风险的关键环节”。

《数据安全管理办法（征求意见稿）》[64]对“在中华人民共和国境内利用网络开展数据收集、存储、传输、处理、使用等活动（以下简称数据活动），以及数据安全的保护和监督管理”提出了要求，该办法可以用于指导数据安全的合规工作。《浙江省公共数据开放与安全管理暂行办法》规定“公共管理和服务机构应当将安全管理贯穿于公共数据采集、归集、清洗、共享、开放、利用和销毁的全过程”，在法规层面明确，个人和组织“有权要求公共数据开放主体中止、撤回已开放数据”，同时规定在突发情况下，公共管理和服务机构可以“按照突发事件应对有关法律、法规规定”，向“自然人采集应对突发事件相关的数据”，在突发事件结束后，通过分类评估进行封存或者销毁等安全处理，并关停相关数据应用。

上海市还提供了一种“异议机制”，即“自然人、法人和非法人组织认为开放数据存在错误、遗漏等情形，可以通过开放平台向数据开放主体提出异议。数据开放主体经基本确认后，应当立即进行异议标注”。

数据安全涉及的层面非常多，立法是保障数据安全的根本，但是在产业实践中，过于严苛的数据立法有可能阻碍数据的流通，所以，在实践中通过案例和判例逐步完善是一个值得推广的路径。

五、数据开放形式、格式和数据标准

1. 机器可读

机器可读与数据可访问不同，吉姆·亨德勒（Jim Hendler）和特丽莎·A. 帕尔多（Theresa A. Pardo）区分了这两个概念的不同：“‘机器可读’不是‘数字可访问’信息的同义词。数字可访问是指文件已经数字化，可以使用计算机存储、传输、处理，但是对数据或者文件的‘意义’计算机未必能够理解。机器可读是指计算机能够理解数据或者文件的含义，并依据理解能够进行逻辑处理。”[65]

机器可读的文本文档格式主要有 PDF、XML，机器可读的数据格式主要有：CSV（一种最常见的机器可读数据格式）、RSS、Atom 和 JSON。

2. 选择开放文件格式

开放数据手册[66]对开放格式的定义是：一种独立于平台、机器可读的格式，可以不受阻碍地重复使用该信息的限制而公开提供给公众。

开放数据手册对数据开放的文件格式给出了建议，主要包括 JSON、XML、RDF、Spreadsheets、CSV、文字文件（Word、ODF、OOXML 或 PDF 格式）、纯文本（txt 格式）、扫描图像、专有格式、HTML 等格式。这些不同的文件格式各有千秋，如何选择取决于对机器阅读的友好性，因为从开放的政府数据角度来看，首选的是以机器可读的开放文件格式发布。

3. 选择数据标准

世界银行的工具包中提供了选择数据标准的指引，政府部门可以按照不同的数据领域参考不同的数据标准[67]（见表 6-5）。

表 6-5 数据标准

领域	标准	简介
统计与国民核算	《联合国统计标准清单》	统计分类、定义、概念、方法和程序的目录，为使用统计产品提供指导
	数据公布通用系统（GDDS）	GDDS 和 SDDS 都旨在提高及时和全面的统计信息的可用性，因此有助于追求合理的宏观经济政策。SDDS 为寻求进入国际资本市场的成员提供有针对性的指导，并有望为改善金融市场的运作做出贡献
	数据公布特殊系统（SDDS）	
	数据质量评估框架（QDAF）	基金组织的另一项工具 DQAF 用于对各国数据质量进行全面评估。它涉及制度环境，统计过程和统计产品的特征。DQAF 包括一个通用框架，以及国民账户统计，消费者和生产者价格指数，政府财政统计和公共部门债务，货币统计，国际收支和外债的附加模块
	世界银行统计能力指标	该工具基于评估统计系统能力的诊断框架，概述了发展中国家的统计能力。统计能力指标网站使用户可以直观地看到一个国家的统计能力随时间的变化
合约数据	开放合同数据标准（OCDS）	为了使政府能够发布有关合同制定过程中各个阶段的详细信息，包括计划、招标、授标、合同和实施。该标准提供了用于以多种格式表示合同数据的详细架构，以及有关实施选项的指南
预算数据	BOOST	BOOST 计划是全行范围内的一项共同努力，旨在促进对预算数据的访问，并改善决策过程和提高透明度。BOOST 是一个全面的公共支出数据库，在 57 个国家和地区建立，使用政府数据和 26 位数字的模板，使立法机构和民间社会等主要用户可以理解和访问高度精细的财政数据。支出数据按职能、经济和资金来源等核心财政维度进行分配，并且可以与其他数据集链接以支持更广泛的效率和权益分析。BOOST 还用于建立公开预算并通过使预算数据在一致且易于理解的框架中为用户访问而增强问责制
	开放预算（OpenSpending）	这是一个中央的、高质量的、开放的数据库，由公共财政信息组成，包括预算、支出和资产负债表；用户和贡献者社区；以及一组开放资源，提供处理财务数据所需的技术、财政和政治知识

续表

领域	标准	简介
运输数据	《通用运输提要规范》（GTFS）	GTFS 是用于运输时间表、数据和相关地理信息的机器可读数据标准，鼓励重复使用
地理空间数据	GeoJSON	GeoJSON 是 JSON（基于 Javascript 的流行数据格式）的派生产品，此功能 GeoJSON 数据易于与基于 Web 的应用程序集成
	TopoJSON	TopoJSON 是 GeoJSON 的扩展，但是采用了另一种描述地理特征的方法。因此，TopoJSON 文件通常比等效的 GeoJSON 小 80%
	钥匙孔标记语言（Keyhole Markup Language）	钥匙孔标记语言是谷歌公司在谷歌地图和谷歌地球中引入的基于 XML 的数据格式
	Shapefile	Shapefile 是全球智能定位行业领军企业 ESRI 提供的 ArcGIS 软件套件的本机格式，但是无处不在，它们与大多数主要的 GIS 系统兼容
微数据	世界银行微数据惯例和工具	该资源记录了世界银行微数据目录中采用的原则和实践，包括获取、披露、元数据、分类和保存
	《国际家庭调查网络准则（IHSN）》	IHSN 提供了有关数据归档和分发的广泛指南，包括元数据和编目。世界银行的微数据指南主要基于此来源。但是请注意，IHSN 指南强调了微数据分发的最佳做法，而未必一定会将微数据作为开放数据发布
援助数据	IATI 标准	允许从有关各种收件人不同捐赠者的援助数据进行比较
匿名化	《统计披露控制手册》	该资源涵盖了与匿名化相关的问题，包括监管问题、微数据、表格数据、频率表以及远程访问引发的问题
	《英国信息专员办公室的匿名指南》	该资源在英国的《数据保护法》范围内，为各种数据类型的匿名化技术和隐私保护提供了指南
	《重新思考个人数据：加强信任》	本报告围绕必须解决的一些关键问题促进对话，以确保长期和可持续的价值创造
	《统计披露控制的微数据实践指南》	本指南为任何机构提供了安全的数据访问，同时确保微数据保持适合目的的实用步骤

续表

领域	标准	简介
匿名化	微数据匿名化	该资源介绍了微数据匿名化的主要原理、衡量和降低风险的技术以及国际家庭调查网（IHSN）提供的最佳实践
	管理统计机密性和微数据访问	这套原则和准则由欧洲统计学家会议（CES）制定并通过。附件包含来自不同国家的 20 多个案例研究
元数据	都柏林核心元数据计划（DCMI）	该资源提供了可以应用到大多数电子资源元数据术语的一个框架和核心词汇。DCMI 在 DCAT 中大量使用，DCAT 是旨在促进基于 Web 的数据目录之间的互操作性的标准。政府可以开发自己的元数据模型（最好基于已建立的标准，如 DCAT），以进一步统一政府范围的开放数据计划
	数据文档倡议（DDI）	在社会科学数据中大量使用，但也更广泛地适用于其他领域
	ISO 19115-1 —2014	地理空间数据
	文字编码倡议	数字形式的文本，主要是人文、社会科学和语言学方面的文本
	目录交换格式（DIF）	科学数据集

六、数据开放的步骤和方法

1. 数据开放的步骤

世界银行在开放数据手册中对数据开放技术提供了路径指引和技术方案建议，在路径指引上建议按照以下步骤实施数据开放：（1）选择一个数据集；（2）应用开放数据许可；（3）使数据可获取；（4）使数据可发现。在数据可获取方面，可以通过现有网站、第三方网站、FTP 服务器、应用程序编程接口（API）等方式让数据可以被获取，而建立数据目录则是让数据可发现的主要技术方案，当然，也可以在在线的数据资源网站上进行注册，供全球的数据使用者发现数据。

数据目录是数据开放的主要形式

世界银行提供了一个开放数据工具包[68]，为实施数据开放的数据目录方案提出了建议：数据目录是一个开放数据倡议所提供的数据集列表。数据目录的基本元素包括搜索、元数据、明确的许可证信息以及对数据集本身的访问。

数据目录是开放数据的核心，因此设计数据目录就成了数据开放的关键，世界银行建议要遵循以下原则：易访问、可搜索、机器可读数据访问、凸显元数据、清晰的数据许可证、数据预览（可视化）、符合数据格式和元数据标准、支持应用程序编程接口、重视安全性。

虽然数据目录是构成数据开放平台的核心内容，但是只有数据目录是不足以实现数据开放的，因此还必须有其他的一些内容，世界银行提供的指引建议要围绕开放数据生态系统构建平台，包括在线论坛、技术支持和反馈、背景知识和培训材料的知识库、交流和宣传的博客。

世界银行还推荐了一些开源的数据目录平台，主要有 CKAN、DKAN、Junar、OpenDataSoft、Semantic Media Wiki、Socrata、Swirrl 等，这些平台大多是云托管部署的，已经在全球多个国家和地区获得应用。

3. 构建政务数据平台

政务数据平台是承载政务数据开放的核心载体。政务数据平台主要分为两类：政务数据共享平台、公共数据开放平台。其中政务数据共享平台主要是满足政府内部跨部门、跨区域、跨层级的数据共享交换的需求，公共数据开放平台主要是满足政务数据对公众提供数据服务的需求。这两者定位不同，用户不同，使用场景也不同。

目前我国大部分地方政府都建设了省级或者市级层面的公共数据开放平台，并出台了公共数据开放管理办法。对公共数据平台的界定各省略有不同，但是大都遵循公共数据的可机读、公共性等原则。例如在《山东省公共数据开放办法》中，公共数据开放平台的定义是："为各级数据开放主体提供目录编制、数据加工处理、数据开放业务管理、内容发布、互动管理等功能，同时通过公共数据开放平台向社会公众提供开放数据和相关服务的平台。"在《上海市公共数据开放暂行办法》中，开放平台的定义则是："开放平台为数据开放主体提供数据预处理、安全加密、日志记录等数据管理功能。开放平台为获取、使用和传播公共数据的自然人、法人和非法人组织（以下统称数据利用主体）提供数据查询、预览和获取等功能。"二者都强调数据的服务能力，只是在具体功能表述上略有不同，其他省市的公共数据平台无论是管理办法还是具体的数据平台也大同小异，区别在于数据规模和数据质量。随着《中华人民共和国数据安全法》实践和各个地方不断出台数据条例，公共数据开放将快速进入法制化、标准化、规范化的新阶段，升级和改造势在必行。

七、数据开放许可证选择

世界银行指出，政府可以使用开放数据许可证来明确说明可以使用其数据的条件。许多许可证既包括摘要版本（旨在向所有用户传达最重要的概念），也包括详细版本（提供完整的法律基础）。标准的、可重复使用的许可证，旨在提供一致且广泛认可的使用条款，例如知识共享许可协议（Creative Commons），尤其是该协议下属的CC-By和CC0，以及Open Database License等许可证书。将数据与

CC0 关联实质上等同于将其放入公共域，典型的许可协议及其适用领域见表 6–6。

表 6–6　典型许可协议

许可证（SPDX ID）[69]	主题	适用领域
知识共享 CCZero（CC0–1.0）	内容、数据	专用于公共领域（放弃所有权利）
开放数据共享公共域专用和许可（PDDL–1.0）	数据	专用于公共领域（放弃所有权利）
知识共享署名 4.0（CC–BY–4.0）	数据	专用于公共领域（放弃所有权利）
开放数据共享署名许可（ODC–By–1.0）	内容、数据	数据归因（基准）
知识共享署名相同方式共享 4.0（CC–BY–SA–4.0）	内容、数据	数据归因（基准）
开放数据共享开放数据库许可证（ODbL–1.0）	数据	数据（库）的 Attribution–ShareAlike

世界银行提供的开放许可证主要是从数据通用性的角度提供了参考框架，具体就政务数据的许可证建构方面，我国学者、上海社会科学院副研究员范佳佳[70]提供了更加符合政府行业特点的参考框架。范佳佳在分析制定中国政府数据开放许可协议的理论依据基础上，提出政府数据开放亟须制定以免费为原则的数据定价政策和三级数据开放政策等理念，并提出了一个中国开放数据的协议框架，包括开放政府数据五层定价体系、三级数据开放政策、开放政府数据去向说明制度、开放政府数据解释说明制度、政府具有数据豁免开放权和免责权，并设计了一个文本框架，对于指导中国政府数据开放许可提供了积极的具有实践价值的方案。

第三节　政务数据开放评价的方法

成熟度被用来评估政务数据开放程度和所处阶段，建立政务数据开放成熟度模型，有助于政府建立对当前政务数据开放的认知和改进。

我国学者在政务数据成熟度模型建构上开展了多维度的研究，为政府政务数据开放成熟度管理提供了较好的理论支撑。

从可操作性和实践指导价值的维度，袁莉[71]对政务数据成熟度模型进行了研究梳理，对目前国外丹·摩根（Dan Morgan）的开放数据成熟度模型、约书亚·陶伯勒（Joshua Tauberer）的开放政府数据模型、开放数据研究所（ODI）和英国环境、食品和农村事务部（Defra）的开放数据成熟度模型从阶段划分、具体内容、可操作性三个角度进行了比较研究（见表 6-7）。其研究显示，ODI 和 DeFra 的数据开放成熟度模型，对于指导政务数据开放更具有可操作性和实践指导价值。

表 6-7　数据开放成熟度模型

提出者	阶　段	内　容	可操作性
丹·摩根	采用了与软件能力成熟度模型类似的阶段划分方式	指标设计简单，目标是为数据发布者提供开放指引	在实践操作上相对容易，适合于数据集规模相对较小、刚开始尝试开放数据的组织机构采用

续表

提出者	阶 段	内 容	可操作性
约书亚·陶伯勒	从公民对政府数据的需求及信息技术的成熟发展两个方面来综合考虑政府开放数据的进程	综合考虑数据发布者和数据利用者的需求，为政府部门设计了开放数据内容的优先级	缺乏详细的指标，在评价实施中还需进一步细化才能够实际操作
开放数据研究所和英国环境、食品和农村事务部	采用了与软件能力成熟度模型类似的阶段划分方式	同样兼顾数据发布者和数据使用者从5个维度15项活动按角色进行划分	既可以对政府开放数据的5个维度进行综合评价，也可以单独就某一维度甚至某一具体活动进行评价

从政务数据分阶段管理的维度，迪莉娅开展了研究[72]，她认为，政府数据开放成熟度是指政府开放数据的范围、内容及利用效果由低到高循序渐进的发展历程。她梳理了业界三种数据开放成熟度模型：万维网联盟的数据开放成熟度模型、Tim Berners-Lee的开放数据关联5颗星模型、政府开放数据价值增值成熟度模型，通过比较分析提出了一种四阶段政务数据开放成熟度模型，即认知阶段、政府开放数据的治理阶段、政府数据开放阶段、政府数据开放服务全面监管和优化阶段。

针对这四个阶段，迪莉娅建议：（1）提高政府部门对数据开放的认知能力。（2）以数据集治理为核心通过三个阶段（元数据标志制定；强化开放数据质量评估；从数据分级安全定级、数据脱敏与加密及安全隐私评估建立数据开放安全机制）是政府数据开放的基础。（3）建立独立、统一和集成的政府数据开放门户网站。（4）对用户动态需求、服务失灵以及政务服务和利用效果进行监管与评估。

政府数据开放成熟度管理不只是数据自身的管理，还涉及政府的治理目标、制度、机制和流程等内容，共同构成了政府数据成熟度管理的制度因素和技术因素。在这方面，张宇杰等[73]从战略规划、制度保障、组织保障、技术架构、数据管理、治理能力 6 个层面构建的政府大数据成熟度模型具有较高的参考价值（见表 6-8）。该模型设计的目的是帮助政府“了解其大数据治理现状、构建大数据治理能力和发展路径及持续改进对策、调整和优化政府大数据治理计划或行动计划”。

表 6-8　政务大数据成熟度模型

大数据成熟度要素	要素指标	执行指标
战略规划	战略目标	业务目标和价值创造、大数据科学决策能力
	过程实现	过程标准制定、大数据解决方案制订
制度保障	法律法规	数据资源管理（数据采集、保存、共享、交易、复用、安全等）、数据资源权益
	政策制度	技术政策、产业政策、应用政策、人才政策、资金政策
	标准规范	数据管理、统计评价
组织保障	机构	管理机构、组织结构
	人员	数据治理专家、数据管理者、数据使用者
	文化	组织文化
技术架构	数据平台	政府数据统一共享交换平台、政府数据统一开放平台
	数据技术	大数据关键共性技术、大数据技术创新
	管理规则	信息生命周期管理、元数据管理、主数据管理、数据质量管理、数据所有权管理
	数据质量	数据采集、数据共享、数据交换、政务数据开放
	数据共享开放	数据资源清单、政府数据共享开放目录
	数据协同	信息资源共享共用，数据融合和协同创新
	数据安全	数据风险管理和数据隐私保护
治理能力	相关方参与度	政府治理能力、社会治理能力

在产业实践方面，我国发布的《信息技术 大数据 政务数据开放共享 第 3 部分：开放程度评价》（GB/T 38664.3—2020）为政务数据开放提供了技术指引。该标准从评价原则、评价指标体系和评价方法三个方面提供了框架性指引。在评价指标方面以数据为核心，从

数据资源、平台设施、安全保障、管理评价和应用成效 5 个维度展开，具体如下。

数据资源：主要对开放数据集涉及的领域覆盖率、数据质量以及开放目录等进行评价。

平台设施：主要对公共数据开放平台的运行和服务进行评价，包括对数据开放网站的访问和交互进行评价。

安全保障：主要对数据开放相关安全防护能力的有效性进行评价。

管理评价：主要对管理评价相关管理细则的可操作性、开放工作评价机制、政策法规完善程度进行评价。

应用成效：主要从数据使用角度对开放成效进行评价。

该评价指标体系从新技术架构和组织的管理两个维度构建评价指标体系，如果在实际工程实践中融合张宇杰等提出的政务大数据成熟度模型，把战略目标规划纳入其中，同时参考迪莉娅的研究，对政务数据的评估从认知阶段、政府开放数据的治理阶段、政府数据开放阶段、政府数据开放服务全面监管和优化阶段进行建构，能够形成一种有按照发展历程的动态评价能力，按照技术架构进行技术评价的能力，和按照战略、管理和技术融合整体评价的能力，也就是说，将更有顶层建构力和落地实操的指导价值。

第四节 政务数据可信治理

一、数据治理与数字治理的异同

在理论学习和工作实践中，我们经常会遇到数据治理、数字治理这两个词，容易混淆，因此有必要做一个简单的区分。一般来说，数据治理是对数据进行平整的过程，例如《信息技术 大数据 术语》（GB/T 35295—2017）对数据治理（Data Governance）的定义是：对数据进行处置、格式化和规范化的过程。数据治理是数据和数据系统管理的基本要素，涉及数据全生存周期管理，而与数据的状态无关。

学者黄建伟[13]区分了数据治理和数字治理的概念，指出数据治理是："政府充分利用物联网、移动互联网、云计算、Web 3.0 等信息技术，收集、存储与统计分析和民生相关的海量数据，搭建政府数据资源开放与共享平台，为政府决策的精准化提供重要的技术支撑与丰富的数据资源，实现政府治理的智能化，使政府由数据的'收集者'向'分析者'转变、由数据的'被索取者'向服务的'推送者'转变、决策由'预报'向'实报'与'精报'转变，提高政府数据治理的能力与水平"。数字治理是指现代数字化技术与治理理论的融合，它以政府、市民和企业为治理主体，是一种新型的治理模式。数字治理包含了数据治理、内容治理、数据管制等部分，是一个较大的概念和领域。（见表 6-9）

表 6-9 数字治理与数据治理的比较

<table>
<tr><th>名称</th><th>治理基础</th><th>治理问题</th><th>治理目标</th><th>治理核心</th><th>内容侧重点</th><th>适用领域</th></tr>
<tr><td>数字治理</td><td rowspan="2">先进的信息技术、数字化材料、数据库</td><td rowspan="2">信息数据本身的问题、城市管理、公共服务等方面问题</td><td rowspan="2">信息资源等开放共享、公共服务的智能化提供</td><td>以公民参与为中心，政府提供治理框架</td><td>治理资源的数字化、数字资产的管理与利用、公民的互动参与</td><td>各个领域</td></tr>
<tr><td>数据治理</td><td>以政府决策为中心，公民共享政府提供的信息资源</td><td>数据的整个生命周期内的持续管理与利用、数据资源的开放共享</td><td>科学和人文领域</td></tr>
</table>

二、政务数据治理的概念

政务数据的治理是对政务数据进行处置、格式化和规范化的过程，包括政务数据的获取、存储、整合、分析、应用、呈现、归档和销毁等过程的治理。

陕西省发布的地方标准《政务数据治理规范 第 1 部分：总体框架》（征求意见稿）中将政务数据治理总结为“对跨组织来源的数据进行处置、格式化和规范化的过程，也是政务数据和业务数据系统管理的基本要素”，并特别强调跨行业、跨组织、跨领域的数据治理，把政务数据治理活动界定为“相关交互管控活动、绩效和风险管理的集合，涵盖政务数据的全生存周期”，其主要内容包括如下。

1. **战略**。规划和实施组织内的数据资产战略和数据治理。

2. **制度**。围绕业务需求构建与元数据、数据管理、加工、使用、安全和质量有关的制度。

3. **标准和质量**。设置和强化数据质量管理、数据标准。

4. **架构与建模**。面向业务的数据定义、数据关联、数据加工、数据集成与数据流规程等。

5. **监督**。在质量、制度和数据管理的关键领域提供观察、审计和纠正等措施。

6. 合规。确保组织内和组织间在应用数据构建业务时的各项合规性要求，如安全和隐私保护等。

7. 问题管理。识别、定义和处理有关数据安全、数据访问、数据质量、数据架构、数源责任、共享交换管理规程、数据标准、业务术语及加工处理等程序中的问题。

政务数据治理是管理要素、技术要素融合的过程，政务数据治理与数字政府建设的目标、公共服务的目标和政府治理能力建设的目标密不可分。在这个过程中，战略、标准和质量以及合规性是首先需要考虑的问题。

政务数据治理的框架与一般的数据治理框架相似，前述陕西省地方标准提出了一种包含顶层设计、治理环境、治理领域和治理过程的框架体系，该框架体系为政务数据治理提供了一个具有操作性价值的指南。

随着数据作为要素融入政治经济社会的方方面面，数据的可信程度日益引起关注，就政务数据治理而言，数据的可信性更值得关注。数据的可信性从用户视角看，赵洪彪[74]认为数据的可信性是：数据在适用性、准确性、完整性、及时性和有效性方面是否能满足用户的应用要求。政务数据的可信治理则是在政务数据的全生命周期实施质量控制活动的规则、活动和技术的集合，属于政务数据治理的子集。在这方面，东南大学法学院徐珉川博士对公共数据开放的可信治理提出了一个包含 4 个层次的框架，他认为可以从 4 个层次展开：建立公共数据资源开放的可信赖秩序的治理目标，构建公共数据的内在信用基础和外在信任框架开放规范框架，从内在信用基础和外在信任框架建构制度体系，构建涵盖关键基础设施、代码规制和算法治理的可信数据治理工具。该框架涵盖了目标、规范、制度和工具，为开展政务数据可信治理提供了理论模型。

三、数据的质量评估

数据质量管理是政务数据可信的重要基础，我国从国家标准到地方标准也都把政务数据质量作为标准供给的重要内容。

在国家层面发布的《信息技术 数据质量评价指标》（GB/T 36344—2018）是开展数据质量管理活动的基础性标准，从6个维度构建了数据质量评价指标体系。

1. **规范性**：数据符合数据标准、数据模型、业务规则、元数据或权威参考数据的程度。

2. **完整性**：按照数据规则要求，数据元素被赋予数值的程度。

3. **准确性**：表示其所描述的真实实体（实际对象）真实值的程度。

4. **一致性**：数据与其他特定上下文中使用的数据无矛盾的程度。

5. **时效性**：数据在时间变化中的正确程度。

6. **可访问性**：数据能被访问的程度。

陕西省地方标准《政务数据治理规范 第2部分：数据标准与质量管理》（征求意见稿）采用了上述6个指标，提出数据质量特性及其子特性均可按数据资源管理、组织体系架构、业务需求等做进一步的细分。示例如下。

1. 完整性的子元素

多余：数据集中有多余数据；

缺失：数据集中缺少应有数据；

交叉：数据集中存在交叉重复数据。

2. 一致性的子元素

概念一致性：符合概念模式规则；

值域一致性：值在值域范围内；

格式一致性：数据存储与数据集物理结构的一致性。

3. 准确性的子元素

正确性：数据反映和描述客观事物及其变化的准确程度；

精确性：数值符合其实际值或规定值的程度。

从前述国家和地方的两个数据质量管理标准来看，政务数据质量管理是政务数据可信治理的基础和重要组成部分，其管理的目标、过程、方法、评价都需要与数字政府建设整体目标相匹配、与治理能力建设的目标匹配、与部门的管理职责匹配，同时还要符合法律法规的要求。

数据治理也是各国和主要国际组织关注的内容。国际货币基金组织（IMF）提出一个通用数据治理评估框架（见表 6–10）[75]，按照 IMF 的说法，该数据质量管理框架主要应用于统计系统治理、核心统计流程和统计产品的质量管理。首先把法律和制度环境的审查作为质量管理的先决条件，然后从完整性、健全性、准确性和可靠性、可维护性、可访问性 5 个维度进行评价，具体见表 6–10。

表 6–10　IMF 通用数据治理评估框架

质量因素	元素	指标
0. 质量的前提	0.1 法律和体制环境：环境对统计数据具有支持作用。 0.2 资源：资源与统计计划的需求相称。 0.3 关联性：统计信息涵盖主题领域的相关信息。 0.4 其他质量管理：质量是统计工作的基石。	0.1.1　明确规定了收集、处理和分发统计信息的责任。 0.1.2　数据产生机构之间的数据共享和协调是足够的。 0.1.3　个人记录的数据应保密，仅用于统计目的。 0.1.4　通过法律授权和（或）鼓励回应的措施来确保统计报告。 0.2.1　人员、设施、计算资源和财务与统计计划相称。 0.2.2　采取措施确保有效利用资源。 0.3.1　监视现有统计数据满足用户需求的相关性和实际实用性。 0.4.1　建立了流程以注重质量。 0.4.2　建立了监控统计程序质量的过程。 0.4.3　制定了计划统计程序时要处理质量考虑因素的过程。

续表

质量因素	元素	指标
1. 保证完整性 坚决遵守收集、处理和传播统计数据的客观性原则。	1.1 专业精神：统计政策和实践以专业原则为指导。 1.2 透明度：统计政策和做法是透明的。 1.3 道德标准：政策和实践应遵循道德标准。	1.1.1 统计数字是公正产生的。 1.1.2 来源和统计技术的选择，以及有关传播的决定，仅以统计考虑为依据。 1.1.3 适当的统计实体有权对统计的错误解释和滥用提出评论。 1.2.1 收集、处理和分发统计信息的条款和条件向公众公开。 1.2.2 公开确定了内部政府在发布统计信息之前可以使用的统计信息。 1.2.3 统计机构、单位的产品应明确标识。 1.2.4 预先通知了方法、源数据和统计技术的重大变化。 1.3.1 员工行为准则已经到位，并为员工所熟知。
2. 方法论的健全性 统计的方法论基础遵循国际公认的标准、指南或良好做法。	2.1 概念和定义：使用的概念和定义符合国际公认的统计框架。 2.2 范围：范围符合国际公认的标准、指南或良好做法。 2.3 分类 / 部门划分：分类和部门划分系统符合 国际公认的标准、指南或良好做法。 2.4 记录依据：流量和存量根据国际公认的标准、指南或良好做法进行评估和记录。	2.1.1 在概念和定义方面的总体结构遵循国际公认的标准、指南或良好做法。 2.2.1 范围与国际公认的标准、指南或良好做法大体上一致。 2.3.1 所使用的分类 / 部门划分制度与国际公认的标准、准则或良好做法大体上保持一致。 2.4.1 市场价格用于评估流量和存量。 2.4.2 记录是按权责发生制进行的。 2.4.3 毛 / 净额程序与国际公认的标准、指南或良好做法大体上一致。

续表

质量因素	元素	指标
3. 准确性和可靠性 源数据和统计技术是可靠的，统计输出足以说明现实情况。	3.1 源数据：可用的源数据为编译统计数据提供了足够的基础。 3.2 源数据评估：定期评估源数据。 3.3 统计技术：采用的统计技术符合健全的统计程序。 3.4 中间数据和统计输出的评估和确认：定期评估和确认中间结果和统计输出。 3.5 修订研究：修订并作为可靠性的衡量标准，以获取修订可能提供的信息。	3.1.1 源数据是从综合数据收集程序中获得的，这些程序考虑了特定于国家的条件。 3.1.2 源数据合理估计所需的定义、范围、分类、评估和记录时间。 3.1.3 源数据是及时的。 3.2.1 例行评估源数据，包括人口普查、抽样调查和行政记录，例如覆盖率、抽样误差、响应误差和非抽样误差；评估结果将受到监控，并可用于指导统计过程。 3.3.1 数据汇编采用可靠的统计技术来处理数据源。 3.3.2 其他统计程序（如数据调整和转换以及统计分析）采用可靠的统计技术。 3.4.1 在适用的情况下，对照其他信息验证中间结果。 3.4.2 评估和调查中间数据中的统计差异。 3.4.3 调查统计差异和统计输出中问题的其他潜在指标。 3.5.1 定期进行修订的研究和分析，并在内部用于为统计过程提供信息（另请参阅 4.3.3）。
4. 可维护性 具有足够的周期性和及时性的统计数据是一致的，并遵循可预测的修订政策。	4.1 周期性和及时性：周期性和及时性遵循国际公认的传播标准。 4.2 一致性：统计数据在一段时间内以及与主要数据集之间的一致性。 4.3 修订政策和实践：数据修订遵循常规且公开的程序。	4.1.1 周期性遵循传播标准。 4.1.2 及时性遵循传播标准。 4.2.1 统计在数据集中是一致的。 4.2.2 统计数据在合理的时间内是一致的或可调节的。 4.2.3 统计数据与通过其他数据源和 / 或统计框架获得的统计数据一致或可与之相吻合。 4.3.1 修订遵循定期透明的时间表。 4.3.2 明确识别出初步和（或）修订的数据。 4.3.3 修订的研究和分析已公开（另请参阅 3.5.1）。

续表

质量因素	元素	指标
5. 辅助功能 数据和元数据很容易获得，并且对用户有帮助就足够了。	5.1 数据可访问性：统计数据以清晰易懂的方式呈现，发布形式适当，并且统计数据是公正的。 5.2 元数据可访问性：提供最新和相关的元数据。 5.3 对用户的协助：提供及时且知识丰富的支持服务。	5.1.1 统计信息的显示方式有助于正确解释和有意义的比较（文本、表格和图表的布局和清晰度）。 5.1.2 传播媒介和格式是足够的。 5.1.3 统计信息按预先宣布的时间表发布。 5.1.4 同时向所有用户提供统计信息。 5.1.5 可应要求提供非常规发布的统计信息。 5.2.1 提供有关概念、范围、分类、记录依据，数据来源和统计技术的文档，并注明与国际公认的标准、指南或良好做法的差异。 5.2.2 详细程度适合目标受众的需求。 5.3.1 公布每个主题领域的联系点。 5.3.2 出版物、文件和其他服务的目录（包括所有收费信息）广泛可用。

对用户的关注是IMF的数据质量框架的一个特点，该框架能够让用户根据自己的目的衡量数据质量，从而对于我国数字政府建构以用户为中心的应用具有较好的应用指导价值。

四、开放数据认证

开放数据研究所（ODI）[76]维护了一个开放数据证书机制，用于评估开放数据的质量。开放数据研究所建立开放数据证书的目的是“建立对开放数据的信任，以支持其重用”，因此其对“开放数据证书”的定义是：由开放数据研究所开发和维护的免费在线工具，用于评估和认可高质量开放数据的可持续发布。

开放数据证书基于开放定义协议框架（Open Definition）、开放数据五星等级标准、阳光原则（Sunlight Principles）、开放数据的元数据标准（DCAT）等进行评估，它本身不是一种数据标准。开放数据证书主要评估元数据和周围数据的发布过程（隐私、版权、通信，是否将定期更新数据以及如何更新等），目前自动认证只支持在 CKAN 门户或站点中存储的元数据以及 DCAT 中的元数据，见表 6-11。

表 6-11　开放数据五星等级标准及评估表

铜	数据已公开许可，无限制，可访问且可合法重用
银	满足铜级要求，数据以机器可读的格式记录，可靠，并通过专用的通信渠道为发布者提供持续的支持
金	满足银级要求，以开放标准的机器可读格式发布，保证了定期更新，提供了更多的支持，文档，还包括机器可读权利声明
铂	满足金级要求，具有机器可读的物产文档，在数据中使用唯一的标识符，发布者拥有一个提供支持的沟通团队。这是信息基础架构的一个例外示例

级　别	铜	银	金	铂
公开许可且可合法重用	√	√	√	√
明确的权利声明，详细说明所有版权		√	√	√
解决的隐私问题		√	√	√
机器可读权利声明			√	√
在网络上可访问	√	√	√	√
可发现的（链接到其他网页）		√	√	√
数据带有时间戳或最新		√	√	√
数据至少可用一年		√	√	√
保证及时性（数据始终是最新的）			√	√
定期备份数据			√	√
记录的质量问题			√	√
数据使用机器可读格式		√	√	√
以内容适当的格式发布数据		√	√	√
数据使用开放的标准机器可读格式			√	√
单个一致的 URL，用于下载数据			√	√
机器可读的来源文档				√
用作数据中标识符的 URL				√
数据记录在案		√	√	√
人们的联系方式，以提供反馈和提出问题		√	√	√
机器可读的元数据（文档）			√	√
用于推广数据的社交媒体账户			√	√
用户论坛或邮件列表			√	√
专用通信团队建设用户社区				√

第七章

数字政府可信治理应用框架

The Framework of Digital Government Trusted Governance Application

第一节 提高公共服务高效化能力

一、先见洞察

1. 提高产业发展趋势先见能力

建立产业治理监管链：对本地主要企业的研发、设计、生产、运营、销售、安装、使用等关键过程的数据使用区块链进行管理；嵌入产业治理监管码进行数据采集；基于真实信息对企业进行关键过程和结果的监管。

对产业的关键设备和系统进行区块链化改造：利用区块链技术和物联网技术，建立生产设备、生产系统的可信身份库；对关键设备和关键系统内置产业服务链码，进行数据的采集和记录；对产品的原材料、生产过程和流通过程、使用过程进行全生命周期的数据采集和记录。

建立产业共识机制：在机器、车间、企业、政府、分销商、零售商、金融机构、用户之间设计和实现共识机制，共享关键数据，建立可信互联的产业数据平台；基于智能合约共享生产数据、制造数据、库存数据、物流数据、风险数据、质量数据、消费数据、监管数据、财务数据等，实现信息流、物流、现金流、感知流“四流合一”。

改善产业政策引导先见能力：在产业政策制定部门、实施部门与产业政策服务对象之间，建立产业服务链。通过在产业主体的关键系统、关键设备、关键渠道网络、关键用户中嵌入产业链码，共享产业关键数据，为产业政策的制定、实施、评估及优化提供真实可靠的数据及分析服务，改善政府产业政策的先见能力。

2. 改善风险洞察能力

提高重大公共卫生事件的洞察能力：在政府部门、医疗机构、社区之间，利用智能合约技术，建立重大公共卫生事件数据智能采集和实时分析预警平台，实现重大公共卫生事件出现自动预警。

提高重大公共卫生事件处置的跨区域协同洞察能力：使用区块链实现跨区域、跨机构的医疗数据自动化共享，提升预警系统实时处理能力。

改善环境风险的洞察能力：通过在环境监测设备商、环境执法部门、污染源制造部门以及公众之间共享环境数据，基于数据的真实性，使用智能合约对环境数据的合规性和真实性进行管理。

3. 提高公共资源配置洞见能力

改善医疗资源的配置能力：使用区块链记录和存证药物、医疗器械、医疗设备的库存、分布情况、可用情况。通过共识机制精准掌握医疗物资配置、分布、位置和物流情况，提高医疗资源的可信管理能力。

改善教育资源的配置能力：在教育管理部门、卫生机构、教育机构、招商引资机构、人口管理部门、社区机构之间建立教育链，共享教育人口信息、教育资源信息。在真实人口数据的基础上改善区域教育资源的配置洞察能力。

改善公共财政管理能力：利用区块链的不可篡改性和智能合约技术以及身份管理能力。对公共财政资金的预算、申请、使用、转移、支付进行全程的记录，提高公共财政管理的透明度；使用智能合约对公共财政的支付进行可信管理，用于公共财政的招标、项目监督及资金支付；对公共财政的预算人、中间管理人及使用者进行区块链身份管理，防止公共财政资金被冒用和挪用。

改善俱乐部型公共产品资源配置能力：利用区块链的真实需求表达管理能力，建立公众对俱乐部型公共资源的精准需求发现能力。通过精准歧视的定价抑制公众对公共资源的无序挤占带来的社会成本损失。

提高公共池塘资源型公共服务的资源配置能力：对公共池塘型公共资源，使用区块链进行资产数字化，在公众之间建立基于配额的公共资源交易网。基于区块链提供的智能合约、隐私性、匿名性，以及通过设计某种共识机制，控制公共池塘资源的交易成本，管理交易记录，从而提高资源的配置效率。

改善公共交通资源的洞见能力：在公众、交通管理部门、交通服务部门、交通规划部门之间使用区块链技术共享个人出行数据、交通工具运行数据、交通管理数据以及规划数据，为公共交通资源的配置提供实时洞见能力和长期可靠的规划洞见能力。

二、关系动态

区块链在改善政府部门与公众的关系动态方面，主要的应用价值在于提高互动过程中的信任度。

身份关系的真实性和唯一性：对公民与政府互动过程中的身份、文件、材料、意愿、存证、证照及行为的资料进行区块链化，在公共服务过程中提供唯一、可信、真实、不可篡改的数字身份、数字文件。使用区块链，可以减少办理或验证文件的等待时间，例如身份证和工作卡、驾驶执照、出生和结婚证明等。

行为关系的真实性：在交通道路违法违章、社区事务公共选择、财产转移转让、保险理赔、违规违法行为的处理过程中，将政府公务人员与公众之间的交互行为区块链化，提供不可篡改的行为记录以及在多个部门共享。

意愿关系的客观性：在婚姻关系、遗嘱遗产处置、公共事务投票等对公众意愿在隐私保护情况下提供真实客观、不可篡改的记录，以及在多个部门实现安全地共享。

公共表达：公众对政府部门满意度的安全隐私表达。区块链可以提高公共表达的可信度，数据记录在多台服务器上，以防止被任何形式篡改；用户身份的匿名性也能够提高表达的真实性和客观度，能够提高公共表达的活跃性，可以促进公众进行投票。

合法身份：对于执法部门，在公务人员代表执法部门执法的过程中，向公众展示真实的唯一的身份。

三、定价关系

区块链在改善公共服务成本结构方面提供了新的解决方案。

建立纯公共品的精细化成本管理能力：利用区块链的不可篡改

特性，对公共财政成本的支付过程进行全程的跟踪，做到每一笔成本可溯源。例如对公共服务过程中所采购的设备、服务进行精准的成本、质量、服务成本跟踪，精准地分析成本结构。为降低成本和按照成本定价提供可靠的决策数据。

建立俱乐部产品的精细化价格管制能力：利用区块链提供的真实隐私的身份，精准地采集公众服务需求，按照需求进行精确的准公共品定价，对准公共品服务提供商进行精细化的定价管制。

建立公共池塘资源产品的零信任交易定价机制：对公共池塘资源的使用采用配额制度，对配额使用区块链进行管理，为供需双方的零信任交易提供可信的解决方案。

第二节 构建可编程数字政府治理结构

一、组织目标

在组织目标的管理上，政府可以利用区块链与公众建立协商机制，从而帮助政府在目标的规划和设计上能够获得来自公众更加可信的有力支持。

改善公共服务目标制定的方式：公共服务目标的制定可以看作政府与公众、第三方机构之间有效协商的过程，在这个过程中需要各方表达真实的偏好，区块链所提供的隐私性和身份的真实性，能够为公共服务目标的协商过程提供可信的真实偏好表达，从而为政府制定公共服务目标提供客观的决策依据。

改变发展目标制定的方式：政府需要制定经济和社会发展的目

标。目前对经济社会发展目标的量化成为主要的编制模式，量化目标的基础来自经济社会主体积极的数据开放和真实的数据共享，政府在制定发展目标的过程中需要横向多个部门和纵向多个层级的数据汇聚。在这个过程中，无论是目标的制定还是随后的目标分解，都需要可信的数据作为基础，区块链的分布式账本技术以及共识技术能够帮助政府部门在制定发展目标时建立新的目标协同模式。

改变目标的委托模式：可以使用区块链对目标进行管理，建立目标任务链，并利用智能合约对目标进行管理，在跨层级、跨部门、跨地域的任务协同中实现自动协同；同时利用智能合约对任务执行的情况进行全程的记录，对责任、权属进行清晰的记录存证。

改变目标的评价模式：从层层把关审核到使用智能合约，自动数据采集和目标任务管理，把政府部门之间、上下级之间、政企之间的目标委托变成使用区块链智能合约自动监管执行的评价模式，对关键目标的执行情况进行过程和结果数据采集，建立基于数据的目标评价模式。

组织目标的智能合约化：任何部门的目标都可以分解为子目标，这些子目标按照政府部门横纵分工具有逻辑关联性，可以利用智能合约实现子目标的自动关联，做到政府部门的智能化协同。

二、政务服务与公众

可信技术可以帮助改善政府服务的形态，提高公共服务的体验。

实现数字身份可信管理：在政府提供公共服务的过程中，不同的部门需要公众提供身份证明材料，例如个人的身份证明信息、公司法人的营业执照、出生证、结婚证、工作证等。利用区块链的真实性和不变性，满足不同部门之间共享个人、法人、商业组织身份证明信息的需求。

证照数据共享： 工商、税务、海关、民政、医疗卫生、教育行政、住建等各个部门发放、管理类型多样、种类复杂的证照，这些证照作为个人和组织的合法行为、合法资产以及合法身份的证明，在经济社会活动中被广泛地使用和验证，利用区块链的分布式账本技术、真实性和唯一性，进行证照数据的共享和验证。

许可业务： 用于工程许可、婚姻许可、公司资质许可、项目许可，提供不可篡改、具有唯一性和真实性的许可数字文件。

资质共享： 政府部门或者事业单位向个人、组织发放的资质证照，使用区块链在经济社会活动中提供共享、验证服务。此类数据的管理和存储通常很复杂且令人生畏，尤其是在数据以纸质形式存在的情况下。但是，区块链可用于以数字方式促进相同服务的交付，同时还能以更快、更高效的速度以及更安全的存储来实现。

福利管理： 利用区块链对福利领受人的真实身份进行验证，并对发放过程进行记录，利用智能合约自动触发福利发放，以及对违规行为自动触发审计。

公共财政费用管理： 政府与公民之间有大量的公共财政费用交互，包括医保费用、养老金、失业救助、教育津贴；与企业之间也会涉及多种类型的财政费用交互，例如高新技术补贴、创新资金补贴、企业贷款贴息、税收返还等。可以利用区块链的数据真实性、难以篡改的特性，以及在各个部门之间的共识算法，构建基于智能合约的公共财政费用管理，实现安全可信的验证，自动可信地执行、监督与审计。

财产管理： 公民和组织的财产是有价之物，在经济社会流动中具有经济价值。在安全的财产管理以及不可抵赖的财产处置——包括财产的获得、所有权证书的发放、财产的转移、财产收益的获取与分配——的过程中，可以利用区块链进行财产数据存储、共享，为财产管理过程中的身份真实性、财产所有权的唯一性、交易的合法性以及过程的可审计性提供应用。满足在财产所有权人以及政府内部相关处置管理部门之间进行安全可靠的财产管理。

公共事务参与：区块链可以为用户的身份提供高度安全的隐私保护，有助于公众在公共事务参与过程中表达意愿和偏好的真实性。在基层社区治理、城市规划、道路交通规划、环境保护、垃圾分类等场景决策中，可以利用区块链的隐私保护，改变投票、表决、决策、争取意见的流程，对公众的真实偏好实现客观的洞察。

三、治理结构

可信技术能够优化治理结构。我们知道阻碍数字政府治理结构优化的障碍之一是政府权力边界以及权力运行过程中的边界模糊不清。这种模糊不清表现在上下级之间的政务事项处置归属边界不清，也表现在同级政府之间以及同级政府不同职能部门之间政务事项边界不清，存在职能交叉或者职能的缝隙。

此外，治理结构优化的另一个阻碍是政务数据的共享和公开存在法律、部门和人为的障碍，信息阻梗表现为政务事项的阻梗和公共服务边界的交叉重复，出现谁都应该管、谁都不负责的“断头路”，或者出现谁都要管的“管制高压区”。

区块链作为数据安全共享的基本属性，区块链作为政务数据存储和数据管理的工具，改善数据的开放性和可用性，有助于提高透明度。

政府可以使用来自区块链的数据跟踪金融交易，类似于如何监控法定货币交易以确保系统不被用于非法交易。政府实施区块链可以成为确保数字领域金融交易合法的关键工具。

对某个政府部门或者某一级别的政府来说，其政府行为的可信度和公平性来自法律、规章、制度以及上一级部门的合法授权。有些授权是长期性的无条件的，有些授权是临时性的有条件的，区块链可以记录这些授权来源为组织使命和目标的建立提供授权依据。

第三节 提高数字政府治理资源的能级

一、核心能力

1. 跨部门跨层级自动协同的能力

建立满足“五跨”需求的政务协同能力：在公共卫生、应急救援、气象水文灾害、疫情联防联控、犯罪治理、公路交通监测及应急管理等涉及多部门、多地区政务服务联动协同的场景中，建立满足能够支持跨层级、跨地域、跨系统、跨部门、跨业务的分析、指挥、决策、调度能力系统。

建立基于智能合约的横向和纵向自动化协同能力：采用智能合约自动化、智能化地处置一些规则清晰、无须人工决策干预的事件。

使用分布式账本对横向和纵向调度的物理资源资产进行存储：使用区块链对医疗资源如药品、医疗器械、交通运输车辆、消防车辆、应急物资、防灾救灾物资等需要跨部门、跨地区调度的资源的资产情况进行存证，包括位置、状态、可用性、物理尺寸、运输要求、使用规范、权属等各种信息，满足物理资源在公共服务过程中不同的部门、不同的人在出库、分配、运输、核算、使用过程中的安全可信需求。

使用区块链对人员进行身份管理：使用区块链建立各个系统公共服务人员、应急资源企业及其支持人员的身份管理系统，按照权限、场景、位置、事件等要素建立多层次多结构的身份管理系统。授予合法访问系统的分层分级的权限。

使用智能合约建立智能化协同能力：梳理跨部门、跨地区、跨层级协同的场景，按照能够形成规则明确、边界清晰、结果确定的标准，通过对这些场景使用智能合约来实现，再按照政务事项协同的横向和纵向的逻辑关系组成能够自动化处理的智能合约支持的流程。

2. 提高治理的核心能力

应对“涌现”的能力：智能合约能够按照政府的层级权限配置和职能结构进行规则和条件的配置，那么在某种程度上就可以实现公共服务的自动化处置，从而提高面对公共事务时跨部门跨层级的协调性和响应的时效性，应对各种“涌现”。

发现焦点的能力：利用区块链在数据存储和处理上的真实性、可审计特性，可以在公共事务中提高对问题本质焦点分析的能力。比如客观呈现在流程环节中的事务“堵点”，精准洞察公众的需求偏好，准确地了解公共资源配置的情况，通过智能合约汇聚过来的精准信息发现某些不易为人所察觉的趋势。以上都可以帮助政府部门提高发现焦点的能力。

提高决策能力：决策能力是数字政府治理中的核心能力，决策依赖于高质量的数据，利用区块链对决策涉及的各类主体的数据进行存储、分析和处理，实现决策所涉及的各类主体数据安全地共享，为政府决策提供真实可信的数据，形成高质量的决策能力。

改善强化职权监管的能力：利用区块链不可篡改的特性，对政府权力运行过程进行追踪记录，包括执行人、时间、地点、方式、结果以及政务投诉和举报等进行全过程实时监督、全过程留痕、不可篡改，减少和消除权力寻租空间；开发职权监管智能合约，对职权形式行为进行自动化的监管或者实时阻断，例如广西壮族自治区规划建设广西棚改征迁资金管理区块链平台。

公共决策往往会涉及多个方案的选择，区块链能够提供真实可信的数据，能够提高路径选对的概率。区块链可以提供两种支撑能力。

一是自上而下赋权的能力。理论上越靠近基层、越靠近现场的组织掌握的信息越充分，但是悖论在于基层掌握充分的信息却并不掌握充足的资源调配能力，区块链提供的真实数据能力和智能合约自动化审批的能力，能够提高上下决策的协同能力，可以更加高效地向下级、向基层赋权。

二是横向路径协同的能力。横向的各个部门、政府与私营部门、政府与公众之间，在公共政策的路径选择上，可以利用区块链的隐私保护和可信能力，真实地表达路径的偏好，并在路径的实施过程中彼此监督和协调，把路径的相关数据发布在区块链上进行公开，从而提高各方协同的一致性。

二、数据资产

区块链能够为数字政府的数据资产提供安全可信的管理，从而能够大幅度提高数字政府基于数据的分析决策、指挥调度的能力。

在这方面，有以下几种典型的借助区块链帮助政府部门提高数据资产运营能力的活动。

1. 提高数据资产的质量的活动

在数据源头控制数据的质量：可以使用区块链技术对产生数据的人、系统或者机器设备的身份进行管理，确保数据源的合法性；对某个数据源产生的数据在区块链网络中基于权益证明机制（DPoS）提交给多个验证者进行验证，只有通过多数验证者验证的数据才被允许存储或者加入区块。

建立数据全生命周期权限链：在数据全生命周期识别所有角色和权限，使用区块链建立基于智能合约的权限链，实现在数据的每个阶段精准的自动化、智能化管理。

建立数据操作的证据链：使用区块链记录对数据进行的操作，包括操作的对象、时间、地点、设备，操作的行为、操作的结果，为数据的管理提供不可逆的证据链。

建立关键数据资产的分布式账本（DLT）：对政务系统的关键核心数据资产使用区块链技术进行分布式存储，在多个节点建立数据的相同备份，为关键数据资产提供高可用性、高安全性和一致性保证。

2. 提高数据资产的运营效率的活动

使用智能合约对政务数据进行管理：可以把政务数据管理的要求拆分到某个颗粒度，识别出可以使用软件处理的规则和人工干预的规则，对可以使用软件进行处理的规则通过智能合约来表示，从而在政务数据的采集、共享、交换、开放的各个环节引入自动化智能化处理的能力。当需要触发人工干预的情景时，则终止某部分数据的处理活动等待人工干预的结果，完成人工干预之后进行记录。

建立区块链支持的数据枢纽：在跨层级、跨地域、跨系统、跨部门、跨业务的连接处，建立区块链支持的数据枢纽，对数据的共享和交换的行为进行存证记录，对关键数据采用分布式账本进行存储，重点聚焦需要跨地区、跨部门协同的公共事务。

3. 建立数据资产交易的体系

建立数据可信的流通系统：对可流通的数据使用区块链进行数据指纹存证，建立数据资产目录，利用区块链的可追溯和不可篡改等特性，对每笔交易、数据以及价值进行确权和记录，确保数据流通的安全、高效、可信，全程可追溯。

4. 改善数据资产的安全性的活动

提高数据资产的安全保护能力：利用区块链的共识算法能够防止黑客或者误操作对数字资产的入侵、篡改、破坏。

建立数字资产安全链：政府可以建立数据资产安全链，开发安全智能合约，在不影响敏感数据保护的情况下，共享安全厂商的数据安全能力，并建立数据操作的记录。

5. 不动产及公共房屋的数字资产化

改善不动产及公共房屋的管理能力：利用区块链的不可篡改特性对机关事务管理部门统筹的公共房屋资产、土地资产等不动产进行登记，与自然资源规划部门、住建部门建立联盟链，共享不动产和公共房屋资产信息，所有权人和使用人分离情况下实现不动产证照的安全可信管理。

提高不动产及房屋证照动态管理能力：开发不动产电子证照智

能合约管理，对不动产电子证照的使用授权进行精准管理和实时验证。例如，不动产人使用人办理水电煤气公共服务只需要出示电子证照，由水电煤气部门进行可信验证即可办理。

第四节　构建数字政府核心流程可信力

一、提高流程优化能力

建立基于智能合约的自动化流程：对政务事项进行标准化处理，拆解和细分政务事项规范、技术标准等，以此为基础开发政务事项智能合约，实现自动化的政务服务。

建立跨部门、跨地区的政务服务联盟链：通过联盟链在平级部门之间、跨区域地方政府机构之间，进行政府服务的协同。

开发政务服务智能合约：对规则清晰、事项接口清晰、职权责任清晰的政务事项进行拆分，按照政务的事项清单和全生命周期执行需求，由不同的政府部门开发智能合约，通过定义智能化的标准、接口，形成基于智能合约的自动化政府服务链。

使用区块链智能合约实现政务数据资产共享：使用智能合约建立政务服务过程中数据共享开放权限自动化管理能力，实现政务服务过程关键数据的自动化共享和实时共享。

二、提高移动服务的能力

使用区块链对移动执法设备进行管理：建立移动执法设备的区块链身份，确保移动执法设备的接入安全，并基于身份进行可信的执法设备执法授权。

建立基于智能合约的场景化智能服务能力：按照时间、地点、对象及服务条件，开发基于智能合约的场景化政务服务，当服务对象触发某个服务条件，例如处于某个地点的时候，自动执行指定的政务服务。

三、优化公共资源交易流程

建立交易主体的可信身份管理：使用区块链对公共资源交易的相关主体进行身份管理，每个组织和个人都建立区块链身份，而且是不可篡改的身份。

建立公共资源交易服务平台：建立公共资源交易区块链共享平台，对交易信息、主体信息、专家信息、信用信息、监管信息、证照信息等可信记录数据进行汇聚和共享，实现公共资源交易服务的全流程电子化交易和数据的存证，确保公共资源交易流程的完整性、真实性。

建立矿产、林产的管理平台：对重要矿产、林产等资源进行区块链化管理，建立基于区块链的重要矿产、林产资源区块链追溯体系，重点是建设矿产、林产资源区块链管理平台，提供对资源的资源调查、登记、确权、流转、生态治理等环节的关键业务数据上链管理，为权属信息可靠、可查、可管提供支持。

四、优化证照服务流程

建立证照区块链数据指纹和证照链：可以使用区块链的不可篡改能力，建立可信的证照数据指纹存证、核验体系，确保电子证照生成、发放、管理与使用全过程可信。

建立证照的权限链：使用区块链对证照的使用场景、授权人、使用位置、授权业务等进行权限存证，确保证照合法合规使用。

建立证照与个人和法人的可信认证：可以用人脸识别技术实现电子证照刷脸调取，满足各部门各地区各系统的验证、发证、管证等全链条共享。

建立开放可信的数字政府生态网络：

1. 提高产业链角色的信用能力：使用区块链对行业监管的设备制造商、检测认证机构等关键环节角色的经营行为进行管理，通过区块链存证和与信用单位、工商单位、税务单位、银行等进行安全可信的数据交换，准确地掌握供应商的信用情况，并使用区块链进行存储。

2. 建立政府服务关键设备的阳光采购招投标能力：对政务服务过程中设备和服务的招投标全过程进行区块链化管理，提供招投标的证据链和招投标行为人的全程行为痕迹链。

3. 验证政务服务关键设备的供应商的能力：通过区块链与供应商进行关键能力数据信息安全共享，在无须了解供应商核心机密的情况下，通过区块链数据交换可信地验证供应商的能力。

4. 利用区块链提高协同能力：使用区块链对政务过程中的横向和纵向协同的证照、设备、数据及人员进行区块链管理、交换和共享；利用智能合约对监管规则进行软件化，通过建立智能合约的规范、接口和协同关系提高协同的效能；建立协同人主导的联盟链，并基于联盟链实现数据安全共享和流程自动化。

5. 改善与生态的联合能力：政府部门可以建立与电信运营商、互联网平台、物流平台及第三方数据机构、研究机构、科研机构的联盟链，通过数据开放和交换提高政府数据的广度和深度，并为第三方机构提供可信的、高质量的数据开放服务，鼓励生态开发各类监管应用、提供科学研究、监管产品创新等。

典型案例

甘肃省远程招投标平台 [77]

甘肃省公共资源交易局联合蚂蚁链、阿里云、甘肃文锐，基于蚂蚁 BaaS 平台开发了网上招投标系统。

甘肃省每年公共资源交易成交总额 3000 多亿元，对地方经济影响重大，而招投标则是所有项目开工建设的第一步。

蚂蚁链成为线上交易信息的"保险柜"。从企业投标、专家评标到公示结果等 12 项交易环节，所有电子数据全部自动上链存证且不可篡改，交易规则通过智能合约自动执行，大大提升多参与方协同的招投标效率。这些企业不需要等疫情结束、不需要从全国各地来兰州、不需要拿文件一趟趟跑，而是在家动动鼠标就能完成项目投标。

区块链技术也为该行业实现数字化保驾护航，彻底告别纸质作业，极大节省了企业招投标成本。以甘肃省某交通项目为例，每家投标企业上传 2000 多页标书，如果按照纸质作业的方式，每个企业仅制作标书（按照一套副本计算）就要花费 3000 元左右，加上交通、住宿等，至少花费 6000 元。

第八章

数字政府可信数字治理范式

Digital Government Trusted Digital Governance Capacity Building Paradigm

第一节 可信技术在数字政府的应用特性

区块链是一种有潜力的政府数字化技术，具有可靠性、不变性、真实性和可审计性，比如在数据存储中的安全性，使得数据具有不变性、完整性和可靠性。这种特性在公共管理（数字政府）中价值巨大，在降低公共管理的成本、提高服务的效率、提高政府的透明度、减少职务违法现象等多个方面具有价值增益。

经合组织公共部门创新观察站（Observatory of Public Sector Innovation，OPSI）新的公共部门区块链指南[78]提供了很多政府应用区块链的洞见，介绍了政府部门使用区块链应该关注的一些特定话题。

1. **充分考虑区块链带来的不变性**：区块链最核心的特征和优势之一是不变性，且只能添加数据不能删除数据。在使用区块链的时候就要考虑政务数据全生命周期管理的需求是不是需要更新、删除、修改，如果答案是“是”，那么就要谨慎考虑使用区块链管理数据。

2. **充分考虑区块链带来的无权限**：区块链提供的数据任何人都没有权限自行处置。那么在保护个人隐私和机密的时候，就可能遇到和法律要求相抵触的问题。例如，欧盟的被遗忘权原则规定，个人可能会要求删除有关自己的信息，由于其不变性，如果有关个人的信息存储在区块链上，那么被遗忘的权利实际上是不可执行的。该指南认为需要“在分散级别之间必须进行必要的权衡决策和隐私设置”。更高级别的隐私将要求更正式的治理模型（许可的区块链），政府可能还必须谨慎地考虑将哪些信息存储在区块链上，因此这些信息是不可变的；哪些信息是链外存储的，但是可以记录公务人员的访问行为。

3. 充分考虑数据存储的需求： 区块链通常存储交易列表，最多包含用于执行和指导智能合约的少量数据。区块链不是设计用来存储常规数据。如果政府只是在寻找数据存储，区块链技术可能不是最适合的。如果寻找一种维护分布式和值得信赖的交易记录，区块链技术可能是可行的解决方案。

4. 充分考虑数据质量的影响： 数据源头质量将直接影响区块链上数据的质量和结果。区块链具有不可变性，低质量的数据如果上链，造成的结果将是不可逆的，难以删除和修改，结果就会造成该链上的数据结果可信度大幅度降低。在源头上控制数据质量与在过程中控制数据质量同等重要，这需要政府部门建立良好的数据治理模型，否则将会南辕北辙。

5. 充分考虑谁是真正的控制者： 区块链最常被讨论的好处之一是可以消除对权威机构的需求。但是区块链却是由程序员和区块链公司开发的，那么谁最终拥有政府区块链应用的真正控制权？区块链必须由代码开发人员构建和管理，工程师和其他决策者被赋予了开发区块链平台的权力。这些开发人员是事实上的“中央机构”，他们的组成和行动以及编码到区块链中的基础决策可能不像交易本身那样透明。

这就是说，要搞清谁是区块链的合法管理实体，区块链是公开的还是私有的，公众要求在公共生活的所有领域加强问责制，关于谁控制区块链的决定很重要。

OPSI 认为，“最终需要政府实体熟悉编码过程，即使实际的编码工作已外包，也要确保其适当性并承担责任最终的区块链产品”。

6. 充分考虑可扩展性：区块链技术会使用工作量证明（PoW）或者权威证明（PoA）。工作量证明一般来说不大适用于政府区块链应用，所以也无须考虑区块链应用带来的能耗问题。工作量证明机制难以满足政府处理事务的可扩展性需求，区块链系统可能无法尽快地处理交易，并达到处理能力最大。例如，比特币只是能够每秒处理大约 7 笔交易，这将永远无法与更传统的金融公司竞争，例如 Visa（每秒 1667 笔交易）或贝宝（每秒 193 笔交易）。权威证明更适合于政务区块链应用。

中国信息通信研究院发布的《可信区块链赋能数字政府应用指南（2021）》提出了政府应用区块链的三个基本原则：安全合规、集约监管和建设易用。具体建议如下。

安全合规：首先，政务数字应用应该符合政务体系信息化的信息安全要求，尤其是对保密等级和隐私安全等级要求高的数据，在物理层面、软件层面做好双重保护；其次，政务区块链的一个重要特点是提升信息的透明度和共享度，但是数据共享的合规性需要慎重考虑，做好不可共享数据、可政务内部跨部门共享、可公开数据等的分类甄别；最后，要充分考虑政务区块链建设的可靠性，具备数据恢复的能力。

集约监管：建议由公共数据管理部门统一建设政务区块链基础

设施，避免重复建设及资源浪费，防止数据孤岛化、碎片化。国家网信办发布的《区块链信息服务管理规定》提出，区块链信息服务管理需要政府部门、相关企业、专业机构、社会公众等多方参与，健全完善社会评议、信用公示等手段，不断推进区块链行业自律规范和公共监督约束。在政务领域强监管模式下，政府更需要支持监管机构加入区块链系统进行即时监管，对数据的完整性、有效性和流程合规性进行即时的监督与稽核，并对异常行为进行干预，进行统一监管。

建设易用：政务区块链的建设应符合兼容性、扩展性、易用性等原则，以灵活、可持续的方式进行政务区块链系统的建设与维护。在兼容性方面，系统应支持主流区块链技术与标准，支持系统的兼容性升级，确保在系统版本升级后能正常提供服务，并且能够支持区块链节点与客户端应用的独立升级，确保独立升级的变更不会对交互系统产生依赖；在扩展性方面，政务区块链系统应提供数据存储的扩容技术和方案，并可根据业务需求变化实现功能扩充；在易用性方面，应充分考虑系统软硬件及网络运行的实际情况，采用易于维护、界面友好的系统平台，并能支持对不同的基础区块链平台进行统一资源管理、统一身份认证、统一运营监管、统一生态协同。同时，也要确保软件安装配置易于操作，避免过于复杂。

可以说，该建议对于指导我国数字政府建设应用区块链具有很高的指导价值和很强的实操性。

第二节 可信技术对政务场景的适用性

区块链技术并不适用于每个政务活动的场景，政策制定者必须审慎地依据法律法规的规定和政务活动的目标、过程、对象、结果等要素，对将哪些数据纳入区块链管理作出合适的决策。

在这个过程中，任何人都很难给出界限清晰、边界明确、意图确定的行动指南，因为每个部门、每个政务事项都不同。

但是参考全球政府的区块链技术应用案例，我们依然可以给出某些框架性的指引。

区块链技术特别适用于部分政务场景，通过充分利用区块链的不可篡改性、安全性，可以大幅度提高公共服务的透明度和行政效率。在考虑是否采纳区块链技术的时候，政府部门可以遵循以下原则和步骤。

1. 依据法律、法规要求，政务活动所依赖、产生、处理、输出的数据是否需要具备唯一性、不可抵赖性。

2. 在政务活动中，跨部门、跨地区、跨层级的数据交换是否存在被修改的可能性，且修改不符合法律法规的要求，可能造成某种不透明。

3. 涉及国家强制的安全标准、产品质量标准的实施和执行。

4. 涉及公民个人财产、企业财产的确权、转移、交换。

5. 政府预算执行及其监管。

6. 市场交易行为、合约、条款、标的物的监管。

7. 重大工程、项目的过程监管、资金监管、结果监管。

8. 食品、药品领域的跟踪溯源。

9. 财政转移支付的执行与监管。

10. 公共福利预算的执行与监管。

11. 涉及自然资源的确权、登记、注册、转移、交换、使用。

12. 政府公共资产的注册、登记、监管（如房屋、土地、设备等）。

13. 税收相关的企业过程监管。

14. 防止企业运营的不正当行为和数据欺诈。

例如美国食品药品监督管理局使用区块链来识别、跟踪和追溯遍布全国的处方药和疫苗；选择 IBM 以及沃尔玛、默克和毕马威（KPMG）来协助自己和其他药品供应链利益相关者开发基于区块链的系统。

数字政府应用区块链时也需要审慎考虑是否适用。并非所有的政务数据和政务场景都适合采用区块链技术。在数字政府的区块链应用创新中，什么数据可以使用区块链管理，什么数据不适合使用区块链管理，这是一个首要的问题。

政府部门首先需要审视公共服务的管理规定，按照惯例规定的要求审查哪些数据是不容许更改的，哪些是容许更改的，哪些是高频率更改的。

只有那些按照政府管理场景和规定、符合永久不容许更改的数据才适合用区块链技术进行管理。

比如房地产证明、出生证明、个人身份证明、工商营业执照，这些数据具有持久性、唯一性的特征，且依附于其上有很多权利，如果被误用和更改，将会对个人和企业产生巨大的利益损失，那么这类数据就特别适合使用区块链技术进行管理。

个人隐私数据恐怕就不适合采用区块链技术进行管理。法律和法规要求对个人的隐私数据进行保护，其中最重要的一条是个人可以要求存储数据的机构或者个人删除涉及自己的隐私数据。政务活动涉及大量公民个人隐私数据的采集、交换，那么这些数据的管理必须符合相关个人数据隐私保护的法律和法规的要求，如果与区块链数据管理的基本技术特性不匹配，那么也不适合用区块链技术进行管理。比如个人信用数据是会发生周期性迭代的，信用不良记录在超过一定时间之后是要被删除的，这类数据就不适合用区块链技术来进行个人信用管理。

涉及政府秘密的数据，原则上不适合采用区块链技术进行管理。哪些数据属于秘密的数据，既需要按照国家关于秘密的相关法律和法规执行，也需要参考具体政府活动的场景来区分。比如高级别领导人的行程在出发前和行程中属于秘密，但是在行程结束后秘密性就解除了。这类数据是否适合纳入区块链管理，就需要决策者依靠本部门、本地区的惯例做出决定。但是对于严格属于国家秘密的数据，则不适用于区块链技术。

第三节 确定可信技术对数据管理的原则

数据上链是需要规划的，需要确定原则、方法、工具、流程以及数据的模型。

确定哪些数据适合使用区块链管理，既是一个技术问题也是一个管理问题，所以我们需要制定并遵循一些原则来处理这个问题。不同的部门、不同的业务对数据管理的要求不一样，也面临不同的法律合规性的要求，以下是规划使用区块链进行数据管理的 4 条原则。

1. **明确数据是否可变。**临时性的数据、在业务场景中经常变化的数据适不适用于区块链？如果数据是不可变的，还要区分生命周期内是否可变。

2. **要区分数据管理的要求是不是符合法律要求。**很多数据法律有明确的管理时间要求和管理规则要求，这些要求是不是与区块链管理的数据匹配？比如个人信用数据中某些信用记录按照法律要求在超过时间后是需要移除的，那么使用区块链是不是会造成移除不可行？

3. **要区分数据是不是能够满足个人因素数据管理的要求。**个人的数据如果涉及隐私就需要满足个人对这些隐私数据的控制要求，这些控制要求包括被遗忘的要求、允许特定对象存取修改的要求、彻底清除的要求等。

4. **要区分是用区块链管理数据还是管理对数据的行为。**区块链并不适合存储大体量数据，却可以存储访问数据的行为，例如读取、查询、修改、增加、删除、分发等各种行为，区分数据与数据行为的数据，要弄清楚到底是用区块链管什么，一般来说对数据的行为使用区块链进行不可逆不可篡改的记录更有价值。

数据模型非常重要，数据模型可以理解为对真实世界某个对象的数字化表示，比如在市场监管中对计量设备建立数据模型，用以表征某个特定的计量设备。使用区块链对数字化后的计量设备进行哈希计算，形成不可篡改的数据指纹。

比如在市场交易中签署的商务合同、法院的判决书，都可以形成数据指纹，以核查在数据交换共享中是否被改变，确保数据的真实性。

第四节 建设基于可信技术的基础设施

对于政府部门来说，建设基于区块链的基础设施显然并不只是考虑计算存储带宽资源的调度共享。其核心是能够在不同的部门、地区之间进行安全可信的政务数据的共享。

当一位公民从一个地区迁移到另一个地区之后，如果在当地从事商业活动，比如开办企业进行生产活动，那么就需要与当地政府的企业服务部门打交道。这位公民可能需要在当地提供社保和医保信息、信用信息、银行存款信息、异地资产情况。这些数据来自另外一个地方政府的多个部门。

为了减少公民重复地在多个部门提供各种资料，那么就需要在两个地区的政府部门之间对所出具的证照凭证材料建立某种可信的交互机制。

如果我们把这个公民的行为扩展到多个地区，那么就需要在多个地区的政府建立可信的凭证证照材料交互机制。

建立跨层级、跨地域、跨系统、跨部门的可信交互机制有两个方案。一是分层分域模式。即按照层级和“条”“块”汇聚数据，再通过省级平面进行本省数据共享和跨省数据共享，例如在地市层面和区县层面的数据汇聚共享。当涉及跨市数据共享的时候由地市平台向省平台申请，当涉及跨省数据共享的时候由使用数据的省平台向数据来源的省平台申请。二是区块链服务网络模式。即每个层级的政府部门都可以作为一个区块链节点加入受控的政务区块链网络，作为平等节点共享本部门、本地区、本系统所管理的跨地域、跨系统、跨层级、跨部门的证照凭证及其数据处理智能合约，为其他节点提供调用服务进行证照凭证的可信交换和验证。

区块链基础设施模式的好处显而易见，各个层级的节点可以平等地访问各个“条”“块”的政务数据，通过共识机制和受控的节点加入退出机制确保整个区块链是受保护的、安全的。

第五节 建立新型核心能力平台

政府区块链平台有两个核心平台需要建设，用于满足未来数字政府流程智能化和自动化的需求。

一是区块链政务事务链平台。用于存储、记录各项事务的操作和前后逻辑关系，确保政务事务流程过程合规和提供可信任的前后事项衔接指引，帮助政府事项可以自动智能流转；用区块链建立各部门政务事项的目录清单，用于为公众提供可信的政务服务事项管控。同时，在该服务事项区块链中还可以对服务事项的前后逻辑关系使用区块链，并按照时间顺序存储的特性进行自动链接，为一网通办的服务提供自动化的支持。

二是区块链政务数据链平台。数据链用于记录政务数据操作的行为记录、权属信息、访问权限、流转记录等全生命周期内的信息，用于控制数据的流通。对数据的全生命周期，从数据的采集开始，对数据的汇聚、处置、交换、共享、交易、归档、销毁的全过程进行记录，包括但不限于权属、数据产生及处理设备、位置、组织、人员、价值、所经历的系统、权限等信息进行记录和存证，实现对数据全生命周期的过程管理。

数据链平台和事务链平台构成了数字政务区块链核心平台，事务链和数据链共同组成了驱动数字政府智能化、自动化的基础。

在应用平台上，可以区分领域进行平台建设。以政府区块链协会[79]正在开发的特定领域区块链平台为例，主要有以下几种。

1. **公民服务平台**。提供诸如出生证、结婚证、营业执照、建筑许可证和死亡证明之类的服务。其目标是为不同的政务应用提供能够相互连接、相互操作的可信平台。

2. **紧急管理平台**。从与自然灾害、公共卫生和人为突发事件有关的各种区块链应用程序中收集数据，并为紧急管理人员提供关键的可信实时信息，用于帮助紧急情况管理人员应对紧急情况。

3. **医疗保健交付平台**。允许从区块链应用程序中为患者、医疗服务提供者、管理者、急救人员、制药和设备供应商、社会服务以及执法专业人士收集数据。

第六节 设计满足“三融五跨”的共识机制

所谓“三融五跨”是指：技术融合、业务融合、数据融合；跨层级、跨地域、跨系统、跨部门、跨业务。它是我国推动政务信息化的主要路径。

区块链有很多共识机制，其目标是确保区块链中的下一个区块事实上是唯一版本，任何强大的对手都难以破坏这种唯一性[80]。也就是说，区块链的共识是所有节点都维护相同的分布式账本。

构建政务区块链服务网时选择共识机制需要考虑以下几个基本条件。

1. 各个节点不是匿名的，每个节点都是政府机构或者由政府机构委托的第三方建设运营的。

2. 不同的节点按照政府的层级是拥有不同的职责和权威性的，并不是完全平等的。

3. 政府机构之间的信任度并不依靠工作量来证明，要考虑到节能降耗是政府机构以及整个社会的考核和价值导向。

4. 某些数据的可信性只与某一个部门，即这个数据的生产者，而其他部门都是消费者。

5. 政务服务具有高度的协同性，某个部门的某项服务往往是另外一个或者多个部门的政务服务的前置条件或者后续结果，是一种“服务的网”。

6. 政务区块链网络需要考虑某个节点被黑客劫持或者有假冒的网络节点进行攻击。

韩国学者张世杰等[81]在分析了区块链主要共识协议后认为，当前在大多数区块链系统中使用的共识协议可以大致分为两类：概率最终共识协议和绝对最终共识协议，并分析了区块链共识协议设计需要考虑的因素。

1. 共识协议需要适合系统使用的区块链类型，公共区块链、联盟区块链和私有区块链使用的共识协议不同。

2. 有时某些节点将关闭或脱机，还会有一些恶意节点，这将严重影响或破坏共识过程，优秀的共识协议可以容忍这些现象的发生，并将危害降到最低，以免影响最终的共识结果。

3. 共识协议需要在一致性、可用性和分区容错之间进行权衡。

张世杰团队研究了不同的共识机制特点，如表 8-1 所示。

表 8-1 典型共识机制的特点

共识机制	共识过程	特　点	类　别
PoW	通过计算能力竞争在每一轮共识中选择一个节点来创建一个新块	需要大量的计算能力	概率最终共识协议
PoS	创建新区块的每一轮节点取决于所持股份而不是计算能力	一种节能的共识协议，它是利用内部货币激励的一种方式，而不是消耗大量的计算能力来达成共识	概率最终共识协议
DPoS	让持有股权的节点投票选举区块验证者（即区块创建者）	与 PoW 和 PoS 相比，DPoS 是一种低成本、高效的共识协议	概率最终共识协议
PBFT	PBFT 包含 5 个阶段：请求、预准备、准备、提交和答复，一条消息将经历 5 个阶段，以在这些节点之间达成共识	保证节点保持共同状态并在每一轮共识中采取一致的行动，实现了强一致性的目标	绝对最终共识协议
Ripple	Ripple 中的共识过程是由验证节点执行的，每个验证节点拥有一个称为 UNL（唯一节点列表）的受信任节点列表，每个验证节点将自己的交易集作为建议发送给其他验证节点，最终达成共识	每一轮筛选的门槛都会提高，且交易数量超过 80% 的票数最终将记录在分布式分类账中	绝对最终共识协议

张世杰团队也对比了主要共识机制的容错能力、能耗情况和扩展性（见表 8-2）。

表 8-2 共识协议比较

属性	PoW	PoS	DPoS	PBFT	Ripple
类型	概率最终共识协议	概率最终共识协议	概率最终共识协议	绝对最终共识协议	绝对最终共识协议
容错能力	50%	50%	50%	33%	20%
能量消耗	大	小	小	微不足道	微不足道
可扩展性	好	好	好	坏	好

通过以上分析，我们可以看出在政务区块链服务网中适合使用联盟链，DPoS 和 Ripple 两种机制更适合作为基本共识机制。

政务服务追求绝对的确定性，这是由政务服务的以下特点所决定的。

1. 尽可能低的能耗目标。

2. 由部分权威节点作为验证者与政府的分层分级结构和权威结构具有高度的一致性。

3. 政务服务场景的高度复杂性需要良好的共识扩展性。

因此，选择 DPoS 和 Ripple 两种机制作为政务区块链网络的基本共识机制是合适的。当然，在实际的应用中还需要根据实际情况进行改进或者延伸，或者与其他共识机制混搭。

我们还需要考虑一种场景，即政务系统与企业、行业系统进行互联互通的时候应该采取哪种跨链共识机制。例如政务大数据平台与行业巨头的数据平台共享交换数据。在这种情况下可能还是选择 DPoS 共识机制比较好。当然，这需要政务部门与行业巨头达成协议，并且作为验证者加入政务区块链网络。如果不是行业巨头，考虑到安全因素可能使用 PoW 共识机制更合适。

第七节 规划开发数字政府智能合约

政府可以在政务数据安全可信开放的基础上，通过规划、设计、开发数字政府智能合约来提高政府的效率。这需要在数字政府的建设过程中做到以下几点。

1. 对政务事项进行全流程梳理，找出规则确定、界面清晰、接口明确的政务事项，建立政务事项原子事项库（原子事项是指由一个部门独立负责、可以单独执行的某个政务任务，如身份证验证服务）。

2. 建立政务服务智能合约的标准，通过约定规则、接口、数据、流程，并提供参考实现模型，建立政务服务智能合约标准，以及依托标准的测试和质量控制体系、检测机构，建立政务服务的智能化、标准化产业管理体系。

3. 吸引第三方开发政务服务智能合约。在建立标准的基础上，通过开放政务数据，吸引第三方开发政务服务智能合约。

数字政府的智能合约有以下几类。

一是验证类智能合约，典型的有 4 种。

1. **身份验证类智能化合约**。提供身份的真实性验证服务，例如身份证验证。

2. **证照验证智能合约**。对政府发放的证照提供验证服务，例如房产证真实性验证。

3. **资信验证智能合约**。公民和企业的资信验证，例如对企业融资提供资信验证。

4. 许可授权验证。对政府提供的许可授权进行验证，例如特种设备许可证书验证，或者质量认证验证。

二是协同类智能合约，典型的有两种。

1. 横向政务业务协同智能合约。在一网通办场景中，按照政务事项跨部门协同流程，开发横向业务协同智能合约，对部门的政务行为进行自动化的协同，并使用智能合约对政务事项中的文件、证照、数据进行可信的验证或者交换。

2. 纵向政务业务协同智能合约。在跨层级政务协同事项中，开发纵向智能合约，实现基于清晰授权和规则的自动审批、自动授权以及自上而下的督办。

三是数据协同类智能合约，典型的有 4 种。

1. 数据自动共享智能合约。在共享主体之间建立数据共享规则，当满足条件时，触发共享智能合约，自动实现数据共享。

2. 数据流通智能合约。使用智能合约对数据的流通和交易进行自动化的处理，对数据的流通过程使用智能合约记录流通过程，用于数据的交易确权和价值分配。

3. 数据隐私智能合约。开发数据隐私管理智能合约，为个人、政府机构和企业的数据进行精细化的、智能的隐私管理服务，实现数据的精准、实时、安全授权管理。

4. 数据安全智能合约。开发数据安全管理的智能合约，实现对数据安全管理的自动化。

除了以上几类典型的智能合约，几乎在每一个政务服务场景中都可以使用智能合约对服务事项进行管理和协同，单纯依靠政府是不可能完成的，政府的职责是建立规则和标准，开放数据，建立政务智能合约生态，逐步实现政府服务的可信管理和自动协同。

第八节 建立分布式的身份管理系统

为公众提供可管理的数据隐私保护有助于建立公共服务的可信度，这也是数字政府建设的基础。只有当公众确信政府部门不会滥用个人隐私数据的时候，才能在政府与公众之间建立互动更加优化的数字化公共服务体系。所以，建立一个去中心化的身份管理系统是必要的。

世界银行的报告[82]确定了身份系统的三个总体目标：纳入和获得基本服务，例如医疗保健和教育、选举权、金融服务和社会安全网计划；有效和高效地管理公共服务；透明的政策决策和较完善的治理，尤其是减少重复和浪费。

荷兰格罗宁根大学的奥斯卡·格斯特林（Oskar J.Gstrein）指出："鉴于区块链的透明性和不变性，个人信息绝不应存储在区块链本身上。但是，区块链可用于跟踪许可和对链下存储的个人身份数据的访问，从而创建可审核的信息访问轨迹。除了标准化的 DID 方法外，区块链还可用于记录和最终撤销声明或证明，用于授予和撤销对个人数据存储的访问权限，以及可能特定于特定身份系统的其他功能（如作为有关虚假证明的争议解决系统的一部分提出和解决的索赔）。"

第九节 开发部署政务区块链的应用

开发部署政务区块链应用需要考虑两个方面的因素：一是影响区块链项目成功与否的因素，二是区块链技术对政务应用场景的适应性。

我们先来看影响区块链项目成功与否的因素。

有关影响区块链项目成功失败的因素，经合组织在一篇有关区块链应用在数字政府中的报告[83]中给出了一个具有很高参考价值的分析，旨在帮助政府确定区块链解决方案对于解决问题是否可行、是否有价值和是否至关重要。此外，该报告还讨论了影响区块链项目成功与否的因素（见表 8-3）。

表 8-3 影响区块链项目成功与否的因素

影响因素	类 型	具体描述
清晰的价值目标	成功	具有明确的、具体的业务目标
适当的技术	成功	使用适当的（适合用途）技术（未必是最先进的技术）
利益相关者管理	成功	识别利益相关者并能够适当地管理利益相关者
以用户为中心	成功	最终用户积极参与服务设计
实验性	成功	具备解决问题的能力，能应对不可预见的机遇
破坏性	失败	项目高度复杂且难以实施
扩展性	失败	具有有限的可扩展性
法律不确定性	失败	存在法律或法规监管不清晰的问题

当然，政府部门在推动区块链应用项目的时候，还需要考虑其他因素，经合组织的建议是要从以下 4 个方面进行统筹考虑。

1. 确定应用场景是否只能使用区块链技术满足需求。

2. 对区块链技术有基本的了解和掌握。

3. 对可能导致项目成功或不成功的因素有清醒的认识。

4. 对组织的数字化成熟度有清醒的认识并具有推动项目走向成功的能力。

在区块链应用开发项目的成功因素中，技术并不是唯一要考量的因素，更多需要从问题出发、从本地区本部门的实际出发，还需要有合适的人才和与之匹配的数字化系统和机制。

区块链技术更适应政务应用场景，是为了最大化发挥区块链的技术优势，应用合适的技术解决问题或者创新。我们从应用场景、区块链应用模式、相关区块链技术特性和应用价值四个维度，建立了一张政务区块链应用开发地图（见表 8–4），它是一个政务区块链应用开发快速检索工具。

假设某个政府部门需要开发政务数据共享的区块链应用，那么通过政务区块链应用开发地图，我们可以寻找到政务数据管理领域中的数据共享场景，在该场景应用开发中，可以看到应用区块链的隐私计算技术、分布式账本技术、不可篡改能力、智能合约技术实现政务数据在多元主体之间的高可信度数据共享、避免数据滥用，实现多个部门政务数据安全可信共享，从而提高政务数据共享的可靠性、不变性、真实性、可审计性。也就是说，对于政府信息化项目管理部门或者政务区块链应用开发者来说，可以应用政务区块链应用开发地图快速地检索出应该利用区块链的何种技术来解决特定场景下的何种问题并能够产生何种价值。

表 8-4　区块链在数字政府数字治理中的典型场景

应用领域	应用场景	应用模式	区块链技术特性	应用价值
政务数据管理	数据存储	高级别数据安全性、透明度，减少潜在的篡改。每个部门负责其数据存储，并通过区块链分布式账本技术安全地存储信息	难以篡改、不变性、安全性、避免欺诈和重复	可靠性 不变性 真实性 审计性
	数据共享	高可信度数据共享、避免数据滥用。每个部门负责其数据共享，并通过区块链共享准确的信息	隐私、安全、不可逆、智能合约、共享信息、避免欺诈和重复	可靠性 不变性 真实性 审计性
	数据处理	高级别数据安全性、透明度，减少潜在的篡改。每个部门负责其数据处理，并通过区块链准确、安全、不可逆地记录处理行为	智能合约、难以篡改	可靠性 不变性 真实性 审计性
	数据开放	高可信度数据共享、避免数据滥用 每个部门负责其数据开放，并通过区块链安全地开放数据信息	隐私、智能合约	可靠性 不变性 真实性 审计性
	数据安全	高级别数据安全性、减少潜在的篡改，保证数据的完整性 每个部门负责其数据安全，并通过区块链控制数据的采集、存储、处理、访问、共享、开放等行为	难以篡改、避免欺诈和重复	可靠性 不变性 真实性 审计性
身份验证	数字身份、身份证、工作卡，驾驶执照，出生和结婚证明	高可信度数字身份证明、唯一性、减少潜在的篡改、不可抵赖 可信共享，减少文件等待时间	难以篡改、不可抵赖、唯一性、隐私性、避免欺诈和重复	可靠性 不变性 真实性

续表

应用领域	应用场景	应用模式	区块链技术特性	应用价值
存证	土地、汽车、房屋、厂房、毕业证	高可信度数字化资产证明、唯一性、减少潜在的篡改、无欺诈的公证服务	难以篡改、不可抵赖、唯一性、隐私性、避免欺诈和重复	可靠性 不变性 真实性
透明交易	公共财政资金支付、扶贫资金分配、福利分配	交易行为数据的完整性、交易主体的唯一性、数据安全性、减少潜在的篡改、基于机器的信任	难以篡改、智能合约、透明度、不变性、避免欺诈和重复	可靠性 不变性 真实性 审计性
流程自动化	重组组织流程	机器可信任、自动化合约、基于机器的信任	智能合约、避免欺诈和重复	可靠性 不变性 真实性
透明监管	食品监管、药品监管、环境监管、市场监管、工程项目监管	监管数据安全性、减少潜在的篡改、自动触发监管执行、高可信度执法数据信息、基于机器的信任 重塑食品药品供应链关系、环境与市场被监管互动关系，如临床病理数据，药物分布和多种产品的供应链阶段等，有助于更有效地监控和控制	难以篡改、智能合约。 区块链数据处理和存储，以实现更好的管理，透明度和不变性	可靠性 不变性 真实性 审计性
公众参与	投票、表决	高度隐私、不可逆；保证区块链提供的数据安全，投票的透明性和可靠性 提高公众的参与度，以及在重大事项决策上的客观度	隐私、避免欺诈	真实性
政府合同管理	招标	招投标行为数据的完整性、行为主体的唯一性、减少潜在的篡改、自动化合约、基于机器的信任。减少职务违法现象，提高合同履约效率，控制合同风险	难以篡改、智能合约、透明度、不变性	真实性 审计性

续表

应用领域	应用场景	应用模式	区块链技术特性	应用价值
政府合同管理	采购	采购行为数据的完整性、行为主体的唯一性、减少潜在的篡改、自动化合约、基于机器的信任。减少职务违法现象，提高采购效率，控制采购风险	难以篡改、智能合约、透明度、不变性	真实性 审计性
	付款	自动化付款、可信任付款数据、减少潜在的篡改、基于机器的信任	难以篡改、智能合约、透明度、不变性	审计性
公共资产管理	土地、房屋	新的管理公共资产的方法	防止任何形式的篡改	可靠性 不变性 真实性 审计性
	融资	高可信度数字化资产证明、唯一性、减少潜在的篡改、无欺诈的公证服务	难以篡改、不可抵赖、唯一性、隐私性、避免欺诈和重复	可靠性 不变性 真实性

具体到政务区块链应用的开发，从技术角度包括选择开发语言、确定区块链开发平台、选择设计共识协议、选择部署的区块链网络类型、设计可扩展性、设计交易处理量和处理速率等因素，具体可以参考区块链应用开发的相关技术书籍或者互联网上公开的技术文献，本书不作赘述。

第九章

数字政府可信数字设施构建

Trusted Digital Infrastructure for Digital Government

第一节 数字政府可信数字设施框架

一、区块链即服务

"区块链即服务"（BaaS）的理念来自"软件即服务"（SaaS），背后的技术理念都是希望能够简化、降低用户学习新技术、运维维护、升级迭代新技术的门槛，让用户专注于自己的业务流程、业务功能的设计。

在维基百科的定义中，BaaS 允许企业使用基于云的解决方案在供应商开发的区块链基础设施上构建、托管和使用自己的区块链应用、智能合约和功能。就像使用 SaaS 的增长趋势（其中以订阅方式提供对软件的访问）一样，BaaS 用户可以访问具有所需配置的区块链网络，用户无须开发自己的区块链并建立有关该主题的内部专业知识。

目前很多公司都有自己的 BaaS 服务产品，蚂蚁链 BaaS 平台、京东 BaaS 平台、数字星球区块链 BaaS 平台、宝能区块链 BaaS 平台。百度智能云联盟链 BaaS、华为 BaaS 平台、中国移动“移动云链”BaaS 平台等。国外的 IBM、亚马逊、微软、谷歌、脸书等也都有 BaaS 平台产品。

BaaS 平台提供商通常会提供基础设施服务，例如带宽管理、计算资源分配、托管服务和数据安全功能。

二、区块链服务网络

区块链服务网络基础白皮书（简称“BSN 白皮书”）[84] 对区块链服务网络（Block chain-based Service Network，BSN。）的定义是：一个基于联盟链技术和共识信任机制的全球性基础设施网络，其目标是致力于改变目前联盟链应用的局域网架构高成本问题，以互联网理念为开发者提供公共区块链资源环境，极大降低区块链应用的开发、部署、运维、互通和监管成本，从而使区块链技术得到快速普及和发展。

按照 BSN 白皮书的观点，传统联盟链是有弊端的，主要是各参与方需共建一个共识排序节点，以及单独建立、运维自身专属的记账节点。每个节点所需要的计算存储带宽资源都需要通过互联网或云服务内部网络连接在一起，从而形成类似局域网的孤立的区块链应用。“孤岛”显然不是大家愿意看到的，毕竟造成了资源的浪费，更关键的是在传统联盟链中，各个区块链应用还是无法互联互通，很多事情在开发的时候还需要重新做一遍。

在这种情况下，开发区块链服务网的想法应运而生：为何不建立一个具有同一个共识机制的许可联盟链？整合计算、存储、带宽、安全、区块链基础能力和服务，为应用方提供一个集成的环境，同时充分利用区块链分布式存储和资源管理的能力，把各地的分散资源进行集成，用户无须关注资源和服务的位置，只需要按照业务需求调用即可。

BSN 白皮书对“服务网络”的描述是：由公共城市节点和共识排序集群服务组成。每个城市可以建立一个或多个公共城市节点，所有城市节点通过互联网连接起来，形成物理城市节点遍布全国（未来到全球）的 BSN 网络。区块链应用的发布者只需将应用部署到服务网络的多个城市节点上，参与者即可通过城市节点网关进行几乎无成本的接入。

从 BSN 白皮书的视角来看，区块链服务网络是由分布在不同城市的云计算服务商提供的，这些云计算服务商通过部署 BSN 联盟提供的区块链组件加入 BSN 网络，提供集成了计算、存储、带宽和区块链能力的服务。通过这样的方式，实现了各个城市云计算资源的共享。这是一种计算资源集成商共享区块链能力的方案。

三、政务区块链服务平台典型框架

政务区块链服务平台由四部分组成：区块链服务、区块链节点、共识机制、基础设施。

政务区块链节点由云计算平台和区块链 BaaS 平台共同组成，提供计算、存储、带宽和区块链服务。

我们以欧洲区块链服务基础设施（EBSI）为例来说明区块链节点的结构。EBSI 是欧盟委员会与欧洲区块链合作伙伴关系（EBP）的一项联合计划，旨在通过使用区块链技术提供整个欧盟范围内的跨境公共服务。

图 9-1 是 EBSI 的节点架构图，由四部分组成：用例层、核心服务层、链与存储服务层、基础设施服务层。

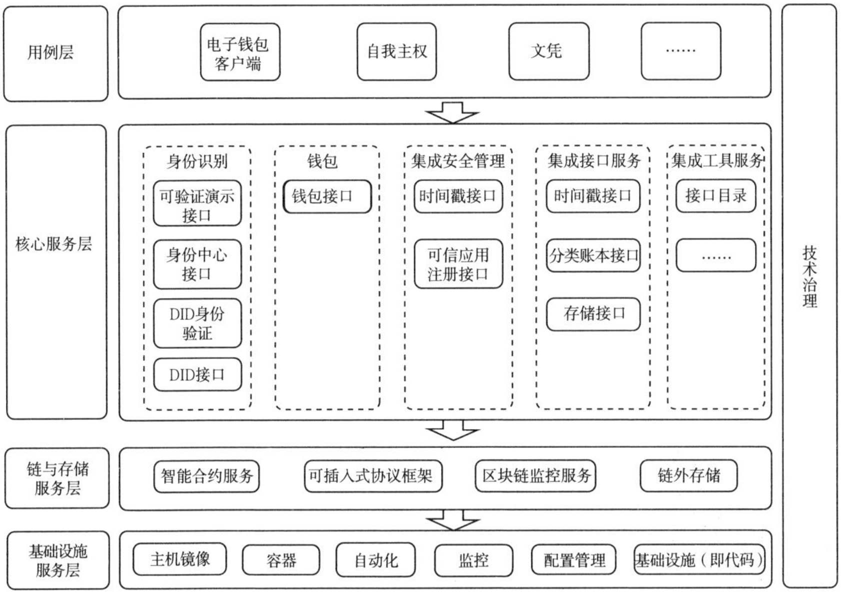

图 9-1 EBSI 的节点架构图

用例层：用例层是 EBSI 开发的一类示例应用程序，主要是向潜在用例所有者、成员国或欧盟机构演示 EBSI 核心平台和网络的功能，向开发人员展示如何使用核心服务 API，公开 EBSI 用例的初始功能集。

欧盟的 EBSI 是一个跨国、跨机构的区块链服务技术架构，从基础设施服务层、链与存储服务层、核心服务层和用例层提供了一个完整的技术框架，并且已经在欧盟的多个国家进行实例化部署，对于我国建设区块链服务网络在技术、安全管理、法律合规性，尤其是在面向国际市场提供服务上具有技术参考价值。需要详细了解 EBSI 技术架构的读者可以通过 EBSI 的文档网站[85]获取详细信息。

核心服务层：这是 EBSI 为上层用例层提供接口服务的一层。通过该层的服务，区块链应用可以调用 EBSI 提供的各种能力服务，无须与底层能力打交道。通过屏蔽底层细节，对应用提供标准接口，提高了应用的移植能力和跨节点兼容性。

EBSI 的 1.0 版本主要提供两类服务：一是核心“增值”服务，即身份识别和钱包服务；二是提供基础设施服务，即链外存储服务，有接口安全管理和集成接口两种服务。

链与存储服务层：该层包含 EBSI 当前支持的区块链协议，并增加了区块链数据存储功能，其主要目标是实现不同成员国和不同应用之间的互操作，方法是提供集成的区块链协议。其主要功能包括以下几点。

1. 智能合约服务：不同的协议有不同的智能合约引擎、编程语言和开发工具。该服务主要是对不同协议的智能合约开发、测试和审计提供分类工具支持，例如 EBSI 已经有两个智能合约：Besu 智能合约和 Fabric 智能合约。

2. 可插入式协议框架：EBSI 为了满足未来不同用例对不同特性的协议的需求所设计的一种协议集成框架，实现协议组件的集成，提高互操作性和对新应用的支持能力。

3. 区块链监控服务：为欧盟的成员国、欧洲机构和第三方的运营和开发人员提供共享账本状态监控和维护的服务，例如提供块浏览器作为工具。

4. 链外存储：为应用提供普通的存储服务，满足应用的需求，毕竟并非所有的应用数据都要上链。好处是降低区块链节点之间流量交换量、减少存储或者满足法律法规的管制要求。

基础设施服务层：基础设施服务层是 EBSI 节点的基础架构，包括网络、计算和部署功能，用于聚合开发、构建、测试和部署以及维护 EBSI 节点映像所需的所有工具、方法和服务。基础架构层内的任何服务都不会直接暴露给用户，该层用于管理 EBSI 节点映像和所有更高层的服务。主要功能包括以下几点。

1. 主机镜像：提供预构建 EBSI 节点镜像的服务。

2. 容器：构建高层服务的 Docker 容器的服务。

3. 自动化：用于持续集成和交付更高层服务的服务。

4. 监控：在基础结构层上监控服务的服务。

5. 配置管理：为每项服务生成配置策略的服务。

6. 基础设施（即代码）：生成用于定义主机镜像的脚本的服务。

以区块链服务网络（BSN）为例，政务区块链网节点架构

BSN 是一个基于联盟链技术和共识信任机制的全球性基础设施网络[84]，是由中国国家信息中心、中国移动、中国银联、北京红枣科技共同发起运营的一个区块链基础设施网络。

BSN 网络结构与节点架构

BSN 白皮书对 BSN 的网络结构和节点架构做了介绍。

1.BSN 的设计和建设初衷是：提供一个可以低成本开发、部署、运维、互通和监管联盟链应用的公共基础设施网络。

2.BSN 由公共城市节点和共识排序集群服务组成。其中公共城市节点是“服务网络的基础运行单元，其主要功能是为区块链应用运行提供访问控制、交易处理、数据存储和计算力等系统资源”，实际上是云服务资源池。

3. 加入 BSN 网络需要完成以下工作：安装公共城市节点软件才能并入 BSN 整个网络，成为 BSN 服务网络上的一个城市节点。每个城市节点均动态部署一定数量的公共交易背书和记账节点。

4.BSN 为所有应用提供统一的共识排序集群服务，支持集中式集群和分散式集群两种方式。

5. 权限管理链中用于管理每个应用内角色与权限配置关系的系

统基础链，部署在所有的城市节点内，为各应用提供统一链上存储、应用开发者完全控制、基于应用角色访问控制模型（Application Role-Based Access Control，ARBAC）的权限管理机制，提供联盟式和集权式两种组织管理模式。

6. 智能网关负责链下业务系统与城市节点之间的适配，除了提供应用身份认证、操作鉴权和接入管理外，还提供通用和易学的网关接口标准，使服务网络的复杂性对外部业务系统隐藏，从而帮助链下业务系统简单、高效地使用服务网络。

BSN节点系统结构[86]提供一站式的区块链运行环境（9-2），开发者无须再单独购买云服务或硬件服务器去搭建和维护自己的区块链系统。

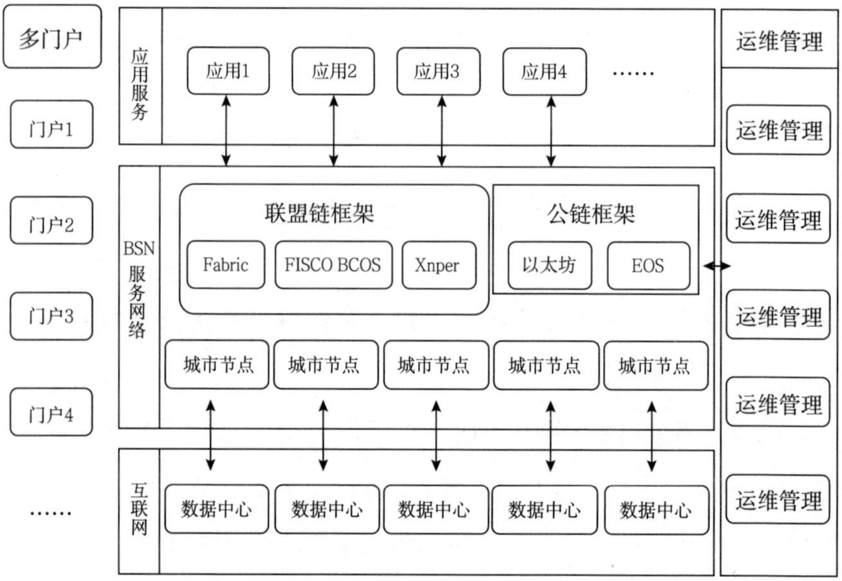

图 9-2　BSN 节点系统结构

按照区块链服务联盟的说法，接入BSN网络是遵循互联网精神的：公共城市节点的建设可充分利用闲置和已有的云服务、数据中心，无须重复投入。全球任何拥有云服务或数据中心资源的机构均可以在符合服务网络标准和规范的前提下，申请建立城市节点并接入服务网络。BSN 服务网络是不同主体之间互联互通组成的，并不属于单一的所有者，这一点类似于互联网，不同的网络节点互联共同组成互联网；但是每个 BSN 的节点是由某个主体建设的，依托其所拥有的网络和计算资源，按照 BSN 的技术架构建成一个区块链节点，提供全部或者部分区块链服务。

BSN 为政务区块链节点建设提供了广泛互联的基础设施，政务部门可以利用已有的政务云资源，通过部署城市节点软件接入 BSN 网络。由于政务部门有自己的安全考虑，BSN 还推出了 BSN 专网 [87]：通过在内网或局域网之上搭建区块链应用的运行环境，为各个“业务系统方利用统一 ID、统一网关和统一管理，直接接入专网内提供的区块链环境接口，即可实现业务系统的区块链升级和区块链化改造，无须再为每个应用搭建单独的区块链环境”。

BSN 的主要角色与服务

BSN 的参与者共有三种类型 [88]：云服务提供商、区块链框架提供商和门户运营商。

云服务提供商可以通过安装免费的 BSN 公共城市节点软件来使其云服务资源（计算能力，存储和带宽）可访问，并通过 BSN 出售给最终用户。

区块链框架提供商符合 BSN 的框架适应标准，并将其部署在 BSN 上，以便开发人员可以使用它来开发和部署应用程序。无许可服务仅适用于 BSN 国际门户网站和国际公共城市节点。

门户运营商可以使用 BSN API 在其现有网站上轻松快速地构建

区块链即服务平台。这使他们能够向最终用户提供 BSN 功能，而无须用户离开其网站。

BSN 的主要服务

BSN 提供三种类型的服务：许可服务、免权限服务和链间服务。

许可服务[89]是 BSN 提供的核心服务之一，目标是使开发人员能够轻松地在其选定的公共城市节点上基于许可区块链的框架发布去中心化应用程序（DApp）。能够大幅度提高 DApp 的运营效率，并在智能合约编程方面更加灵活。

免权限服务允许参与者选择公共城市节点以访问免费计划或高级计划的计划。该服务仅适用于 BSN 国际门户和国际公共城市节点，为开发公共链 DApp 的开发人员提供涵盖众多公共链节点的统一访问服务。

链间服务提供跨链机制，实现了区块链之间的数据共享和业务协作，打破了链之间的孤岛，使数据能够安全可靠地在多个链之间流动，具备支持同构链和异构链、任何信息跨链、容易访问、事务支持、安全等特性。

跨链系统的主要功能包括：跨链注册管理机制、跨链合同功能、跨链交易验证、跨链消息路由协议、跨链交易原子性保证等。

政务服务网区块链底层基础设施

区块链不能建构在空气里，必须建构在基本的算力、存储和网络基础设施之上。

政务区块链服务网络的基础设施是指为政务区块链节点提供计算、存储、带宽能力的云计算设施。区块链服务网络发展联盟在 BSN 白皮书中对基础设施进行了比较清晰的描述。

1. 承载区块链的基础设施本质上是一个包括计算力（CPU）、存储和网络资源的资源池。

2. 完整的区块链运行环境，支持多个区块链底层框架、记账节点、CA 管理、权限链、城市节点网关和城市节点管理系统等。

3. 资源池是某个云服务设施或者数据中心（IDC）的全部或者一部分。

各地的政务云可以成为政务区块链服务网的基础设施载体，使用一部分资源，通过部署区块链环境完成。当然，政务云可以基于 BSN 的模式委托本地云服务商构建和运营。

第二节 政务数据可信开放的价值

实践智慧合伙公司（Phronesis Partners）是一家全球研究和分析公司，该公司研究了将区块链用于政务数据开放的价值。在一篇名为《开放治理之路：区块链能否改变游戏规则？》（*The road to Open Governance*：*Can Blockchain be the game changer*？）[90] 的分析文章中，该机构指出，凭借引人注目的去中心化主张，区块链能够提供安全、透明和开放的活动、信息和决策视图，从而推动开放的创新文化发展并重塑政府服务。在该机构看来，随着开放数据计划的不断扩大，政府必须确保这些数据易于访问、免费使用且不受恶意软件的干扰。

而区块链可以帮助政府成为更加开放的政府，该机构提出了区块链对政务数据开放的三类价值。

一是重构信任。在区块链上记录交易时，只有相关人员（而不是第三方）才能确定条目。区块链上的每个参与者都将拥有所有交易的副本，这几乎无法篡改。出现伪造的情况时，区块链可以轻松识别来源是否可以信任。数字身份是区块链增强信任经济的主要应用之一。传统上，政府一直通过易受黑客攻击的计算机系统发布和监控其公民的ID。但是区块链可以帮助政府引入数字发行的身份证明，从而创建一种安全的机制。这样的标识可以在世界任何地方使用，并可以让个人证明自己的身份，与家人联系，甚至不用银行账户就可以收钱。在主要公共服务中使用区块链将允许政府与其公民之间进行安全的数据共享，进而增强公众对政府的信任。

二是再造透明。区块链提供了一种新的方法来提升政府和公民之间的透明度、促进协作。在分布式共享分类账上记录信息集可增加公众对政府流程的了解。重要信息可以被普遍共享，从而无缝刺激真正的开放性。尽管透明性并非真的在每种情况下都支持隐私概念，但区块链具有独特的能力来确保高级别的隐私以及更高的透明度。对于一个开放的总账来说，创建如此有破坏性的透明度，这也许是其最有趣的特征之一，并且具有打破官僚主义的能力。

三是明确问责。记录在区块链上的事件永远不会消失，它们永远存在于分布式数据库中。通过这种方式，区块链可确保真相的单一版本。既然政府是公民的代表，就应对他们的决定负责。政府内部采用这种技术将使政府官员的决策、公开会议的记录永远存储在分类账中，从而为公民提供真正的负责制度。存储的数据将是无可辩驳的，并且将构成一个基于事实的问责系统。

第三节　政务数据可信流通的框架

一、确定需要使用可信技术的原则

确定数据是在组织内部开放，在不同的组织之间开放，还是在公众范围内全部开放，这是数据开放需要考虑的首要问题。如果是在组织内部开放，可能并不需要使用区块链技术；如果是在组织之间开放，就需要使用区块链进行管理；如果是面向公众开放，则需要区块链技术提供安全可控的行为记录。

通过沟通明确数据属性，确定使用区块链进行管理的类型和方式。一是在组织内部通过征求各部门的反馈，明确可以使用区块链进行开放的数据集；二是在不同的组织之间，通过业务场景的关联来确定哪些数据可以或者必须使用区块链进行管理。一般来说，必须使用区块链管理的数据，涉及组织内部的，或者在组织之间进行流程协同，过程中需要提供可信数据，那么使用区块链来支持数据开放就是必要的。例如，深圳高度重视区块链在数据开放和应用上的价值，在《深圳市数字经济产业创新发展实施方案（2021—2023年）》中[91]，提出要“支持推广高并发、高吞吐、低延迟、高可靠性的区块链示范应用，探索区块链在智慧城市、数字政府、金融、民生、存证、数字产权交易、信用体系建设等领域的应用示范”，并把区块链应用于车船税电子完税证明场景，实现了代收代缴、委托代征场景中的开票，保证了税票信息实时上链、真实不被篡改和可信实时查验服务。北京经信局推动北京数据交易所和北京政务资源网互联互通，将区块链技术作为底层技术，构建了高可信“动态交易账本”，首创了基于区块链的“数字交易合约”新模式。为数据供需双方提供可信的数据融合计算环境。

要确认哪些数据在流通过程中涉及价值的分配，对于涉及价值分配的数据，建议使用区块链技术对价值即产生价值的行为进行记录，这一点对于政务数据的价值运营至关重要。

最后，建立一份共享的数据集合清单，用于共享可以通过区块链开放的数据。

二、建立数据开放的智能合约管理与服务体系

智能合约能够大幅度降低政务数据开放的管理成本，提高政务数据开放的效率。例如在政务数据开放平台上，通过引入智能合约可以实现对政务数据开放申请的秒批，无须人工再进行干涉。对于政府部门来说，对各类数据建立智能合约本质上是对数据管理规则和业务规则的一次“土地平整”，是把“生数据”变成“熟数据”的过程。

在实施数据智能合约管理的过程中，需要区分业务规则和数据规则之间的映射关系，如何把业务规则映射为数据规则，可以参考《DAMA 数据管理知识体系指南》。

智能合约需要按照不同的用户进行设计，这本身是一个与不同用户群体达成共识的过程。其用户来源包括政府内部不同部门、政府与企业之间、政府内部不同层级之间、不同区域的政府之间，以及政务数据的使用者、开发者与政府数据平台的运营者、所有权人，例如与开发者建立数据使用智能合约、与数据源建立数据供给和控

制智能合约、与监管者建立审计监督智能合约，为数据及在数据上发生的行为提供审计、法律合规性的规则，当违规行为发生的时候，能够自动触发监管行为，与企业建立数据共享交换的智能合约。

公共管理学者张楠和赵雪娇[92]提供了一个基于智能合约的政务数据共享架构，“通过融合公共管理领域跨部门协作理论和区块链智能合约技术，提出‘制度—业务—系统’的多层次数据共享分析框架”。这两位学者认为，可以将区块链看作一种“管理范式”，其核心制度就蕴含在智能合约中。通过智能合约机制在区块链上自动运行，多个政府部门在约定条件下可以共享数据并协同完成一个业务过程。使用智能合约建立跨部门数据共享的机制需要经过共同参与制定一份数据共享的合约、在区块链网络上进行合约发布及智能合约自动执行数据共享三个步骤。张楠和赵雪娇的“制度—业务—系统”框架非常有参考价值（见图 9-3）。

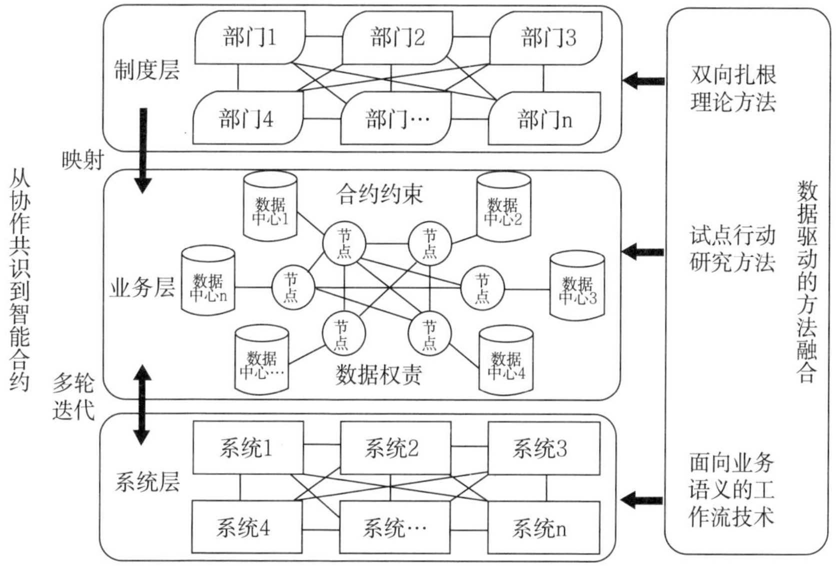

图 9-3　“制度 —业务—系统”框架

这个框架的核心是制度层的协作共识、建模业务层的共识映射合约建构系统层的智能合约运行。张楠和赵雪娇指出，区块链技术的出现，有望提供一种厘清业务层数据共享的可能性，帮助协作共识嵌入智能合约，使未来系统层高频数据交换与互用能够遵循制度层和业务层的基本逻辑。该框架可以作为政务数据基于智能合约共享交换的基本参考模型。

三、建立数据交换共享区块链服务总线

政务数据交换和共享的模式有以下两种。

一是横向数据交换共享模式。在同一层级政府中，不同职能部门之间进行数据交换和共享。目前政府经济社会管理正在向“大”转变：大市场监管、大城市管理、大交通体系、大环境管理等，涉及某个职能部门主导的同时需要打破条条分割，通过数据共享来实现对所管理、所服务、所监管对象的全生命周期、全流程环节、全方位视角的积极治理、主动治理、源头治理。区块链服务总线在横向数据共享中就会涉及跨链共享，在不同的许可链之间，通过部署跨链数据交换节点提供数据共享服务。在横向数据交换模式下，区块链服务总线本身并不适合高效快速地传递数据，其主要作用如下。

1. 存储数据的“指纹”。确保在数据交换的过程中所有人都可以确认数据的真伪，是否被篡改过、是否可信。

2. 控制数据操作的权限。通过智能合约控制数据的操作行为和操作权限，提供自动化的数据审批管理，提高部门之间数据共享的流程效率，降低管理成本。

3. 记录数据操作的行为。对数据交换过程中的操作人、操作行为、数据流转位置、数据价值变化情况进行区块链管理，为数据的

审计和价值管理提供可信的服务。

4. 提供结果交换而不是数据交换。如果某个部门或者某个数据并不希望把数据与其他部门共享，那么可以建立部门与部门之间的数据智能合约。当需要数据服务的时候，数据需求方激活智能合约，由数据提供方按照智能合约处理数据，通过区块链反馈计算结果，同样可以做到结果可信。

二是纵向数据交换共享模式。不同层级政府需要通过不同的职能部门与上级职能部门的系统和下级职能部门的系统进行数据交换。目前在市场监管、城市管理、工商管理、教育、环境保护、应急管理等多个领域，随着大部制建设，陆续建立和形成了国家—省级—地市三级平台，国家正在按照“三融五跨”建设具有现代治理能力的技术体系。我们可以按照政府垂直管理的模式，形成自上而下的同一个大区块链，是一种技术最优、经济价值最优的方案。例如，市场监管部门可以建立市场监管的许可链，自国家总局到省局到地市局到区县局，都可以成为同一区块链的节点，进行数据共享交换。在这种模式下主要是链内数据共享交换。

在纵向数据交换模式下，区块链服务总线本身同样并不适合高效快速地传递数据，其主要作用如下。

1. 在自下而上的数据交换中，确保数据不会被篡改。

2. 在自上而下的数据共享中，确保数据分级分层授权，依法依规使用。

3. 通过智能合约实现数据的自动化、安全、合规、高效地上下流动。

四、政企数据共享、可信交换的模式

政府在城市管理、社会管理、经济管理中，需要与企业进行数据共享交换。这些企业主要是大型互联网平台、电信运营商、银行以及在某个产业处于垄断或者龙头地位的大型企业。从数据资源的属性来说，企业部门的数据携带企业经营管理的高价值、高隐私信息，具有商业价值。对于企业来说，如何可信地与政府业务平台进行数据交换是优先考虑的问题，所有企业往往并不愿意直接把数据向政府部门开放。这里面存在一个值得探讨的问题，即在企业内部对数据进行处理，向政府部门提供数据萃取后的结果信息，是否能够满足政府经济社会管理的需求？在某些场景下，甚至大部分场景下可能都是可以的。但是对政府来说，如何确保企业提供的结果是可信的？这就是一个双向互信的问题。在面对这个问题的时候，我们要考虑到企业和政府都是由人组成的，组织的可信并不代表个人的可信。那么，使用区块链技术建立政府与企业的数据交换共享就更加符合实际的需求。政企数据交换可以遵循以下步骤。

1. 政府和企业共同确定哪些数据是可以直接共享的，哪些数据是需要提供数据萃取后的结果就能满足要求的。

2. 使用区块链的不可篡改性对数据的处理记录进行全生命周期的存储。

3. 政府与企业共同开发数据管理的智能合约，并对智能合约进行法律、规则层面的认定。

4. 政府可以建立并保存有关企业的某项事务的数据指纹，并不保存该项事务的具体数据，只要企业与政府平台交换数据指纹即可确保所提供的数据是真实可信的。

5. 政府内部的区块链和企业的区块链需要设置跨链数据交换系

统，不建议政府与企业共同组成一个联盟链或者许可链，在产权、责任和维护上避免产生分歧和潜在问题。

6. 政企数据交换共享应该本着“最小必要性”原则。只有监管行为必需的时候或者在政府公共服务过程中必需的时候才进行数据交换和共享，且要对必要的相关决策进行区块链存证。

五、以区块链建立数据共享交换设施

国际电信联盟（ITU）提供了一个基于区块链的数据交换和共享的功能模型[93]。该功能模型包括安全性和隐私性功能、可信数据汇聚功能、分布式数据处理功能、数据共享与交易功能，如图 9-14 所示。

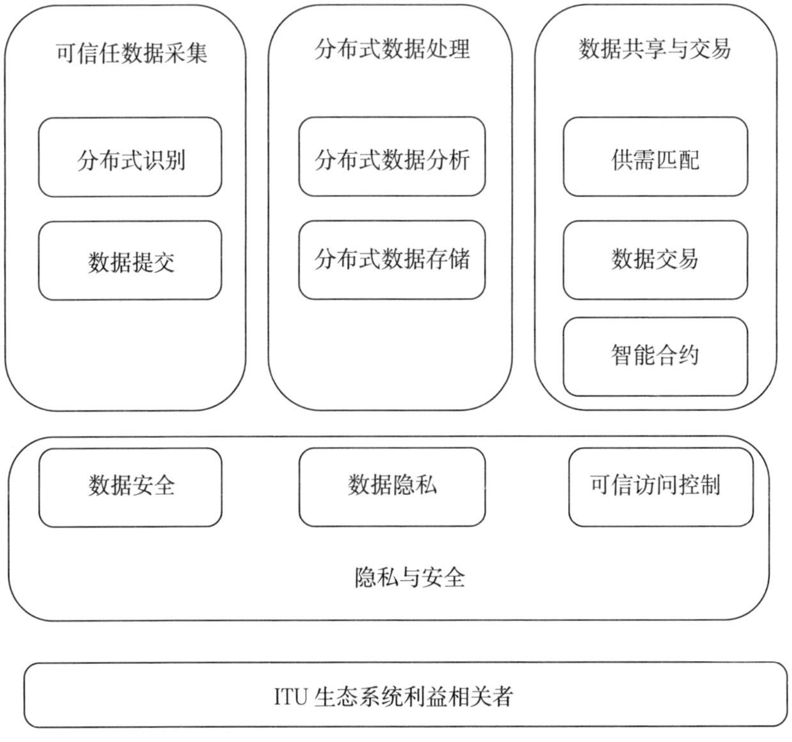

图 9-4　ITU 基于区块链的数据交换和共享的功能模型

可信数据汇聚功能包括分布式标识和数据提交功能。

分布式身份识别功能提供基于区块链的身份识别机制和使每个利益相关者都能参与受信任的身份管理，而不是传统的集中式权威身份管理。

数据提交功能提供基于区块链的集成的、可审核和可追溯的数据物联网设备的收集机制。

运用分布式数据处理功能将原始数据传输给有意义的信息，以进行可靠的决策。它的功能包括分布式数据存储功能和分布式数据分析功能。分布式数据存储功能提供了由不同主机托管的分布式存储基于区块链的实体。分布式数据分析功能提供了省时的计算和分析功能，特别适用于对时间敏感的任务。

数据共享与交易功能提供了具有灵活规则和交易方法的物联网数据共享和交易机制。它的功能包括供应（需求）匹配功能、数据交易功能和智能合约功能。供应（需求）匹配功能为数据提供者提供了不同的规则来查找匹配数据的需求者。数据交易功能支持可信的小额支付和数据自动传输不同利益相关者或不同设备之间的资产。它有效地保护了数据的完整性、所有交易的真实性、可审计性和一致性。智能合约功能可以根据定义的规则交换数据，共享和交易以代码形式提交，并强制执行不同项目之间的义务，且这一执行是对利益相关者或其他设备进行自动执行的。它定义了规则，以及处罚和奖惩措施。协议的方式与传统合同相同，并且在受信任的基于区块链的基础上进行架构。

隐私与安全功能为数据整个生命周期中的数据安全性和数据隐私保护提供了机制。它包括数据安全、数据隐私、受信任的访问控制等功能。数据安全功能提供各种类型的数据加密、数字签名以确保数据安全。数据隐私功能根据数据权利（所有权、使用权或收益权）将数据暴露最小化。受信任的访问控制功能支持基于区块链的身份验证、授权和负责访问数据。

ITU 标准还提供了一个区块链数据共享交换平台架构，如图 9-5 所示。

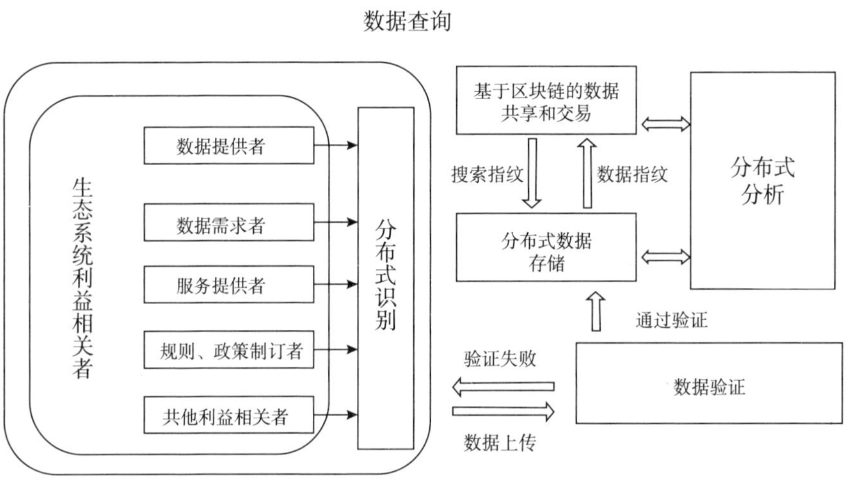

图 9-5　区块链数据共享交换平台架构

此外，ITU 标准还提议了 5 种基于区块链的数据共享交换模式。基于区块链的数据交换和共享的潜在部署模式如下。

1. 一个平台内的一个区块链：一个区块链独立地连接物联网平台，以实现在此物联网平台上共享数据。

2. 不同平台之间的一个区块链：数据交换和共享在不同平台之间通过在区块链上使用来实现。不同平台的行为作为该区块链的一个合作伙伴。

3. 在同一平台上的跨区块链：在同一平台上，不同的区块链进行交换并通过跨区块链共享数据。不同的区块链可能各自具有不同的种类数据。

4. 在不同平台上的跨区块链：不同的区块链连接到不同的物联网平台，实现不同平台之间的数据交换和共享区块链。

虽然 ITU 的标准是为物联网和智慧城市数据交换共享设计的，却可以延伸到政务数据的共享和交换中。对于政务数据交换场景，我们以此模型为基础进行如下设计。

1. 同一个政府部门内部场景：该场景对应“一个平台内的一个区块链”的模式，可以应用区块链分布式账本技术实现内部不同数字化系统的数据共享时，也可以在跨层级数据交换共享中使用分布式账本实现数据安全共享。

2. 政府部门与其他主体数据交换场景：该场景对应“不同平台之间的一个区块链”的模式，当政府部门需要与国有企业、互联网公司或者社区机构，通过由政府部门主导建设的联盟链进行协同数据交换和共享的时候，可以应用该模式联通不同主体之间的不同平台。

3. 政府部门跨层级数据交换共享场景：该场景对应“同一平台上的跨区块链”的模式，当政府上下级之间需要数据交换共享，但是不同层级的部门建设的平台主体不同，上下级之间需要安全的数据交换共享，可以应用该模式，联通上下级部门之间的数字化平台。

4. 政府部门跨部门数据交换共享场景：该场景对应“不同平台上的跨区块链”的模式。当不同的政府部门主导建设整合不同主体的联盟链，比如司法部门建设的司法链和税务部门建立的税务链，需要跨链进行数据交换共享时，可以应用该模式，联通跨部门的数字化系统。

六、跨链数据交换共享

关于跨区块链的部署模式如下（见图 9-6）。

部署模式 1：区块链 1 中的节点独立于区块链 2 中的节点，两个不同的区块链通过智能合约交换数据。

部署模式 2：区块链 1 通过一个受信任节点与区块链 2 连接。

部署模式 3：区块链 1 的若干个节点是区块链 2 的节点。

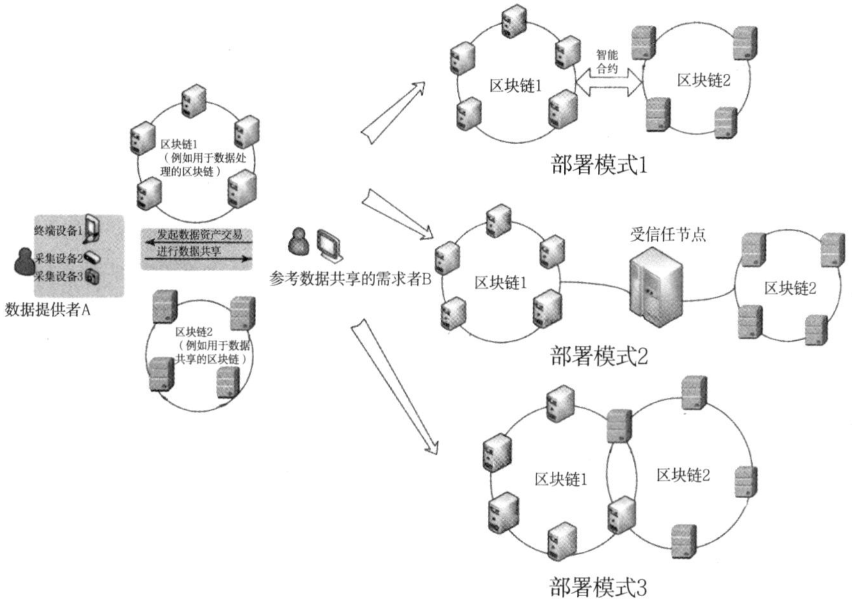

图 9-6　跨区块链部署模式

以城市治理为例，市政基础设施的数字化是城市智能治理的基础，水、电、煤气管道、路灯杆、建筑物的传感数据的汇聚共享交易可以直接采用 ITU 的这个标准。

而政务部门之间、政府与企业之间的数据共享和交换交易也同样可以参考这个架构。例如，政务数据管理部门与互联网平台进行可信的数据汇聚、处理和交换，就可以遵循第三种模式。

七、对公共数据开放平台进行可信技术升级

公共数据开放平台是政府数据开放的主要载体。使用区块链对公共数据开放平台进行升级，需要对现有平台进行结构化的区块链化改造。我们知道目前大多数地方的公共数据开放平台数据质量不高、使用价值不大，还处于“盆景”的阶段。核心原因之一是政府内部的高价值数据无法可信地开放。基于区块链的公共数据开放需要对目前的公共数据开放平台进行改变。第一，应该把当前的公共数据开放平台看作一个数据开放的入口，是服务请求的入口，不再只是一个集中的数据资源中心；第二，使用区块链技术在政务数据管理部门和各个职能部门之间建立分散数据中心；第三，可以使用分布式应用（DApp）技术对分散数据中心进行处理，在不进行数据转移的前提下对数据服务请求提供可信的、实时的响应；第四，对公共服务平台的用户身份进行区块链化改造，对日志系统进行区块链化改造；第五，在公共数据开放平台与各个部门数据中心建立许可链，使用 PoV 作为共识机制。

八、通过区块链化改善政务数据质量

政务数据质量管理一直以来并没有很好的方法。在线下，人们基于对机构的信任，如对来自权威部门、经由第三方机构认证或者对人机构、人平台的信任，来解决数据信任的问题，但这并没解决这些机构本身作为经济人以及在这些机构内部作为个人的可信度的问题。如果数据等同于有价值的资产，那么在理论上，任何能够接触到数据的人和组织都有潜在的利益激励去获得数据资产，改变其权属或者数据本身。

我们可以想象，在数据还没有被严格地界定为资产的情况下，

各种低价值、低质量、欺骗性的数据是如何充斥在数字世界中的。数字政府依靠数据要素驱动，低质量的数据将会对政府的治理能力造成显著的损伤，并可能造成潜在的巨大的经济社会风险。

加特纳在《2020 年预测：数据和分析策略—投资，影响和影响》和《数据和分析领导者现在需要专注于区块链智能合约》中预测，到 2023 年，使用区块链智能合约的公司将使整体数据质量提高 50%，但同时将数据可用性降低 30%。因此得出的结论是：区块链智能合约的采用可以提高决策的透明度、速度和颗粒度，由于其持续的验证使数据更加准确、可靠和值得信赖，决策质量也得到了提高。

加特纳的研究发现为政务数据质量提供了某种新的框架思路，按照 DMBoK 的定义，数据质量管理是指为确保满足数据消费者的需求，应用数据管理技术进行规划、实施和控制等管理活动。数据质量的评估维度包括数据的准确性、完备性、一致性、完整性、合理性、及时性、唯一性和有效性，要实现数据质量这些维度的治理，就必须从数据的计划、获取、存储、共享、维护、应用、消亡的全生命周期出发进行可信的管理，显然区块链的分布式账本技术、身份管理技术、共识算法、隐私计算技术、智能合约技术等为政务数据治理管理提供了新的解决方案，主要的参考框架如下。

1. **建立数据资源大台账：**例如北京市依据部门职责确定部门数据责任，建立职责—目录—数据关联和绑定机制，对数据、系统、应用上链固证，形成全市“数据目录”一本大台账。

2. **对数据系统实行可信身份管理：**对政府部门的各个系统建立身份标识实现数据归集的身份可信管理，对每个系统的身份与数据资源进行关联绑定，从数据源头提高可信能级。

3. 建立多元主体的可信数据交换：应用隐私计算技术，遵循数据可用不可见、结果汇聚数据不集中、分级可控可信的模式，搭建隐私计算平台，实现跨政府、跨社区、跨企事业单位和跨层级、跨地区的可信数据交换能力。

4. 建立政务数据质量智能合约标准：应用智能合约技术，在政府部门与社区、企事业单位、科研机构、标准单位之间建立政务数据质量智能合约标准。

利用智能合约提高政务数据质量治理自动化、智能化能力。基于加特纳的试点区块链智能合约，具体建议[94]如下。

（1）利用经过机器学习（ML）增强的政务数据目录来简化发现、盘点、分析和标记孤立数据资产。

（2）与政务治理的利益相关者达成普遍接受的协议，确定具体且可衡量的数据质量指标，并将其与治理结果进行关联。

（3）沉淀政务数据质量治理最佳实践来持续调整数据质量治理的规模，持续寻找影响最关键治理成果的最少数据量。

（4）结合本地区、本部门的政府治理目标，通过高层领导指导和支持使用区块链智能合约共享数据资产并提高分析决策的质量。

区块链提高数据质量的模式主要是这样的：首先，在数据添加的过程中，数据源节点的行为和身份必须获得区块链上一定规模的节点的真实性验证，任何人不能随意添加任何数据。如果添加的数据是重复的、错误的，那么其他节点将会通过计算验证丢掉这些数据。其次，在数据的访问过程中，如果某个节点的数据受到污染和破坏，那么分布式存储的数据将会由其他节点提供，并不会影响整个数据的完整性和一致性。无论在数据添加还是数据访问过程中，都可以实时控制低质量数据进入系统。再次，对数据进行管理。区块链可以完整地记录数据全生命的操作处置过程，为组织提供完整、详细的审计记录的能力。最后，改变数据质量管理的集中式风险，每个节点都可以在数据质量控制中做出贡献。在处理区块链时，每个用户都在维护和计算数据中发挥了作用。每个节点以某种方式链接在一起以检查数据的准确性，如果一个节点上的条目不匹配，系统就能够迅速发现存在的问题并采取行动。而且，在抵御黑客的攻击方面，区块链利用加密技术来存储数据，确保只有授权的网络节点才能访问数据。

第十章

数字政府可信治理方案

Digital Governance Industries Typical Solutions of Trusted Governance

第一节　社会管理数字化治理能力建设

一、改善社会管理的公众服务能力

1. 提高公共安全服务履行能力

改善身份验证和共享的能力：使用区块链准确地记录个人或企业实体的身份，结合传统身份验证措施（如出生证、指纹、法庭文件等）以及新兴的身份验证工具（如语音和面部识别），建立基于区块链的身份验证以及安全可靠的共享和验证能力，改善公共安全执法过程中的置信度和正确识别人的能力。

提高执法设备的可信度：对执法设备进行区块链身份管理，对执法设备的数据进行区块链存证或者数据指纹存证，对同一个场景下多源执法设备采用汇聚管理的手段，提高执法设备的可信度。

建立执法者身份管理的能力：使用区块链进行执法者身份及行

为数据的存证，对执法过程进行全程的记录。

2. 提高社会管理的先见洞察能力

提高社会管理实时洞察能力：在公共安全风险监控监测场景中，应用区块链智能合约技术，融合实时视频分析技术，在安全风险的前沿位置部署场景化的安全态势感知算法，并实现安全态势的可信实时交换和洞察。

提高社会管理多元主体洞察整合能力：应用区块链的可信身份管理技术、真实的隐私保护能力和可信的数据信息交换能力，构建公共安全风险洞察平台，实现公共安全管理部门、公众、社区、企业等多元主体可信协同、共同参与的安全洞察。

提高安全风险的可信感知能力：以构建实时、准确、动态、立体的安全风险信息感知为目标，应用区块链可信身份管理技术建立感知设备、监控设备的可信接入管理能力；应用智能合约建立公共安全数据自动智能可信交换能力实现多元主体之间的可信交换汇聚；实现设备可信、数据通道可信、算法可信和主体身份可信。

提高复杂空间场景的风险源感知能力：融合 5G 的大带宽、边缘计算和大连接能力，应用区块链对城市地下空间、超高空间、危化品空间实现风险感知数据的可靠稳定连接服务；对高速移动场景、低慢小飞行器风险源的感知赋能。

构建基于公共安全的推演能力：应用区块链联盟链、可信计算技术中的隐私计算、多方计算等技术和数字孪生技术、机器学习技术、城市感知网络和平台、社会感知技术，构建集成公众、社区、企业，融合应急、电信、互联网、公共事业、城市管理等多领域的公共安全推演预测能力，提高公共安全部门的风险先见能力。

3. 改善社会管理执法关系动态

提高社会管理可信执法能力：在公共安全执法过程中使用区块链对执法的音频、视频及其数据进行存证，进行安全可信的数据共享。同时，对执法者及执法设备使用区块链进行管理，并向公众进行可信展示和验证。

利用智能合约管理执法行为：使用智能合约建立场景化、分层级的执法权限动态授权能力，对公共安全执法行为进行权限实时管理、记录，确保执法行为可追溯、合法合规。

提高执法证据链的可信度：利用区块链对公共安全执法过程中的证据进行分布式存证和共享，在执法部门、检察部门、司法部门、公众及相关部门之间进行证据数据安全可信的共享和交换，提高执法证据链的可信度。

提高证据追溯的能力：利用区块链的不可篡改能力，对使用区块链保存的证据进行溯源，用于执法和司法可信采证。

4. 改善社会管理部门与公众评价

改善公众与社会管理者的交互模式：利用区块链建立执法行为分布式记账平台，公众和前端执法者对执法行为进行平等的记账。

提高公共安全执法过程中公众隐私保护能力：利用区块链的智能合约功能，在执法过程中提供可信的公众隐私数据验证，在不披露个人隐私的情况下确保真实性或者使用智能合约动态的授权，对授权行为和使用行为进行记录，平衡数据隐私和公共安全的需求。

二、建立可编程的社会管理战略治理能力

1. 改善人和设备身份的可信度

更新个人身份管理模式：公共安全始终建立在真实身份的基础上，利用区块链不可篡改性建立公共身份链，为个人分配身份 ID，并关联自己的身份证信息。任何个人都可以创建一个属于自己的区块作为个人身份区块链，用于在数字世界和物理世界作为唯一的身份凭证。

提高车辆的身份管理能力：车辆是公共安全中的核心治理资源，也是治理对象。从车辆的生产开始，建立区块链的身份系统，记录车辆的生产、销售、维修、服务、使用数据，开发智能合约建立对车辆全生命周期的数据权限管理。

2. 提高社会管理行为的可信度

执法行为区块链存证：利用区块链不可篡改的特性，对执法过程中的执法行为、执法证据等音频、视频、文本数据，使用区块链进行存储或者经过哈希处理之后存储数据指纹，确保执法过程的全程可信回溯，形成可信的执法证据链。

建立基于算法的执法：把执法规则进行细分，开发执法智能合约，实现执法的智能化。

建立执法授权可信溯源能力：对执法事项的授权依据使用区块链进行存证，从授权的源头对授权依据按照层级建立授权链，每一级的授权都是一个区块链上的记录，记录授权的内容、依据、对象、实效、范围等并在不同执法部门、监督部门、司法部门和公众之间进行共享，建立可信的授权链。

3. 改善社会管理数据资源质量

使用智能合约管理数据质量：建立公共安全领域的数据质量标准，并开发公共安全数据质量管理智能合约，对进入公共安全全领域的数据资源进行自动化的审核，对不符合数据质量管理要求的数据进行自动拦截和剔除。

使用区块链对数据进行全过程管理：对公共安全数据的采集、传输、处理、共享与开发的数据主体、数据管理过程及结果进行区块链存证，并开发数据过程管理的智能合约，对数据全过程的权限控制进行精准的管理。

提升公共安全数据资源共享交换能力：公共安全部门主导，应用区块链服务网络，建立公共安全联盟链，为多部门公共安全数据资源、社会公共安全数据资源的安全可信交换提供支持，实现公共安全数据资源的智能交换、共享。

4. 建立智能化的社会管理界面

提高非现场可信身份验证能力：在公共安全管理场景中，应用区块链的身份管理技术、对音频、视频数据的安全可信处理，建立非现场的可信安全证据链，实现公共安全管理场景中对主体身份、行为、环境、对象的可信存证和跨部门、跨层级的交换。

提高主动安全管理的能力：构建公众、企业、设备、公共安全管理部门多主体的安全可信授权能力、分层分级分场景授权能力，应用区块链公共安全联盟链，依托链上的可信数据资源要素，提高主动发现安全风险、智能处置安全风险、实时管理安全风险的能力。

提高跨层级跨部门公共安全协同能力：公共安全的协同处置涉及公共安全部门、应急部门、交通部门甚至医疗部门和专业管理部门等多部门，以及省、市、县、乡多级的联动协同，应用区块链的智能合约、共识算法、跨链技术、身份管理技术，构建可信的数据信息资源交换网络、调度指挥决策应用、基于智能合约的自动智能处置协调机制、基于共识算法的跨部门可信协商能力，实现审批决策智能化和自动化，从而提高公共安全协同能力。

智能化、自动化的公共服务：一件事项能够从开始到办结提供智能化的自动协同，包括横向跨部门协同、跨区域协同以及纵向跨层级协同。

构建公共安全执法事项数智化能力：对公共安全管理的执法事项以区块链的形式进行数字化，对公共安全管理事项实现规则、边界、条件、资源的标准化、数字化；建立关键公共安全管理环节和数据的可信存证能力，提高安全执行规则、行为、主体的数字化能力和跨部门、跨层级的数据赋能能力。

5. 构建可编程的公共安全治理结构

建立公共安全数据要素整合集成能力：公共安全数据要素涉及多元主体，既包括政府内部公共安全管理相关部门，也包括社区、企事业单位、社会组织，还包括不同区域、不同层级的数据要素。构建支持多元主体数据要素整合的公共安全区块链联盟链，开发公共安全智能合约、数据质量管理标准和应用隐私计算技术支持可信、安全的交换能力体系，提升公共安全数据要素的整合集成能力。

提高公共安全的功能整合能力：公共安全的整体安全需要强化公共安全管理部门、公众、社区、企事业单位、社会组织等多元主体的参与，并且按照整体安全目标分层分级分主体进行安全功能的一体化整合，从而实现公共安全的共建、共治、共管。依托区块链建立安全责任事项清单和权力清单，形成清晰的功能协同界面，依托智能合约技术对决策处置权限进行软件化提高跨层级和跨部门的智能协同能力、建立横向公共安全管理职能和纵向公共安全管理职能的可信协同能力，从而实现公共安全功能的整体集成和整合。

提高公共安全多元整合能力：推动政府、社区、企事业单位和公众的公共安全管理资源、能力、要素、资产的区块链化，实现在链上的可信存储、交换、定价以及在公共安全治理过程中对资源和资产的采购、交换、交易、使用实现可信记录，从而提高多元主体共同参与公共安全治理的能力。

三、建立以可信数据为核心的公共安全资源体系

1. 提高公共安全数据资产的管理能力

对公共安全数据资产进行区块链管理：建立公共安全数据资产目录链，使用区块链哈希技术对公共安全数据资产进行处理并上链。

对敏感安全数据使用区块链进行存储：利用区块链的分布式账本技术，对敏感的原始数据进行哈希处理，建立数据指纹，以及数据全生命周期的访问处理记录进行区块链存证，对数据及数据行为进行分布式存储。

2. 提高公共安全数据资产流通能力

建立公共安全数据安全共享能力：对敏感的公共安全数据进行哈希处理，并对哈希值进行上链，开发数据共享交换和权限控制的智能合约，按照数据处理的权限和场景，在不同的部门之间、第三方部门之间以及不同地区之间进行安全可信的数据共享。例如徐州市公共部门使用区块链进行警务数据共享[95]，有一个场景是对嫌疑人或者嫌疑车辆的数据共享，通过对原数据哈希处理上链，根据智

能合约处理共享请求，实现警务的信息共享，解决了数据的三权之间的关系，同时也保护了对于警务数据来讲非常敏感的涉密信息。

建立公共安全数据安全共享的激励体系：对利用区块链的激励技术，建立公共安全数据共享的激励体系，例如贡献者、使用者按照场景节约的成本、解决的问题以及数据价值贡献的大小共享成本和收益，类似于在公共安全相关的不同数据主体之间建立一个数据交易系统，这种交易可以基于虚拟价值，也可以改变成本或者资源在不同部门之间的配置来为不同的数据资源拥有者提供数据共享的激励。

3. 建立设备安全防护及数据安全接入能力

提高公共安全数据资产的安全性：使用分布式账本存储公共安全数据，提高数据的完整性保护能力和防止攻击破坏。

提高公共安全监控设备的安全保护能力：使用区块链技术对公共安全设备进行管理，建立公共安全监控设备的唯一不可篡改的身份管理系统和数据指纹，保护公共安全设备的安全接入和数据可信接入，防止设备被攻击和数据被劫持。

改善公共安全执法设备的管理能力：使用区块链对执法设备进行身份及实用行为管理，建立执法设备私有链，对执法设备的使用者、批准者、经办者、用途等，连同借还时间戳写入执法设备私有链，提高设备的精细化管理能力。

4. 改善社会管理数字化档案可信管理能力

建立法律文书公正平台：对公共安全相关的各种法律文件提供公证能力，例如授权书、组织备忘录、合同和结婚证书。使公众以及执法、司法、检察部门在任何地方都可以实现对数字文档的数字化和安全存储和公证服务。

使用区块链记录和发放执法文书：利用区块链的不可篡改性，改变公共安全部门在执法过程中对文书的送达方式，向被执法对象发放基于区块链的文书凭证，确保可信送达和告知，做到全程可追溯，替代目前的邮政递送。

改善公众对犯罪分子的识别能力：使用区块链创建公众可以授权访问的犯罪者的分布式注册表，以改善对已登记的犯罪者的记录和跟踪，例如对性犯罪者进行记录。

四、建立公共安全核心数字资产

1. 优化公共安全的核心流程，建设跨区域的公共安全协同能力

建立跨部门跨区域的数据协同能力：在公共安全部门之间、跨地区、跨警种及与公共安全处置相关的交通、应急、医疗、消防等部门之间设计共识机制，利用智能合约的精细化自动化处理能力和权限管理能力，实现跨部门跨区域的数据协同。

建立跨地区跨警务协同能力[96]：以重点车辆监控为例，徐州市公安部门通过与多个跨省地市的公安市局与市局之间达成共识，通过区块链进行组网，对监控请求的发布、执行进行完整可信存证记录，解决了责任的界定和信任的问题。

2. 建设智能化的公共安全协同能力

改善自上而下的纵向指挥能力：建立纵向指挥区块链目录，对自上而下的公共安全指挥决策进行全流程的区块链存证，并使用智能合约自动处理指挥调度指令，提前调度资源，提高总纵向指挥的

可信能力与实时性。

提高横向的跨部门协同能力：在公安、消防、应急、交通、卫生等部门，设计共识机制，建立公共安全联盟链，共享安全数据，进行相关主体的责任和边界的认定，提高横向协同的能力。

开发公共安全智能合约库：基于开放的公共安全数据，开发不同场景、不同层级和不同权限的公共安全智能合约程序，定义标准化的接口，建立公共安全智能合约的标准，构建基于智能合约的能够灵活组装的公共安全管理能力。

3. 改善案件管理和协同的能力

改善案件安全共享能力：将从接警开始到案件处理全过程的数据或者数据指纹上链，并在链上公开供各部门使用，同时对案件数据的访问使用处理记录进行区块链存证，防止案件信息被泄露的同时还能安全共享。

改善执法监督审判的协同能力：建立公检法联盟链，对案件的执法取证、监督检查以及审判进行全流程的记录和存证，通过联盟链实现案件资源和审批行为的公开监督。

典型案例

山西省公安厅公检法司联盟链[96]

山西省公安厅创新提出利用区块链“不可篡改、真实可信”的技术特性和促进数据共享、优化业务流程的作用，构建公检法司联盟链的构想。目标是打破长期以来公检法司之间的数据壁垒，破解公检法司在诉讼衔接、协作配合、监督管理中存在的不顺畅、不规范的难题，全面加强公检法司数据共享、业务协同和监督制约。

2020 年 4 月中旬，公检法司联盟链正式建成运行。

公检法司联盟链运行后，执法司法全流程网上流转，公安机关提请逮捕、移送起诉全部网上移送检察机关，检察机关网上接收案件，检察机关的诉讼文书、监督文书实时推送回公安机关，彻底杜绝了以往公安机关和检察机关因互借时间而无理由拒绝收卷、随意退卷、检察机关口头监督、“照顾式”监督等问题。

法院通过联盟链全面审查掌握公安机关侦查获取的证据和检察机关移送的证据，审判后裁判文书实时推送回检察机关和公安机关，彻底解决了以往公安机关无法及时知晓判决结果的问题。

律师通过公检法司联盟链能够在案件移送起诉后，在网上查阅公安机关办案的证据材料，对公安执法提出意见。司法监狱系统通过公检法司联盟链与公安机关实现了网上业务协同，真正形成了闭环。

法院判决后，公安监所在押人员需送监狱服刑的，通过公检法司联盟链及时将有关人员信息推送给监狱，监狱收到信息后将回执返回公安机关；监狱服刑、减刑假释、释放、社区矫正情况、戒毒人员情况也全部通过公检法司联盟链交给公安机关，解决了过去公安机关与司法行政部门不衔接、人员动态不掌握、相关人员防控不到位的问题。

公检法司联盟链运行后，山西省公安机关主动接受监督，将2020年以来6.4万余起刑事案件实时上链推送至检察机关，检察机关无须派驻公安机关，在网上即可实时监督公安执法的所有环节，倒逼全省公安机关必须从执法源头接处警开始步步规范。

五、建立开放的公共安全治理网络

1. 改善公共安全数据供给能力

向第三方机构共享证据数据：利用区块链的不可篡改性和数据访问处理记录的完整记录能力，公共安全部门可以与第三方，例如证据分析部门、科研机构共享证据数据，利用第三方提高业务能力。

改善数据共享的精细化管理能力：开发数据开放智能合约，对数据进行动态实时的授权和精细化权限管理的能力。

2. 改善公共安全生态协同能力

提高第三方数据整合能力：建立公共安全联盟链，在公共安全部门和第三方机构之间，例如互联网公司、电信运营商、社区物业、科研机构等，通过智能合约建立按照场景、权限和意图的数据动态整合的能力。在不影响数据安全隐私的基础上满足公共安全数据整合的需要。

建立公共安全关键设备的阳光采购招投标能力：对执法设备、物资、服务的招投标的全过程进行区块链化管理，提供招投标的证据链和招投标行为人的全程行为痕迹链。

验证公共安全关键设备的供应商的能力：通过区块链与供应商

进行关键能力数据信息安全共享，在无须了解供应商核心机密的情况下，通过区块链数据交换可信的验证供应商的能力。

改善公共安全关键设备的维护能力： 通过区块链与供应商、维护服务商、销售渠道、使用者之间共享设备的数据，在不泄露敏感业务数据的情况下，为制造商和供应商提供真实可信的运行维修数据的能力。

第二节 市场监管智慧监管能力建设

《国务院关于加强数字政府建设的指导意见》提出："充分运用数字技术支撑构建新型监管机制，加快建立全方位、多层次、立体化监管体系，实现事前事中事后全链条全领域监管，以有效监管维护公平竞争的市场秩序。"

一、在公众界面建立可信的市场监管能力

1. 改善公众可信服务能力

提高产品原产地信息的可信度： 对产品的原产地信息使用区块链进行存储，建立由政府或者政府委托的第三方产品质量认证服务平台，为公众提供原产地以及其他质量认证信息的可信服务。

降低公众获取问题食品药品信息的成本： 使用区块链对食品药品的生产流通过程进行记录，这些记录可以利用区块链分布式账本存储的优点，由每个生产者或者大型的流通者负责对各自流通食品药品的生产流通过程进行记录。基于此，加强对问题药品食品下架

的监管，向公众提供准确可靠的流通信息，包括批次、名称、位置、零售商等信息。

建立质量安全可追溯体系：对本地的特色农产品，政府可以建立区域的区块链质量体系信用平台，在平台运营者、政府监管部门与当地企业之间通过许可链，把企业的产品生产、加工、存储、销售、流通和消费的数据进行哈希处理，存储数据指纹，并使用分布式账本技术进行存储，在不同的主体之间建立起高质量的产品联盟系统，通过这样的技术手段实现行业的协同自律。

优化企业商事服务能力：广东省南沙区市场监管局探索利用区块链技术服务企业资信应用[97]，利用市场监管和企业信用信息平台，运用区块链技术，将企业资信证明上链，实现企业资信证明申办、审批流程管理、在线验真打印及可追溯，实现企业办事“零跑动”、政府服务“快速办”，对于资信证明的信息提供在线验真。

典型案例

区块链＋资信服务

广东省某科技股份有限公司在上海交易所科创板申请上市，需开具资信证明。其母公司及其属下10家子公司同时在南沙区市场监管局探索利用区块链技术服务企业资信，应用平台在网上提交申请。从提交、审核、开具证明无须各类证明材料复印件，办理时间由原来的10个工作日压缩到5个工作日，节约了企业办事成本，提升了政府办事效率。

建立关键食品区块链溯源平台：使用区块链的不可篡改性和分布式存储能力，在关键食品如冷链食品、奶粉、猪肉的生产、运输、销售和消费环节进行可信存证，建立每个产品的可追溯完整数据链。例如，广州市市场监督管理局牵头冷链食品追溯平台建设工作，运用区块链、大数据、电子编码等信息技术对进口冷藏冷冻肉类、水产品开展追溯管理。

典型案例

“区块链+AI+食品溯源”保障“菜篮子”[98]

广东省广州市市场监督管理局上线了广州食用农产品溯源平台，实现了“源头严控、入穗严查、终端严管”。

该溯源系统利用区块链技术，将商户经营者、市场开办者、监管部门的市场准入、日常检查和监管以及检验检测、稽查执法等可公开的信息上传至区块链上，所有数据自动生成电子标签，相当于每个主体责任人上传的数据都加盖了“公章”，做到精准溯源和责任界定。所有上传至溯源系统的数据，都因不可被篡改而成为权威的档案记录，供各方实时共享。同时，结合AI票证识别技术，监管者可对区块链存证的票据等信息进行真实性和有效性排查，通过筛选预警异常票据、建立问题发现风险库、协助监管人员及时排查隐患等方式，将食品安全风险隐患消除在萌芽状态。

通过“一档一码”，实现商户经营者档案信息化、台账电子化，对商户和市场开办方的准入、管理、台账等情况实时进行查询、监管和应急处理；定向精准排查日常进销溯源信息的真伪性，即时收到预警信息提示，以便实施靶向精准检查。

溯源系统设置市场端、商户端、监管端和公众端。消费者可扫描带有溯源信息的电子凭证，查看销售单据详情、档口资质、抽检信息、监管记录等信息。

2. 提高市场监管的先见洞察能力

监管的先见能力：食品药品安全监管、环境污染监管与企业安全生产监管，可以利用区块链的数据真实性和可审计性，对监管的监督、整改、处罚与问责实现精细化的管理。同时，能够利用监管部门部署的智能合约，在违规行为发生的时候实时触发监管和控制。

3. 改善监管部门与公众的关系

降低相互身份验证的成本：市场监管部门使用区块链技术为个人、企事业单位建立唯一的身份，并基于这个唯一的身份建立与市场监管事项相关的授权身份验证能力，用于在不同部门之间进行身份验证共享和精准授权管理。将个人和企事业单位与政府互动过程中的身份、文件、材料、存证、证照及行为的资料进行区块链化，在公共服务过程中提供唯一、可信、真实、不可篡改的数字身份、数字文件。

改善公众参与市场监督的方式：为公众提供区块链身份，利用区块链身份的真实性和隐私性，提供高度安全的违规、违法行为举报方式。

改变许可事项和证书的发放方式：利用区块链的隐私性和不可

篡改性，可以使用区块链对各类市场许可事项和许可证书进行存证管理；市场监管部门发放区块链证书，企业和公众可以公开检索查询。

改善缺陷产品召回的方式：通过建立联盟链的方式，市场监管部门、产品制造厂商、销售服务企业、维修服务企业共享产品缺陷数据和安全地共享消费者信息，当消费者或者维修服务企业报告产品缺陷达到召回标准的时候，可以精准地送达每个相关产品的消费者及维修服务企业，在召回过程中对产品、用户及缺陷信息进行安全地共享和身份验证。

提高自动化市场监管服务的能力：利用智能合约面向公众提供自动化的市场监管服务，例如产品验证、信息查询、质量验证、信用查询、缺陷产品信息管理。

4. 优化公众对市场监管的评价结构

建立真实的隐私身份：基于区块链的隐私性，为公众提供具备隐私保护能力的真实身份服务，提高公众表达真实意愿的能力，也为监督检查部门提供高质量的评价监督信息。

改善对市场监督执法行为的评价方式：为公众提供区块链身份，利用区块链身份的真实性和隐私性，提供高度安全的违规执法行为举报。

提高公众参与执法监管评价的能力：利用智能合约对监管的标准进行固化，公众可以通过移动设备获取这些监管行为的标准，并对现场的执法行为、材料进行实时比对，为公众提供可信的执法评价的能力。

二、优化市场监管组织战略管理能力

1. 提高应急管理能力

应急检测设备的区块链化：对应急检测、监测、计量的设备、系统进行区块链化升级，使用区块链的不可逆性对设备和系统的身份进行管理；使用区块链从源头对数据建立数据指纹，确保能够在全生命周期对数据是否被改动进行确认检查。

改善应急的预测能力：在关键应急场景部署区块链支持的建设设备，为应急管理部门提供可信的数据支撑预测、风险评估、在线监测预警。

使用智能合约进行应急场景自动化处置：识别可以自动处理的场景，使用智能合约建立处置流程，用来支持跨部门、跨地区的自动协同。

提高应急物资调度能力：使用区块链对应急物资建立区块链电子化单证，为应急物资的仓储、生产、运输、装卸、投送等环节提供共享信息，实现应急物资全程可追溯，提高应急物资流转效率。

2. 提高生态环境的治理能力

提高生态环境数据质量：可以使用区块链对地表水、地下水、海洋、饮用水源地、生态功能区域、农村环境质量建立数据指纹进行链化存储；对污染源及固废、危险品、能耗等数据进行记录。

提升跨区域环境治理能力：在生态数据多部门共享过程中提供数据比对，确保数据的可信性；使用区块链对生态数据的流转进行存证，对外提供跨区域、跨部门、跨层级的数据交换和共享。提供不可篡改的数字化证据，提升跨区域环境治理能力。

提高政府碳排放交易治理能力：对各个用能单位的能耗进行全过程管理，基于区块链存证链对能耗情况进行管理，为碳排放提供可信的数据。例如将电力用户、电网企业、供应商的各类设备在链上进行记录，共享生产、传输、存储、消费等环节数据，促进各类能源信息的数字化记录、溯源和确权。

3. 市场监管授权可信

建立监管事项权力区块链清单目录：使用区块链管理市场监管事项权力清单，对事项的监管条件、执法标准、执法依据进行公开，并在链上适度开放，任何人和任何组织都可以访问和调用，对监管事项进行合规性、合法性的验证。

使用区块链对监管事项进行可信授权：使用区块链管理市场监管部门授权给社会机构的部分监管事项，在监管执行过程中向公众和被监管对象提供可信的授权验证。

使用区块链对执法者进行可信授权：使用区块链存证对执法人员的身份信息、执法设备信息以及执法者和执法设备的监管执法行为授权，对执法者、执法设备进行执法行为及执法身份的可信验证和存证。

4. 提高计量器具、特种设备的可信监管能力

建立计量器具、特种设备区块链身份数据库：利用分布式账本技术，可以在计量器具、特种设备的生产者、使用者、监管者之间建立计量器具、特种设备可信身份分布式数据库，在计量器具、特种设备的销售、使用、监管过程中提供可信的设备身份，并提供面向公众的身份验证服务。

提高计量器具、特种设备的可信检定能力：利用智能合约设定

自动检定的条件、规则、周期和检定的对象，建立对计量器具、特种设备强制检定的自动化能力。同时，在官方检定机构、使用单位及社会检定机构之间建立联盟链，对检定的行为和结果进行存证。

建立关键计量器具、特种设备运行数据可信监管能力：对计量器具、特种设备的显著性异常数据使用区块链进行存证，防止计量设备被篡改。

提高计量器具、特种设备生产许可管理能力：对计量器具、特种设备的生产许可、检定许可证等使用区块链进行存储，并在生产厂商、检测检验机构及监管部门、销售渠道商和用户、公众之间进行可信共享和交换。

对特种设备进行区块链化改造：对锅炉、压力容器（含气瓶）、压力管道、电梯、起重机械、场（厂）内专用机动车辆、客运索道和大型游乐设施八大类特种设备进行区块链化改造，嵌入“市场监管链码”，对数据使用分布式账本技术进行存储；同时链码集成监管智能合约，自动执行监管规则并实现智能通知。

5. 提高监管行为的可信度

执法行为区块链存证：利用区块链不可篡改的特性，对执法过程中执法行为、执法证据等相关音频、视频、文本等数据，使用区块链进行存储或者经过哈希处理之后存储数据指纹，确保执法过程的全程可信回溯，形成可信的市场监管执法证据链。

建立基于算法的智能监管：把监管规则进行细分，对可量化的监管规则算法化，开发智能合约，实现对监管对象的智能化监管。

建立监管授权可信溯源能力：对监管事项的授权依据使用区块链进行存证，从授权的源头对授权依据按照层级建立授权链，每一级的授权都是一个区块，记录授权的内容、依据、对象、实效、范围等并在不同监管部门、委托的监管机构和公众之间进行共享，建立可信的授权链。

建立可信执法能力：使用区块链对执法、巡检过程的数据、文档、影像进行存储；在数据可信的基础上对数据进行智能分析和存证。

6. 提高市场监管服务与公众能力（身份验证能力）

使用区块链管理市场主体身份：对个人和法人的身份使用区块链进行存储和共享，建立基于智能合约的身份验证和动态实时授权市场主体的身份验证能力，公众可以在市场监管事项办理过程中进行实时授权，市场监管机构与服务部门可以利用智能合约自动化进行身份验证。

使用区块链管理许可证照：利用区块链的不可篡改和分布式存储特性，对重要工业品、特种设备、食盐、药品、医疗器械、计量器具的许可证照进行存储和共享，满足政府机构之间、个人和法人的证照验证共享需求。

7. 改善市场监管服务证照验证能力

提高基于证照的市场监管服务管理能力：对市场主体网上办理登记、公章刻制、涉税服务、社保登记、公积金开户登记等高频业务系统进行区块链化改造，建立基于市场主体身份及证照的智能合约验证能力，在不同的高频服务事项系统之间开发证照验证智能合约，对证照及授权给证照的事项进行合规性验证。

使用区块链管理“许可证照—许可事项”清单：许可证照和许可事项是市场监管的核心，对重要工业品、特种设备、食盐、药品、医疗器械、计量器具等在生产、销售、广告、检验检测、核准等过程中，使用区块链对许可证书和许可事项数据进行存储，建立“许可证照—许可事项”链，通过证照获取许可事项，在事项执行过程中对证照进行验证。

三、建立以智能合约为核心的治理资源体系

1. 建设市场监管数智化新型基础设施

建设市场监管链：使用联盟链开发市场监管链，在设备生产商、渠道商、最终用户及监管执法部门之间设计共识机制。实现产品生产数据、运行数据、物流数据、使用数据、执法取证数据、执法处罚的上链存储、共享、交换、开放。

开发市场监管链码：建立统一的市场监管链码，分场景、分行业、分设备、分监管规范地建立市场监管数字字典，定义监管所需要的数据集；建立数据采集统一标准和原型，由市场监管部门主导开发市场监管链码作为市场监管数据采集的核心组件。这些组件按照监管的需求可以潜入监管的设备、相关的信息化系统和产品中。

在关键监管设备和系统中嵌入智能合约：智能合约可以嵌入被监管的设备、业务系统，对违反监管规范和技术标准的行为进行实时的阻断或者存证、告警、通知执法部门等。

使用分布式账本技术存储关键监管证据数据：对监管环节的关键数据使用区块链进行存储，在整个区块链网络中存储同样的数据，确保数据的不可篡改性，作为监管执法触发的可信基础。

2. 建设市场监管现代化治理的核心能力

提高市场信用服务能力：信用是市场经济的基础也是市场监管的基础，可以使用区块链的分布式账本，在企业、工商、税务、银

行、电信运营商、互联网平台、公安、消费者协会、水、电、煤气、社保等信用相关部门建立共识机制，共享信用相关数据，建立可信的个人和企事业单位信用档案。

建立数字化监管终端的区块链身份管理能力：使用区块链对数字化监管终端进行身份管理，每个终端拥有不可篡改的身份，这个身份数据用于可信安全的终端接入和数据合法性验证。

提高市场监管数据运营能力：新建或者升级现有的市场监管数据管理方式，利用区块链保存市场监管数据；在安全监察机构、使用者、生产者、数据平台和第三方使用者之间利用智能合约对数据的采集、处理、共享、传输、开放进行精准的分层、分级、分场景、分区域、分部门的权限控制和自动化智能化数据要素管理。

提高执法证据的可信、合规能力：对执法过程中的材料、证据、数据使用区块链进行存储，利用区块链的不可篡改性实现证据数据的完整性保护。

典型案例

浙江省市场监管区块链电子取证平台 [99]

浙江省市场监管局 2019 年启动了一个市场监管区块链电子取证平台区块链项目，目标是解决日常监管执法事前存证、事中取证和事后认证难、效率低等问题，并作为支撑全省市场监管执法电子取证的综合应用平台。

该平台由两大基础支撑和三大应用平台构成。

1. 司法效力支撑。为支撑线上线下一体化监管执法，建立了电子数据取证实验室，获批电子取证司法鉴定资质，成为全国首家拥有区块链取证系统的电子数据司法鉴定机构。

2. 底层基础支撑。正式“市监链”建设，由共识算法、权限管理、交易加密、区块存储、对等通信、智能合约引擎 6 个核心模块构成，支持灵活跨链。

3. 在线取证平台。基于“市监链”开发了“市监保”在线取证平台，包括网页取证、录屏取证、移动端取证 3 个功能。在区块链上实时登记取证过程和内容，取证结束，平台自动生成可供当事人校验的保全证书，实现了“一键式”取证。

4. 快办固证平台。开发移动端“市场监管领域案件快速办理平台”。通过植入“市监链”，第一时间对现场生成的电子笔录、询问笔录、送达地址确认书，以及照片、文档等证据在“市监链”区块链固证，完成现场确认，签字过程区块链全程“见证”，保证了材料的不可篡改和签名的真实性。

5. 监测固证平台。基于全国网络交易平台实施大数据监测需要，开发监测平台“探针固证系统”，在监测平台的关键环节植入“市监链”区块链探针系统和抽样代码，实时获取平台运行状态、验证监测结果的准确性，相关数据同步在区块链登记，自动生成可被验证的“区块链电子数据固证证书”，解决了大数据监测平台难以按个案标准实现“线索转证据”的技术认定难题。

建立市场监管数据开放平台：使用区块链的智能合约对数据的开放行为进行权限管理、收益管理，为开发者和市场监管应用软件开发商提供可信的数据要素，解决个性化监管和公众服务的需求问题，提供数据主体对数据的占有、使用、收益和处分的能力。

建立市场监管的人工智能平台：在真实可靠数据的基础上和基于区块链的智能合约，建立监管执法的人工智能平台，为一线执法人员提供执法处置的支持，从合规性、合法性、处置建议、现场执法行为建议等方面提供实时的、智能的支持。

建立市场监管风险洞察能力：建立市场协同监管联盟链，与工商、税务、人社、公安、商业机构、使用单位等共享企业信息、交易信息、行为信息等数据，整合电信运营商、互联网、地理信息等数据和企业经营活动轨迹数据，对企业"是谁、在哪儿、在干什么"进行实时监测。建立监管风险模型库，建立精准化、差异化监管能力。

建设区块链支持的市场大数据协同共享能力：在市场监管、药品监管、知识产权局监管、特种设备监管的生产、物流、销售、使用和监管部门之间使用区块链对关键设备、关键数据、关键系统进行区块链化改造，归集关键数据，形成可信的市场监管数据底盘，在数据汇聚、数据融合、数据质量、数据管理、数据共享、数据建模、数据服务、数据应用等环节提供基于智能合约的精准数据运营能力。

3. 提高食品风险治理能力

改善食品的溯源能力：使用区块链从企业源头的生产开始，对食品的原材料、加工生产、储存运输、分销零售、消费的全过程进行证据链存证，在农业、工信、商务、市场监管、药品监管、教育、卫健、应急、公安等部门建立联盟链进行数据信息的共享，实现食药从种养、生产加工、流通、仓储物流全流程追溯。

建立问题食品实时阻断能力：建立市场交易监管链，对交易系统实时区块链化改造，在零售商、物流商、支付渠道、分销商及监管部门之间使用区块链共享食品药品信息，形成市场交易监管链，通过在链上发布问题食品药品信息，对有问题的批次在任何一个环节都拒绝提供支付。

建立食品供应链区块链数据平台：在食品制造商、分销商、零售渠道、消费者和监管部门之间建立食品监管链，使用区块链管理食品供应链和消费链信息，确保食品供应链和消费链中的数据共享，保持产品的完整性和质量。每个环节包括消费者在内都可以是一个区块链节点，对数据的入链、验证、共享、授权、修改、删除建立角色、行为的存证记录，使用智能合约对食品供应链信息进行管理。

推进食品关键生产设备的区块链升级：对食品生产线的关键设备的数据在设备上内置区块链模块进行数据的存储和上链，或者在生产线侧部署基于机器视觉的分析系统，对生产行为、原材料和过程进行存证记录，并把这些数据记录到区块链中与下游的各个环节共享。

改善食品供应链的质量保障能力：使用区块链存证食品的贮藏、物流配送、市场批发、销售终端全链条配送数据；每个环节提供上链数据，并开发智能合约对数据的流转和处理进行授权，满足全过程的质量数据存证、共享和执法的需求。

4. 建立药品监管核心能力

建立安全的药品供应链管理能力：在制药商、医院、医药科研机构、药品渠道商、药店、公众者和医药监管部门之间建立药品监管链，使用区块链管理药品供应链和消费链信息，确保药品供应链和消费链中的数据共享，保持产品的完整性和质量。每个环节包括公众在内都可以是一个区块链节点，对数据的入链、验证、共享、授权、修改、删除建立角色、行为的存证记录，使用智能合约对药品供应链和消费链信息进行管理。

5. 提高特种设备监管的能力

特种设备监管要素包括特种设备及其生产制造单位、特种设备检验检测器具及其生产制造单位、特种设备检验检测机构、特种设备检验检测人员及其检验检测行为，提升特种设备监管能力是一个系统的可信工程。

提升特种设备的数智化可信水平：构建特种设备可信监管智能合约标准，整合特种设备生产制造单位、监管部门、检验检测部门、仪器工具制造部门和标准化单位、软件开发商，共同制定特种设备的可信监管智能合约标准，同时在特种设备的制造过程中嵌入智能合约，融合物联网技术、北斗定位技术、感知技术，实现特种设备的制造数据、状态数据、检测行为数据的融合集成，推进特种设备自身的数字化、智能化和可信水平。

构建多元主体可信整合的特种设备监管链：以监管机构、执法机构、司法机构、标准机构、电子证据机构、认证测试机构、生产制造为特种设备监管联盟链的超级节点，构建特种设备监管区块链网络，融合隐私计算技术、边缘计算技术、依托市场监管大数据资源体系，对特种设备的生产机构、检测检验机构、使用机构的设备数据、运行数据、检测数据及其安全管理的行为和状态进行可信管理。

提高特种设备安全监管行为可信能力：融合 5G 技术、视频分析技术和区块链安全隐私、不可抵赖的数据可信管理能力，对使用单位的特种设备安全运行管理行为、检验检测机构的检验检测行为、检验检测人员的检验检测行为和监管执法人员的监管行为所产生的系统数据、音视频数据、仪器仪表数据、记录信息等进行可信管理。

提升信用监管的能力：依托特种设备监管链和市场监管大数据资源体系，实现特种设备生产制造单位、各层级监管部门、检验检测部门、仪器工具制造部门的特种设备数据要素的汇聚、交换、共享和应用，对特种设备获证单位底数、行政许可、行政处罚、抽查检查结果等事项信息实现可信汇总，形成基于真实可信数据的信用监管能力。

升级现有特种设备监管平台：应用区块链升级现有特种设备监管平台，对特种设备的数据采集进行分布式存储，在特种设备的生产者、使用者、运行维护者和监管部门之间使用联盟链进行数据存证、共享。

使用区块链进行电子票据管理：对医疗电子票据使用区块链进行存储，满足医疗收费电子票据在医保部门资金结算、业务监管、票据存储、报销入账等方面共享的需求。

典型案例

深圳市医保区块链电子票据管理 [100]

深圳市为了推进财政医疗电子票据管理改革，财政部门与医保部门通过应用区块链技术，成功上线应用深圳市医保区块链电子票据服务平台，实现医保部门与财政部门、医疗机构之间的信息互联互通，为群众网上办理医保报销提供便捷、高效的服务。

深圳市医保区块链电子票据服务平台上线应用，创新了医疗收费电子票据在医保部门资金结算、业务监管、票据存储、报销入账等方面的应用。

一、实现就医费用网上报销入账

平台通过引入区块链技术，打通了医疗收费电子票据系统在深圳医保部门、医疗机构及财政之间的数据共享和应用渠道。借助电子票据在区块链上具有防伪可信、不可篡改等特征，为医疗收费电子票据报销提供了安全可靠的保证，可在线实时验证票据的真伪，实现网上报销入账，使得报销审批工作更加准确、方便、高效。

二、实现对医疗收费电子票据的全生命周期智能化监管

通过区块链的智能合约将电子票据的生成、传送、存储及社会化应用全程上链，实现操作有痕迹、过程可跟踪、结果可追溯的全生命周期智能监管新模式，同时也为医保电子票据大数据大面积应用夯实了基础。

三、自动核算，实现精准报销

区块链电子票据的应用，改变了传统通过审核结算单以及纸质票据的方式，可通过读取电子票据数据，无须打印，取之即用，经办系统区块链化改造后可通过该系统自动核算，提高医保报销的效率和精确度。

四、入账反馈，有效防止重复报销

基于区块链安全可靠、防抵赖、全流程数字化跟踪等

特性，建立报销入账信息统一反馈平台，形成医疗机构医保财政入账信息的实时同步，通过技术手段防止重复报销现象的发生。

五、绿色环保，数字化存储

根据电子票据以数字档案的方式长期存放、灵活调取的特点，避免了烦琐的仓库存放、人工查找的方式，减少了纸质票据，很大程度上实现了低成本和绿色环保运营。

四、建立市场监管数字资产运营管理能力

1. 识别市场监管的核心数据资产

市场监管的核心数字资产：市场监管离不开核心的数据资产，可以识别的核心数据资产包括：行政许可数据、电子证照数据、产品基础数据、食品基础数据、人员数据、商标数据、特种设备数据、知识产权数据、政策法规数据、药品数据。这些数据资产构成了市场监管过程中的基础数据。

2. 提高市场监管数据资产的质量

从数据源头控制数据资产的质量：在监管设备、计量设备、特种设备等数据源头进行区块链化改造，使用区块链对数据进行分布式存储或者进行哈希处理存储数据指纹。

对监管数据进行操作行为存证：在数据的采集、传输、处理过程中对行为进行区块链存证，记录数据的操作访问记录，提高数据被篡改的难度和保持数据的一致性、完整性。

3. 提高市场监管数据资产的运营效率

使用智能合约管理监管数据开放：对市场监管数据在纵向和横向的共享，可以使用智能合约对数据权限进行管理，按照行政许可授权的权限控制数据的访问、处理、流转，并使用区块链进行自动存证、实时授权，提高市场监管数据资产的运营效率。

建立市场监管数据可信交换共享能力：在建立市场监管数据可信交换共享能力，在监管对象、监管设备、监管机构（质检、食药监、知识产权机构等）及服务机构之间设计共识机制，利用分布式账本技术存储关键监管数据资产，开发数据共享交换智能合约，利用联盟链控制数据的交换和共享。

提高数据资产的安全保护能力：利用区块链的共识算法能够防止黑客或者误操作对市场监管数字资产的入侵、篡改、破坏。

五、优化市场监管核心流程

1. 提高协同监管的能力

建立基于智能合约的自动化监管流程：对食品、药品、特种设备监管规则和标准的信息化、编码化和标准化处理，拆解和细分监管规范、技术标准等，以此为基础开发市场监管智能合约，建立监管执法、检验检测合规性的自动监管和执行能力，这些智能合约需要潜入被监管的设备、系统中去。

建立协同监管联盟链：由市场监管部门、监管设备生产商、监管执法设备生产商、销售渠道、使用单位之间建立协同监管联盟链，对监管对象的数据、监管执法的行为进行区块链管理。

开发监管智能合约：对规则清晰、事项接口清晰、职权责任清晰的监管事项进行拆分，按照监管的事项清单和全生命周期监管需求，由不同的监管部门开发智能合约，通过定义智能化的标准、接口，形成自动化的基于智能合约的监管链。

使用区块链智能合约管理监管数据资产共享过程：使用智能合约建立协同监管过程中数据共享开放权限自动化管理能力，实现监管过程关键数据的自动化共享和实时共享。

2. 提高移动监管的能力

提高移动源可信监管能力：利用区块链的不可篡改性，对重型燃油车辆、冷链运输车辆、污染物运输车辆等分布式存储记录数据，提高移动源的数据质量。

使用区块链对移动执法设备进行管理：建立移动执法设备的区块链身份，确保移动执法设备的接入安全，并基于身份进行可信的执法设备执法授权。

建立基于智能合约的场景化智能监管能力：按照时间、地点、对象及监管条件，开发基于智能合约的场景化监管能力，当监管对象触发某个监管条件，例如处于某个地点的时候，自动执行监管。例如，重型燃油车辆的排放物超标自动告警或者只能于特定时间段在特定路线行驶，如果脱离路线则自动触发监管。

3. 提高远程监管的能力

建立远程可信监管能力：利用区块链的不可篡改性，对监管对象进行区块链化改造升级，在数据接口内置监管链码，使用区块链自动存证监管数据或者监管数据的数据指纹，与监管业务系统连接，实现远程分层分级智能监管。

使用区块链管理远程设备：建立远程设备的区块链身份，控制管理远程监管设备的安全接入，防止监管设备被篡改或者被黑客劫持。

建立自动智能巡检的能力：使用智能合约对远程的设备和场景进行自动智能巡检。

六、建立开放的市场监管治理网络

市场监管领域上下游复杂多样，区块链能够帮助市场监管部门建立可信的治理网络体系。

提高产业链角色的信用能力：对计量器具、特种设备制造商、检测认证机构等关键环节角色，使用区块链对其经营行为进行存证并与信用单位、工商单位、税务单位、银行等进行安全可信的数据交换，准确地掌握供应商的信用情况，使用区块链进行存储。

建立市场监管关键设备的阳光采购招投标能力：对特种设备、计量器具、医疗器械、食品药品的生产设备的招投标的全过程进行区块链化管理，提供招投标的证据链和招投标行为人的全程行为痕迹链。

验证市场监管关键设备的供应商的能力：通过区块链与供应商进行关键能力数据信息安全共享，在无须了解供应商核心机密的情况下，通过区块链交换可信的数据验证供应商的能力。

利用区块链提高与协同人的协同能力：使用区块链对市场监管过程中的横向和纵向协同的证照、设备、数据及人员进行区块链管理、交换和共享；利用智能合约对监管规则进行软件化，通过建立智能合约的规范、接口和协同关系提高协同的效能；建立协同人主导的联盟链，并基于联盟链实现数据安全共享和流程自动化。

改善与生态的联合能力：市场监管部门可以建立与电信运营商、互联网平台、物流平台及第三方数据机构、研究机构、科研机构的联盟链，通过数据开放和交换提高市场监管数据的广度和深度，并为第三方机构提供可信的、高质量的数据开放服务，鼓励生态开发各类监管应用、提供科学研究、监管产品创新等。

第三节　城市治理科学化、精细化、智能化能力建设

一、建立可信的城市公众服务能力

首先，政府部门要提供可信的城市公众服务。这需要提升对城市居民的身份管理能力和各个主体的信用管理能力。

提升城市居民的身份管理能力需要建立城市级或者城市群级别的区块链身份管理系统，安全地存储城市和企业用户的身份信息，并在保护隐私的情况下为用户、用户信息提供方、用户信息使用方提供身份标识和信息交互，使得企业和机构可以更合规地使用和管理用户身份信息及数据授权，为城市居民与城市服务的交互过程提供身份验证服务[102]。

提升城市各个主体的信用管理能力则是指利用区块链的数据安全能力，对参与城市治理的各个城市主体，通过在银行、电信、工商、政府等部门之间进行信用数据共享，提高城市的整体信用能力。

其次，要提高城市治理的先见洞察能力，改善城市管理部门与

公众的关系。利用区块链的智能合约能力，开发城市治理任务，发布到区块链上，由市民经过可信的身份认证之后，按照约定的共识机制如权威证明或者工作量证明参与城市治理任务，并在完成任务之后获得相应的经济激励或者声誉激励。

最后，要优化公众对城市治理的评价结构。其中包含了两方面的工作。一是为城市公众建立真实且隐私的身份。基于区块链的隐私性，为公众提供隐私真实的身份，提高公众真实表达意愿的能力，也为城市管理者提供高质量的评价监督信息。二是改善对城市治理行为的评价方式。为公众提供区块链身份，利用区块链身份的真实性和隐私性，提供高度安全的城市治理行为存证。

我们可以从以下 8 个方面来改善公共服务履行能力。

1. 提高政务服务的履行能力

提高跨部门跨区域的身份认证能力：对个人或者法人的身份信息使用区块链管理，并由权属人通过智能合约进行动态的、实时的、分场景的授权，为不同的地区、部门、业务和场景提供一致可信的身份验证服务。

建立个人生物特征信息与身份、证照之间的可信关联系统：利用区块链的不可篡改和分布式存储的特性，建立人脸与身份个人、组织证照之间的存储数据库。如果存储的是人脸信息，就可以实现“一脸通办”。

建立基于智能合约的自动化政务服务能力：在政务服务的关键环节，使用智能合约对关键过程进行信息处理，例如身份校验审核、证照验证或者结果通知等，提高政务服务的自动化流程比例和智能化程度。

改善公共服务行为的合法性：对公共服务行为的合法性提供不

可篡改的证明和依据。同时使用智能合约对超越授权边界的行为进行自动化的拦截。

2. 提高公务员身份的管理能力

使用区块链建立公务员身份档案：每个公务员都可以创建一个身份区块，用于代表自己的身份，利用区块链的不可篡改特性，建立服务等级、服务权限、服务范围的可信管理身份档案。

3. 提高教育服务的履行能力

使用区块链管理学历证书：使用区块链建立教育机构、学历认证机构、教育监管机构与学历证书应用机构之间的学历证书共享系统，对证书的发放、保存、验证进行区块链管理，实现教育数据链上可信记录，面向用人单位提供相应权限的教育经历查询、验证等可信查核服务。

4. 提高精准扶贫的履行能力

提高低保户的精准定位能力：对低保户的授权、确认、签名、家庭经济状况核对等使用区块链进行存证。在扶贫机构、金融机构、身份管理部门、社区之间进行数据共享，准确准确认定和核查城乡对象，实现办理过程透明可追溯、低保用户精准定位。

提高扶贫资金的透明度：使用区块链管理扶贫数据，对扶贫资金和服务物资从发放环节就开始记录，并对流转过程和处理过程进行记录，在扶贫的各个部门之间进行数据的共享，建立扶贫智能合约，通过信息化系统来确保扶贫资源配置过程的合规性。使用区块链强化数据共建共享，规范数据管理，提高数据质量，实现过程可追溯、流动全程透明、跨部门扶贫数据逻辑一致、标准一致、信息一致，闭环运行，统筹跟踪脱贫成效。

5. 提高就业服务履行能力

使用区块链对家政、房屋中介、保险代理人、汽车服务、审计、会计、人力资源等行业服务人员提供可信认证：对服务人员的能力、经验、资质和信用情况使用区块链进行存储，为企业和用户提供验证服务。

使用区块链对家政、房屋中介、保险代理、汽车服务等服务企业提供可信认证：对服务企业的信用情况、服务情况、资质以及监管信息进行区块链存证，为从业人员和用户提供验证服务。

提高就业服务关键环节监管能力：在App端、平台端，对关键的服务信息和履行行为进行区块链存证记录，实现就业人员、用人单位等信息上链，用于工商、消协、法院、公安等部门共享。

6. 提高公益事业履行服务能力

提高捐赠物资流转的透明度：使用区块链从物资捐赠源头开始，记录捐赠人、捐赠时间、捐赠地点、捐赠物、捐赠对象、捐赠用途，把这些数据上链。在捐赠物的流转过程中与慈善管理机构、物流机构、监管机构、受赠人及捐赠人之间进行安全可信的数据共享，同时使用智能合约控制捐赠的行为，按照捐赠人的意愿设计智能合约，对不符合规则的行为进行存证和警告。实现物资捐赠、社会救助等全流程信息公开、透明，增强公益慈善事业权威性、透明度与公众信任度。

7. 提高知识产权治理能力

建立知识产权链：在公共文化机构、出版机构、传媒机构等使用联盟链建立基于区块链技术的版权保护，利用区块链的不可篡改性和精准的权属控制，实现版权保护的安全、可信、可靠的授权及过程监管。

建立知识产权监管链码：从内容的源头开始，到内容的分发、改编、传播和使用，对产业链的各个环节的平台和App嵌入监管链码。一是进行精准的权属确权管理，二是进行行为存证，三是提高版权确权和交易的自动化程度。为版权存证、确权、交易和维权提供不可篡改的存证记录，提升版权确权效率，降低维权成本。

8. 改善医疗服务的履行能力

使用区块链管理电子病例：在患者、医院内部、医院之间、医保机构与医政管理部门之间共享电子病例，记录诊疗行为，并把区块链电子病例作为提供智能导诊、在线问诊、报告查验、在线支付、电子处方流转、健康信息查验等服务的基础信息。

建立跨地区跨部门的共识机制：建设纵向和横向的数据共享联盟链，实现跨区域电子健康档案共享、电子票据、医保数据交换等便利服务。

对现有人口健康信息平台进行区块链化改造：运用区块链技术实现患者电子健康档案、电子病历、临床医疗等关键信息上链，满足跨医疗服务机构的医疗病例存证、医疗检测数据共享。

使用智能合约精准保护病患隐私：利用个人身份主权技术帮助病患和医院建立诊疗数据流转过程中全生命周期分级分场景授权，以及实时授权、动态授权、隐私授权等多种授权模式。既满足各部门各环节的数据共享需求，也满足病患的隐私保护需求。

对关键医疗设备进行区块链化改造：在医疗设备及平台系统中

嵌入医疗监管码，实现医疗数据的区块链实时采集存证。

改善医疗服务监管能力：设计和实现政府、医院、医生、患者、药厂等共识系统，实现就医、影像、检验、诊断、用药、医养结合等环节全程留痕。在医保基金管理、医保待遇支付、商业补充保险等领域使用区块链技术进行全过程监管。

建立医保数据安全共享平台：医药品、医用耗材、医疗服务的提供者、流通者和使用者之间建立联盟链，对关键的处置、分发、分割、销售行为进行存证管理。在医院、药店、药企等实现医保数据的安全共享。

使用区块链管理和共享处方信息：在政府、医院、药厂、药店、保险企业等建立联盟链，建立处方链，实现处方数据的流转共享；在跨地区跨医疗机构中实现诊疗环节、购药决策、支付配送等信息全部上链，满足处方药全流程监管的需求。

二、优化城市治理的战略层面治理能力

1. 提高治理资源的可用性和可信度

建立城市治理资源的分布式账本：对城市治理的资源使用区块链进行数字资产证明记录，对资源的存量情况、使用情况、可用情况进行记录，建立真实的城市治理资源数据。可以应用于各种城市中治理资源实体的登记，例如道路资源、医疗资源、教育资源、房产、土地、广告牌和汽车等。

利用智能合约进行应急资源的交易：建立城市应急的资源清单，开发应急资源调度的智能合约，当应急任务发生的时候，发布应急任务到区块链上，由资源的拥有方和需求方之间通过智能合约自动交易，并对交易的凭证和记录进行上链存储，提高城市应急管理中

的资源智能化自动化调度能力。

使用智能合约自动盘点可用的城市治理资源：通过在城市治理资源的系统嵌入智能合约代码，对治理资源的存储、使用、消耗及应用情况进行自动盘点；资源持有方开发智能合约自动发布资源可用情况到区块链，提供可信的资源供给信息。

2. 改善城市治理数据资源质量

使用智能合约管理数据质量：建立城市治理数据指标标准，并开发城市治理数据质量管理智能合约，对进入城市数据网络的数据资源进行自动化的审核，拒绝不符合数据质量管理要求的数据进入城市数据网络。

使用区块链对数据全过程管理：对城市数据的采集、传输、处理、共享与开发的数据主体、数据管理过程及结果进行区块链存证。并开发数据过程管理的智能合约，对数据全过程的权限控制进行精准的管理。

3. 提高治理行为的可追溯性

城市治理行为区块链存证：利用区块链不可篡改的特性，对城市治理过程中的治理行为、治理证据包括音频、视频、文本等数据经过哈希处理之后存储数据指纹，同时借助云存储原始内容，确保治理过程的全程可信回溯，形成可信的城市治理证据链。

建立城市治理授权可信溯源能力：对城市治理事项的授权依据使用区块链进行存证，从授权的源头对授权依据按照层级建立授权链，每一级的授权都是一个区块交易，记录授权的内容、依据、对象、时效、范围等并在不同城市治理部门、委托的城市治理机构和公众之间进行共享，建立可信的授权链。

建立可信城市治理的能力：使用区块链对城市治理的行为如社区治理、环境治理、交通治理、城管执法等城市治理过程的数据、文档、影像进行存储；在数据可信的基础上对数据进行智能分析和存证。

4. 建立智能化的服务与公众城市界面

建立基于智能合约的城市公共服务能力：利用区块链的隐私性、真实性，建立个人和企业全生命周期的服务管理能力，对个人和企业的服务需求实现真实性的预测和智能化提醒，并使用智能合约对公共服务所需的证照材料及数据信息进行处理和跨部门共享。

5. 建立可编程的智慧城市治理结构

建立基于公共账本的治理能力：智慧城市中各参与主体之间能够运用共识共享的方式建立公共账本，从而形成对信息网络中传输数据的统一共识，进而可以优化烦琐的验证流程，通畅治理信息通道，促成治理信息上传和治理决策下达均一步到位。

开发城市治理智能合约：把城市治理的任务开发成智能合约，利用分布式账本共享城市治理的数据、利用区块链的分布式身份管理能力共享治理能力，开发在不同场景与不同行业满足不同层级的城市治理智能合约。例如开发城市安全智能合约、社区治理智能合约、物业服务智能合约等，这些智能合约可以由不同的城市主体按照约定的城市智能合约标准各自开发，自动联动。

制定城市智能合约标准：通过识别城市治理的场景、任务、目标、所需要的数据资源、参与的主体及纵向和横向多部门协同、政府间协同、政企间协同的接口，制定城市智能合约标准。

建立城市治理智能合约平台：城市管理者可以建立城市级的城

市治理任务合约平台，利用区块链的身份管理系统对每个参与者的身份、信用、能力和资源进行存证管理；并开放城市治理的数据资源提供给研究机构、开发者、城市参与者，按照约定的城市智能合约标准开发城市治理合约，构建多层次的、开放的、可信的城市治理任务。

三、建立以智能合约为核心的城市治理资源体系

（一）建立城市治理的数智化核心能力

1. 建立区块链服务城市节点设施

建设区块链服务网络城市公共节点：通过对城市的算力算法、资源部署，区块链基础设施和运行环境实现电信运营商、IDC 企业和云计算服务商算力算法资源的计算和存储资源开放，为政务应用和应用开发者提供便利的区块链应用开发、部署和运行环境，提高城市的可编程能级。

使用区块链提高城市物联网平台数据服务能力：将区块链相关技术引入物联网平台，增加基于区块链的身份管理能力；在不同的物联平台之间设计共识机制实现区块链平台数据交换共享网络；使用智能合约对数据进行精准管理，实现不同城市主体的可信数据交换，建设开放的物联网接入、交换、服务体系。

2. 建设可信的城市关键部件设施

对城市关键部件进行区块链化改造：对城市关键部件的传感器、摄像头、智慧路灯、智能充电桩、智能垃圾桶、智能停车场、智能管网等物联网终端进行区块链化改造，基于区块链建立身份管理系统，对其接入进行接入验证和数据指纹记录，实现物理层面的可信

接入，降低设备和数据被劫持的风险。

降低城市物联网设备的维护成本：使用区块链的智能合约管理物联网设备软件的自动更新、数据传输。在设备的生产制造、维修、服务及业务单位之间进行信息共享，基于智能合约进行自动化维护管理、安全监测。

3. 提高城市基础设施数据的共享能力

建设基于区块链的城市物联网设备标识体系，实现城市部件身份的统一可信管理：使用区块链的分布式账本技术，建立分布式、可靠、安全、共享的物联网标识体系，为智慧城市各领域提供高效率、低成本的可信物联网设备身份验证能力。

基于可信身份实现建设可信的城市数据共享平台：利用智能合约对数据的使用、共享、交换和收益进行存证和精准授权，实现对城市数据的安全可信、动态实时的管理，满足城市规划设计建设运行过程中行业物联网数据的共享，实现感知数据的高效应用。

提高城市信息化关键系统的安全保护能力：对城市信息化系统和基础设施，例如城市数据中心、政府关键信息化平台等，可以使用区块链安全可信能力建立人、设备、组织的认证登录、操作行为存证和智能合约授权，鼓励数据中心将区块链用于设备登录认证、通信数据加密、操作指令加密、数据访问控制、现场进出管控、关键操作授权等方面，全方位地提升城市数字化系统的安全保障能力。

（二）建立城市数字资产智能运营能力

1. 构建城市数据资产运营基础设施

建立城市级别的数据交易能力：利用区块链的不可篡改和可追

溯性，建立成熟数据交换交易联盟链，为城市参与主体建立可信的数据交易系统，在区块链上记录交易各方的数据所有权、数据交易行为、数据处理权限。

建立去中心化的城市数据交易网络：利用区块链的分布式、可追溯等特性，建立能够支持城市物联感知数据交易的数据网络，用以建立包含城市多主体、多层级、多行业、多业务类型的城市物联感知数据的实时和精细化的数据交易能力。

建立分布式的区块链城市数据交易平台：基于区块链的去中心化，建立城市参与主体的数据交易平台，通过智能合约进行交易管理，让城市参与方均可获得更多需要的数据。

2. 提升公共交通资产运营能力

建立城市交通资源数字资产：利用区块链的分布式和去中心化能力，对城市的公共和私人停车位、充电桩等交通资源进行数字化，实现资产上链，为交通资源价值流转和分配奠定基础。

提高交通数据共享能力：在交通基础设施的建设维护部门、交通管理部门、车辆运输服务部门、用户之间使用区块链共享维护数据、建设数据、管理数据、车辆行驶数据和个人出行数据。

提高交通数据的质量：应用区块链技术在交通基础设施、重要节点、运载工具和作业设备等交通环节进行数据采集，并使用智能合约对数据共享和交换进行权限管理，建立安全、准确、及时、可追溯的交通大数据采集体系。

建设交通运输链：对交通运输行业监管部门、企业和车主等行业主体实行数据上链，采集和存证交通运输产业全要素全环节的交通运输数据，实现对交通运输数据的确权和数据资产的价值运营。

提高充电站资产的运营效率：利用区块链的分布式、去中心化和资产确权及交易行为可追溯的特性，联合充电运营商、电力提供商、场地提供商、物业公司、个人充电桩桩主、车主等建立充电桩联盟链和资产运营平台，关联车主信息和车辆信息，提供可信、可追溯、高效的城市充电服务。

（三）优化城市治理的核心流程

1. 改善城市横向治理的能力

提高城市政府跨部门自动化横向协同能力：利用区块链智能合约技术，在数据融通共享的基础上，对城市横向管理涉及多部门协同的事务进行智能合约开发，由各部门的智能合约进行自动化处理，改善城市治理政府部门间的协同能力。

改善政府与企业之间的治理协同能力：建立政府与企业协同联盟链，政府在链上安全共享城市治理数据、发布城市治理的资源需求和治理任务，企业在链上登记企业能力、可用资源；政府和企业都在治理协同链上开发智能合约，当出现城市治理任务的时候，由智能合约自动进行交易协同和任务协同，提高城市治理政企协同能力。

建立横向数据资源共享交换能力：建立数据资源目标链，在政府部门间、政企之间进行安全的数据资源零信任访问、交换、共享。

提高"时空一张图"的数据资源城市层级整合能力：对城市信息模型（CIM）的"规、建、管、运"4个阶段，建立基于区块链的数据资源共享交换能力，通过智能合约按照场景进行数据资源的共享和实时交换。

改善"一网统管"的实时可信治理能力：在政府的规划部门、

建设部门、城市各类资源的使用主体、运行维护管理主体之间建立数据资源目录链进行数据的交换和共享，实现零信任下的数据交易交换访问能力，改善城市“一网统管”的能力。

2. 提高城市纵向治理的能力

提高街道数据资源获取能力：利用区块链技术建立零信任数据访问授权能力，对汇聚到城市层级的数据资源进行安全访问的精准实时授权，按照街道城市治理的场景、角色、位置、治理对象、事件、部件进行数据资源访问授权。

提高纵向治理权限精准授权能力：建立市、区、街道、小区四级城市治理权限目录链，通过区块链对各个层级的城市治理权限和协同规范进行固证，并对实时城市治理过程中自上而下或者自下而上的权限授权进行动态调整和实时存证，提高纵向协同的能力。

3. 改善城市韧性治理的能力

提高城市的结构韧性设计能力：城市结构韧性包括城市建筑结构、经济结构、社会结构、心理结构、运行结构，其中涉及城市的多元主体参与，利用区块链技术的可信能力，可以真实地建立各个结构层次的数据表征模型，用于城市结构的规划、设计和预测，改变城市结构设计的经验主义模式，建立数据驱动的城市结构设计。

提高城市应急资源的调度管理能力：城市韧性的能力建立在资源家底清晰真实的基础上，利用区块链对城市的应急资源进行存证管理，建立城市韧性资源链，建立各类城市应急资源目录存证资源数据。利用区块链智能合约进行应急资源的自动调度、智能交易、实时巡查。

建立系统级的城市韧性治理能力：系统级韧性来自城市多个系

统的真实数据交换、智能业务协同，例如城市自然系统、经济系统、物理系统、数字系统、社会系统的有机协同，以应对某个突发的城市事件，利用区块链建立分层分级分域的基于智能合约的自动化过程韧性治理能力，再通过层级向上收敛，建立系统级的韧性治理能力。

提高城市供水、供电、燃气、交通等应急保障能力：使用区块链对救灾物资、生活必需品、医药物资和能源储备物资进行数据管理和自动交易管理，提高城市应急供应自动化反应能力。

提高灾害评估的数据可信能力：对气象灾害、地质灾害、生物灾害等领域的感知设备及其感知数据进行区块链化改造，进行数据存证、共享和交换，在多个部门及科研机构、公共管理机构、应急部门之间进行共享。

提高供水水源、洪涝、能源、交通等安全隐患防控能力：从数据感知的源头到数据的分析、处理、交换等关键环节嵌入链码，对数据的完整性和访问记录进行区块链存证。

提高跨部门数据共享交换能力：建立城市韧性链，在安全生产、市场监管、应急保障、环境保护、治安防控、消防安全、道路交通等部门进行公共数据资源的共享和交换。

4. 改善城市环境治理的能力

提高城市环境治理数据可信能力：对气象灾害、地质灾害、森林火灾等感知设备进行区块链化改造，对数据的采集、处理、分析、共享、交换使用区块链进行行为存证，使用分布式账本进行数据存储，提高环境治理数据的可信能力。

提高环境治理资源的管理能力：使用区块链分布式账本存储环境治理的资源，包括环保实施、环保物资、应急资源，实现环境治理资源的可信管理。

提高城市环境治理的可信执法能力：在环境执法环境使用区块链对执法的音频视频及数据进行存证，在环境保护部门、市场监管部门、城市管理部门及公共安全部门进行安全可信的数据共享。

提高环境治理的自动化能力：按照环境治理的场景，开发环境治理智能合约，在数据共享的基础上，在环境保护部门、市场监管部门、公共卫生部门、气象部门、应急管理部门、公共交通部门等之间，建立基于智能合约的自动化环境分析、执法、存证、处置、调度、指挥能力。

提高生态环境开放能力：通过区块链的智能合约对生态环境数据进行开放管理，为企业和公众参与城市环境治理、开发环境应用、进行环境治理监督评价提供精细化的数据流通管理能力，为社会企业创新生态环保应用提供数据资源基础。

5. 提高城市管理的能力

更新城市网格管理系统：使用区块链对现有城市网格管理系统或者城市执法管理系统进行更新，对城管执法的执法过程、执法证据使用区块链进行存证和追溯。

建立自动化的城管执法能力：按照城管执法的标准和场景开发城管执法的智能合约，建立自动化的城管执法算法，减少城管执法的自由裁量权引来的纠纷。

建立横向的城市管理能力：利用区块链在交通、工商、城管、卫生、应急、消防、市容环卫、市政公用、园林绿化等部门之间建立城市管理联盟链，进行数据共享，按照职能部门不同开发本单位主责领域的智能合约，发布数据和智能合约到链上，实现城市管理各个专业单元的自动协同和可信管理。

提高城市管理基础设施的资源管理能力：使用区块链对城市运行、安全生产、自然灾害等监测基础设施进行资源登记，建立城市管理分布式数据账本。并开发资源管理和交易的智能合约，提供城市管理基础设施资源智能化的调度、配置、运营、分析能力。

6. 提升公共交通运行效率

提高城市交通疏导效率：通过区块链记录和共享行车数据，实现对交通状况的分析和预判，通过路线指导推送提升交通疏导智能化水平。

提高公众参与交通数据开放能力：利用区块链的身份真实性和隐私性，建立公众参与城市交通行为和需求数据的共享开放能力，在公众、交通管理部门、运输服务部门、应急管理部门、气象部门之间建立交通链，进行数据的流通共享，提高公众交通数据安全共享的意愿。

提高交通资源的配置模式：公众可以在交通链上发布可信的出行需求，开发交通出行智能合约，对公交系统、出租车、共享单车进行精准地匹配，同时与道路管理信号系统进行联动，在出行需求、道路资源管理及交通资源管理三者之间建立数据共享和业务自动协同的资源配置运营模式，提高城市的交通运行效率。

提高特种车辆运行效率：使用区块链建立城市管理事件任务、特种车辆资源、道路资源的存证和智能合约管理，当城市事件发生时，特种车辆服务智能合约可以按照任务类型匹配特种车辆，并自动调度城市道路交通信号，做到特种车辆执行任务的自动化智能化管理。

提高城市交通数据开放能力：通过区块链的智能合约对城市交通数据进行开放管理，为企业和公众参与城市交通治理、开发城市交通应用、进行城市交通治理监督评价提供精细化的数据流通管理能力，为社会企业创新城市交通应用提供数据资源基础。

提高交通事故的处理能力：利用区块链对车辆司机的个人身份、事故音视频图文、地理信息、车辆信息等进行存证，开发交通事故处理的智能合约和共识机制，当满足条件时自动处理，并共享给保险部门作为电子执法凭证。

（四）建立开放的城市治理网络

1. 构建城市级的区块链公共服务平台

把区块链的公共能力如智能合约能力、身份能力、分布式账本能力、跨链数据交换能力、共识算法等能力作为城市的公共算力服务基础。

2. 构建安全、可信的智慧城市数据共享分享基础设施

利用区块链的分布式账本技术，在城市的各个参与主体之间建立城市数据共享账本，使用区块链进行数据的确权和流转记录存证，使用智能合约对数据的交换、分享、使用进行精准的权属管理和交易价值管理。

3. 提高公众参与城市管理的可信能力

利用区块链身份的隐私性和真实性，使用区块链为公众提供随手拍及全过程流程追溯和督办能力，利用公众的参与性快速发现城市管理问题。

附录

数字政府可信治理典型案例

案例 1　北京市海淀区：将跨地区共识能力应用于政务服务跨省通办

北京市海淀区应用区块链技术在全国率先推出“区块链+跨省通办”政务服务新模式，联合佛山等多个地区对高频政务服务事项提供跨省通办。在海淀与佛山签署的《政务服务“跨省通办”合作协议》中，把社保、企业登记注册、不动产登记等高频事项纳入跨省通办的范畴，首批两地共提供通办服务 163 项。在该案例中，区块链的主要应用模式如下。

1. 构建共识机制：应用区块链技术的不可篡改、多方共识、安全可信的技术特点，突破区域资源禀赋、办事流程的差异，通过政务服务区块链联盟构建“链上共识”机制，提高异地代收代办、材料智能核验、办事结果互认、审批数据上链等跨省通办服务能力。

2. 智能核验：通过在线上开设“跨省通办”专栏，打通“海淀通”“佛山通”的用户体系，应用区块链技术实现材料智能核验。

3. 设备互通：两地自助服务系统，通过海淀区应用区块链技术的自助服务机，实现两地政务服务自助设备互联互通。

按照海淀区的规划，将进一步探索以区块链技术联盟为载体的跨区域审批和服务结果链上“共识”的政务服务通办新模式。《国务院办公厅关于加快推进政务服务“跨省通办”的指导意见》提出了

“充分运用大数据、人工智能、区块链等新技术手段，优化再造业务流程，强化业务协同，打破地域阻隔和部门壁垒，促进条块联通和上下联动”。明确了全国高频政务服务“跨省通办”的140个事项清单，北京海淀与广州佛山探索的区块链跨省通办是一种创新性的探索，堪称区块链作为可信技术在跨区域协同上能力建设的经典案例。

案例2　长沙市望城区“无证城市”平台：可信电子征照应用于政务服务办事效能提升

湖南省长沙市望城区建设了望城区“无证城市”平台[102]，作为“最多跑一次”改革和提高公共服务效率、优化营商环境、提高群众办事满意度的数字化举措。在该项目的可信电子证照核验服务中应用区块链技术，实现了电子证照和电子材料的跨部门、跨域互信共享，构建了“无证、一件事、一次办”的政务服务模式，公众可以通过“刷脸”的方式进行政务事项办理。华为云社区有一篇文章[103]详细地介绍了区块链在该案例中的应用模式。

1. 构建跨部门跨层级联盟链。由公安局、数据资源中心等各委办局作为链上节点组成联盟链，与省人社厅等区块链系统组成跨链网络，实现数据跨部门、跨层级可信交换共享。

2. 证照数据回流开放：省公安厅、省市场监督管理局、省自然资源厅、省人社厅、省政务管理服务局、市行政审批服务局、市数据资源局等省市部门，向望城区开放身份证、居住证等10余种电子证照数据及接口。

3. 证照数据安全可信管理：发证主管单位负责证照数据上链、更新、新增和修改，确保电子证照一致性和可信性；同时对证照和身份信息加密存储、智能合约自动核验证照信息，只有主体授权

（个人或企业代表授权）才能解密、调用，并对电子证照的所有申请、授权和调用过程全程上链留痕。

案例3 天津政务大数据：探索政务数据跨部门可信共享

天津市委网信办、天津市大数据管理中心、北京大学新一代信息技术研究院共同开展政务领域基于区块链技术的大数据可信共享技术应用，在2019年12月上线了天津政务大数据可信共享原型系统[104]。

在该案例中，区块链的主要应用模式如下。

1. 建立图式区块链网络：天津市各部门作为可信节点，共同组成可信的图式区块链网络，打通信任壁垒，细化数据确权机制，保障数据的所有权、使用权、收益权不受侵犯。

2. 结合区块链和智能合约技术，将数据收集、存储、管理、共享、开放、分析、结算过程上链存证，实现数据全生命周期可信管控，形成数据使用事前审核、事中监控、事后溯源的数据监管机制。

该案例主要应用了“北大数瑞”提供的分布式账本技术，该技术的特色是通过随机选取固定数量的节点运行并行共识协议，形成有向无环图（DAG）的非链状数据结构，实现数据高吞吐率、存储开销可控、系统高可扩展性的底层技术架构，为数据管控等应用场景提供高性能的基础技术支撑。

案例4 北京市市、区两级数据共享交换：数据目录应用于政务信息资源管理

北京市为了解决市、区两级共享交换平台存在的数据交换与目录存在脱节、数据共享和开放不全面等问题，上线了目录链方案[105]。

在该案例中，区块链的主要应用模式如下。

1. 由北京市编制办、财政局和经信局为管理者组建了联盟类型的目录链应用。

2. 应用区块链技术改造各部门共享信息资源目录，构建基于区块链的可信数据共享网络。主要改造内容包括：构建职责目录和数据目录，实现数据和职责强关联；通过共识和智能合约技术，支持多方共识和业务协商；通过数据探针实时探测数据变更，确保数据与目录的一致性。

3. 每个部门作为区块链的联盟方节点，都保存所有部门共享的信息资源目录以及目录的发布与变更记录，能够追溯历史的变更记录。

4. 基于该区块链可信数据共享网络，各部门对可共享的数据资源编目，并将共享数据的信息资源目录记录到共享账本上。各部门共享交换数据与信息资源目录形成两条相关联的区块链联盟链，满足各部门间数据安全共享的需求。

在该案例中，通过应用区块链能够在一定程度上提高数据共享与政务的数据质量，通过保存信息资源目录的历史发布和变更的全量记录实现追溯，减少数据提供方随意变更数据的行为。公开信息显示，北京市应用区块链技术对市、区两级的数据目录和职责目标完成上链，基本形成了全市目录“一套家底”。

案例 5　浙江省市场监管局：多主体可信共识能力应用于电商平台合规监管

浙江省市场监管局受国家市场监管总局委托开发“全国网络交易监测平台”，实现了全国电商平台实时交易合规性监管[106]。在该案例中，区块链主要应用模式如下。

1. 在监管平台与司法机构之间构建共识节点，基于联盟链多中心和高可用特性，构建互联网行政管理的“穿透式监管”模式[107]。

2. 利用区块链技术对涉嫌违法的网络交易主体和商品信息进行固定和存证，实现监测数据可追溯、可证明、可信赖，无法被篡改。

该平台底层区块链基础设施基于趣链科技（国产自主可控平台）构建，通过监测获取全国主要电商平台网店等网络经营主体信息，运用区块链技术对涉嫌违法的网络交易主体和商品信息进行固定和存证[108]。

案例6　广州市市场监管局：多主体可信协同能力应用于市场监管食用农产品溯源

广东省广州市市场监管局应用区块链等技术建设了广州市食用农产品溯源云平台，构建涵盖市场开办者、商户、监管部门、社会公众的食品安全协同治理应用案例[98][109]。在该案例中，区块链主要应用模式如下。

1. 建立一档一码，利用区块链技术，将商户经营者、市场开办者、监管部门的市场准入、日常检查和监管以及检验检测、稽查执法等可公开信息上传至区块链上，所有数据自动生成电子标签。

2. 应用溯源码统一销售凭证、规范台账，实现产品销售流向的可追可溯，集成买、卖双方信息，形成产品的完整数据链，满足监管人员实现在线实时监控和网上巡查的需求。

3. 市场开办方和社会公众可以通过云平台查询经营者主体信息、进销货数据台账、信用记录、抽检信息、监管记录、投诉举报、快检公示等内容。

4. 消费者通过扫描带有溯源信息的电子凭证可以查看销售单据

详情、档口资质、抽检信息、监管记录等信息。并可以利用消费凭证进行投诉，监管人员、市场开办者、商户经营者会同步在线上收到维权信息，并能够跟踪维权处理进程。

公开信息显示[109]，该系统实现了在水产品、蔬菜、畜禽等品类的应用，覆盖了广州市果蔬批发市场、农贸市场以及学校食堂、大型商超等经营主体。

案例7　海淀区市场监管局：住所数字存证实现企业登记

北京市海淀区市场监管局应用区块链技术在企业登记注册环节的住所审查事项上实现无人工干预的“智慧审批”[110]。在该案例中，区块链主要应用模式如下。

1. 企业登记时在提交住所地址环节触发企业开办“e窗通”系统的区块链住所验证平台。

2. 平台对接市规划和自然资源委员会房产信息和区市场监管局空间资源信息，完成三方数据自动校验后生成不可篡改的住所数字存证证书，该证书作为企业档案住所相关材料的唯一存证。

3. 企业无须递交任何住所文件，注册时系统即时生成一张数字存证证书，减少了材料提交次数，压缩了后台审批时长。

该案例应用区块链技术的主要价值在于利用区块链不可篡改的特性实现数据的安全可信共享开放。

案例8　厦门市医疗保障局：构建可信数据管理实现智能稽核

厦门市医疗保障局在2020年应用区块链技术建设了医保基金稽查案件管理系统，对医保基金稽查案件的受理、核实、立案、审查进行管理，满足案件管理者掌握案件执行、人员完成、证据调查、文书处理等情况的全方位、全流程跟踪，以解决稽查案件流转中存在的信息滞后、管理被动、职能交叉等问题。在该案例中，区块链主要应用模式[111]如下。

1. 可信数据管理：对案件的审批数据、附件资料实时存证至区块链系统，应用国密算法加密管理。通过权限管理和实时数据比对，满足链上存证信息的安全、可靠、防篡改。

2. 流程留痕：对案件管理过程中的线索管理、案源登记、人员指派、领导审批、调查报告登记、行政处罚决定书登记、行政处罚决定书公示、行政处罚结案报告等办案流程全程留痕。

3. 可信数据共享：应用分布式账本技术管理证据数据进行数据流转共享，获得授权私钥的部门才有权利进行数据增查。

4. 实时跨部门数据共享：应用区块链记录医保服务过程中的数据，实现主动、实时、可信地推送，满足跨部门、跨层级的交互流转。

5. 智能合约自动执行。应用智能合约实现业务流程的自动执行，支持按部门职级、职责在层级审批人之间自动流转，提高了效率。

案例 9　苏州市司法局：构建证据可信能力实现公证全程留痕

江苏省苏州市司法局建设了以公证业务为主的“1+10+N”区块联盟链——苏州公证链，“苏州市公证链”的节点包括苏州市司法局和 10 家公证处以及多家应用单位[104][112]。该案例的特点是利用区块链技术的可信能力实现了国家公信力在证据领域的数字化，用苏州市司法局副局长杨军卫接受采访时描述基于苏州公证链的公正摇号特点时的话说就是：除了公证处全程参与监督的国家公信力外，区块链公证摇号系统的“技术信任”也是重要支撑。在该联盟链上，区块链的主要应用模式如下。

1. 应用于海关保税货物管理：对保税货物的清点、封仓、运输到销毁流程中，相关音视频、报关单、货物清单等材料的指纹信息应用区块链系统进行证据保全，存储在“苏州公证链”，公证机构以此为基础为企业销毁货物过程出具法律文书和证明。

2. 应用于小微贷款风险管理：昆山市公证处在昆山农商银行“小微快贷”业务流程中嵌入公证环节，将贷款环节的全流程数据上传至“苏州公证链”。当发生风险纠纷的时候，公证处根据申请出具公证书送达双方当事人。在该场景中，通过在线环节赋予债权文书强制执行效力，能够减少履约争议和诉讼程序。

3. 应用于市场监管执法：苏州市司法局联合市场监督管理局，把“苏州公证链”应用于行政执法领域，在人身自由、生命健康、重大财产权益方面，应用定制执法终端对执法人员行政执法过程进行全程记录，把实时音视频的指纹数据、设备标志、时间戳、地点、电池电量等信息数据实时加密传输至“苏州公证链”，实现执法全过程跟踪记录、实时留痕和可回溯管理。

案例 10　杭州市互联网法院：打造可信电子数据证据管理能力

杭州市互联网法院应用区块链技术建设了司法区块链平台和司法联盟链，其联盟成员包括公证处、司法鉴定中心、认证中心和法院等部门机构。司法区块链平台的建设主要是为解决电子数据的生成、存储、传输、提取和验证的问题[113]。该司法联盟链具备全流程自动记录、多节点司法见证、记录不可篡改等特性，目前已经能够在数字版权、金融合约、网络服务合同三类场景中提供可信证据服务。具备身份认证、抓取及查验、加密算法及数字证书保证、可信时间、证据链举证和侵权监测等能力。该案例的区块链典型应用模式如下。

1. 数字版权管理：对用户指定的文章、图片、音视频等数字版权内容一键存证，并自动监测全网转载、侵权情况，同时对存证，监测、预警、固证全程线上处理，与线下司法单位合作，帮助法律维权。

2. 合同签约管理：在合同签署过程中，通过电子签名实现文件在线流转，对合同文件电子化存储，应用区块链电子合同存证平台对电子签名全过程进行数据存证。

案例 11 马耳他教育和就业部：打造可信任的电子认证应用

区块链具有的唯一性、真实性和不可篡改性，为在公共服务中提供可信的认证、提高社会的运行效率奠定了基础。

2019 年 2 月，马耳他教育和就业部（MEDE）推广应用 Blockcerts，在马耳他完成首个 Blockcerts 区块链凭证计划试验，将通过 Blockcerts 以国际可移植的、可立即验证的数字格式向学习文凭课程的学生颁发毕业证书和成绩单等学业凭证。Blockcerts 是麻省理工机器学习实验室开发的一种标准，由开源库、工具和移动应用程序组成，支持分散的、基于标准的、以接收者为中心的生态系统，通过区块链技术实现去信任验证。

教育部发布的关于加强新时代教育管理信息化工作的通知中明确提出要“探索推动区块链技术在招生考试、学历认证、学分互认、求职就业等领域的应用，提高数字认证可信性”，这将为我国在教育领域应用区块链提供政策支撑。

案例 12　爱沙尼亚：打造安全可靠的公民电子身份

爱沙尼亚为每个公民提供由国家发行的数字身份。每个人都可以使用其身份证、移动 ID 或智能 ID 提供数字签名。其中，身份证能够访问爱沙尼亚所有安全电子服务器。E-Residency（爱沙尼亚电子身份程序）作为一种跨国数字身份，世界上任何人都可以申请获得其使用权，电子居民可以访问欧盟的商业环境，并可以通过其数字身份使用公共电子服务；手机 ID 允许人们使用手机作为一种安全的数字 ID。像 ID 卡一样，它可以用于访问安全的电子服务和对文档进行数字签名；Smart-ID 是一种便捷的新型移动应用程序，可以用作智能设备中没有 SIM 卡但需要安全证明其在线身份的任何人的识别解决方案。

案例 13　广州市公共资源交易中心：打造公开公正的公共资源招投标服务平台，优化营商环境

为了解决跨区域数据共享难、CA 证书互认难等公共资源招标场景中的问题，广州市公共资源交易中心应用区块链技术建成公共资源交易区块链平台，以提升招投标效率改善营商环境。广州市与北京市、江苏省、浙江省、福建省、山东省、湖北省、贵州省、海南省等地的 14 家公共资源交易中心成为区块链平台上的节点，实现业务协同和公共资源交易数据上链共享。在该案例中，区块链主要应用模式如下。

1. 共享数据：各交易中心共享应用市场主体基本信息、成交记录、业绩、资质数据以及信用记录等信息，实现企业的“一处登记，处处使用”。

2. 数据标准：通过编制区块链团体标准《公共资源交易区块链应用指南》明确上链数据标准，解决数据难以互通共用的问题。

3. 开放合作链接：为交易数据设立明确的确权和授权机制，实现交易数据权属安全管理。

4. 开发基于区块链的 App，提供加解密投标文件、电子签名、电子担保等服务，简化材料申请、实现 CA 证书互认通用。

5. 生态对接：通过金融机构入驻平台，通过链上获取企业资信、给予授信并开具保函，实现电子保函全程网办。

6. 数据加密溯源。运用区块链加密算法、分布式记账等技术实现上链数据可溯源、不可篡改。例如对上链数据加密保护、多节点数据备份，防止遭受黑客攻击或其他人为因素干扰时数据丢失或被篡改。企业业绩数据上链支持各交易中心、注册用户双向查询验证，确保业绩数据公开透明，监管部门也可以对平台的数据进行提取，进行可信监管。

案例 14　美国食品药品监督管理局：打造药品供应链多元主体安全管理应用

美国食品药品监督管理局使用区块区块链化改善药品追踪的创新来提高药品供应链的安全性。2019 年初，美国食品药品监督管理局启动一个试点项目[114]，开发线上可互操作系统，识别和追踪某些在美国境内分发的处方药，以减少分销药物转移过程中假冒药物进入供应链。该项目参与方包括药品制造商、包装商、批发分销商、零售商、第三方物流提供商、解决方案提供商、行业协会等。在该案例中，试点内容包括：产品识别码、数据互通性、从产品生命周期开始到结束的数据质量、调查可疑或非法产品的过程、数据和产品不能一起移动的情况。

案例 15　南京市江北新区大数据管理中心：打造共建、共享、共治的数字社会治理新模式

南京市江北新区大数据管理中心联合相关机构建设了一个名为“链通万家”的小区自治平台，探索构建共建共治共享的数字化社会治理新模式。该案例中主要是围绕城市社区中交费、停车、环境卫生、物业公共维修基金使用等群众反映突出的问题，利用区块链提供的可信能力和智能合约技术，实现了监管部门、物业、业委会、居民等相关利益方之间的共治。在该案例中，区块链主要的应用模式如下[115]。

1. 多方节点：在大数据中心、物业公司、系统提供商和业委会等相关部门和机构均设置上链节点，流转共享数据。

2. 可信投票：通过投票场景引导居民参与协商共治，投票数据上链管理同步到各个节点，任何一方无法篡改投票数据影响结果。

3. 智能合约：部署投票智能合约，设置投票时间、最低投票率和投票通过率等执行条件，根据链上数据自动出发执行、判定结果、生成文件和公示，杜绝“暗箱操作”，增强居民投票公信力。

4. 智能监管：利用区块链技术去中心化、不可篡改、全程留痕、可以追溯、公开透明等特性，对小区公共收益收支监管进行区块链化管理，业主、物业、监管部门对公共收益及物业维修基金在申请、审批、使用、监管均运行在链上，实现全程记录操作、业务投票审批、凭证存储管理、查询监督。

案例 16　广州市互联网法院：打造跨部门跨层级的可信数字基础设施建设，实现协同治理

广州市互联网法院构建了“网通法链”，探索运用区块链技术

实现运行规则数字化管理，同时建设了可信电子证据平台和司法信用共治平台作为协同治理支撑。在该案例中，区块链的主要应用模式如下[116]。

1. 开放中立数据管理：由法院、检察院、仲裁、公证等法律主体机构共同背书，采取多链聚合模式实现多方监管、共同治理。通过统一存证接口、监控底层区块链运行情况、固化电子数据摘要值及生成时间、二次加密等技术手段确保数据多方可查、安全可控、中立可信。

2. 电子证据可信管理：开发了跨越纯技术领域的电子数据真实性认证方式，提升电子数据证据效力，通过电子数据的规范存储、安全调取、便捷认证，满足纠纷在线审理需求。

为了满足多链聚合的要求，广州市互联网法院还制定了接入管理相关的技术规范[117]，主要包括电子证据平台接入与管理规范，对电子数据的存储、传输和使用进行规范；存证平台数据格式规范，约定了各区块链遵循的数据格式；基础平台技术要求为司法区块链的规划、设计、实施人员开发具体安全解决方案提供指导和基础平台安全服务要求，约定了区块链平台基础技术要求和每项技术定义及基础要求。

案例 17　深圳市税务局：打造“税务—产业”通道，应用于政企产业治理协同

深圳市税务局联合相关机构建设“税务—产业”联盟链，应用跨链技术，实现税务、企业、金融机构的信息互通，为企业提供链上税务服务和融资服务。在该案例中，跨链互通是“税务—产业”联盟链构建的主要目标，接入联盟链的企业、金融机构、税务机关

共享联盟链上的信息，提升协作效率，提供便捷、精准、可信、一站式的综合性服务。通过“税务—产业”联盟链，能够面向企业提供批量查验发票、直接开具区块链电子发票、完成一键申报、开具税务证明等便利功能，并开放链上税收数字钱包、链上“银税互动”等服务。以开立银行承兑汇票业务为例，通过联盟链，可实现系统自动化线上验证。工作人员批量导入发票后，系统自动进行字符识别（OCR）后通过联盟链发票验真，秒级完成批量发票查验。

深圳市税务局出台了《关于建设“税务—产业”联盟链支持实体经济、服务中小微企业的十项措施》，推动税收服务向产业链上下游延伸，促进区块链与实体经济深度融合。

后记

从技术理性走向数字理性

国家治理能力和治理体系的现代化是一个系统工程。在这个系统工程中，数字政府毫无疑问是最为重要的部分。在过去的30年，我国的信息化主体是金融、电信、互联网、政府，分别代表信息化程度最高的领域，除此之外各个产业部门虽然也在开展信息化的工作，但是在信息化与自身的融合程度上并不够深入。以20世纪的“十二金”工程为标志，政府加速信息化建设为今天数字政府的进一步发展打下了良好的基础，但是信息孤岛随之而生。项目制、条块分割、部门墙导致的“烟囱林立”、互为沟壑，使得政府的信息化系统支离破碎。当然，这些现象并非只是存在于政府信息化系统，即使在更为发达的金融、电信系统也是普遍现象。随着互联网平台经济的兴起，整个社会注意到“平台模式”是一种能够大幅度降低交易成本、提高资源配置效率的模式，国内和国外互联网巨头的成功深深地刺激了各方的神经，一股拥抱平台的大潮呼啸而来。我国政府开始积极拥抱互联网，在全国范围内开启了“互联网+政务”改革。自从浙江省的“最多跑一次”改革大获成功之后，多地政府在省域开始开足马力推进，“秒批秒办”“一次也不跑”“零见面”“数据多跑路，群众少跑腿”等陆续出现，地方政府的“互联网+政务”良性竞争效果显著，我国老百姓在公共服务领域的的确确感受到了“互联网+政务”带来的便利和好处。

进入新时代，党和国家开始对国家治理能力和治理体系进行系统布局，“数字政府”的概念从学术界的书桌上走下来，进入了实践者和决策者的视野，尤其是浙江省和广东省在数字政府建设上采取了不同的路径，分别代表了两种路线。浙江省从公共服务开始，倒逼政府内部系统集成和流程变革，看上去“形散”，没有统一的公司化机构承接数字政府的建设，实质上却是“神不散”，以群众办事为切入点，由外而内，由散到聚，上下互动，走出了一条具有浙江特色的数字政府建设范式。同为南方的省份，广东省则是选择了另一种建设范式，在体制机制、运行模式和技术路线上三箭齐发，一开始就通过系统的规划全盘推进数字政府的建设，成立数字广东公司、剥离政府信息化人员、实施政务云集中、政府内部办公系统与公共服务系统同步建设。这种模式随后被北方省份多有借鉴，例如，山西省成立云时代公司、河南省成立正数公司负责本省政府信息化系统的统筹建设。

随着数字政府建设进入深水区，各种数字化技术开始涌入这个巨大的竞技场。仅仅从“用”的角度来看，在数字化技术的选择上并不存在障碍，每一种数字化技术都能面向特定问题提供自己的解决方案。但是从系统思维的角度、从理论层次上观察数字政府的建设时，往往有问题导向不精准、建设重点不明确等问题，给人一种“无从下口”的感觉。因此有必要总结一个数字政府建设的结构化范式，为我国的数字政府建设提供指引。如大家所知，这就是在本书中呈献给大家的数字政府数字治理范式。作为一种以治理能力建设为核心的数字政府建设范式，数字治理范式所构建的核心是“数用（From Data）、数决（By Data）、数统（For Data）”，试图系统地回答数字政府到底应该如何与公众互动，应该如何构建以数据为核心的能力以及如何建设一个能够持续支持数字政府平台的生态系统，进而泛化政府治理能力，与公众、社会、供应商、第三方形成紧密的治理能力网络。数字治理范式的指向是国家治理能力现代化，从数字政府开始，对准的是国家治理能力现代化，或者说数字政府是国家治理能力现代化的操作系统。

对数字政府的思考总是要找到一种技术路径去承载建设范式。数智化技术千千万，通往善治的数字政府的途径就一条，那就是能够支持数字政府的数字理性构建。技术是中立的，并不能保证制度的理性，只有合适的技术才能放大和保障制度的理性。以当前目所能及的视野，区块链当仁不让，或者说是唯一的选择：真实性、不可篡改性、隐私性、共识机制、零知识证明的信任、智能合约……从某种意义上说，区块链虽然简单，但却是一种社会计算技术，为在数字世界模拟和重建真实的社会提供了几近完美的方案。

我想，这也就是本书的起源。我希望能够帮助人们理解技术对于重建社会运行机制是怎样发生作用的，尤其是为数字政府的规划者、建设者、决策者提供一种思考和构建核心能力的指引，以应对不确定的数字化时代的“涌现”。如前所述，数字政府是一个系统工程，我无法对每个细节都给出详细的指引，那也是我力所不能及的。我希望本书提供的间架性的、在数字治理范式下的区块链技术应用框架能够启发读者更多地思考，为实践提供某种框架性的指引，这就已经达到了我的初衷。

我相信，数字政府的建设在经历可编程阶段之后必将进入智治阶段。在这个过程中，区块链作为一种重构信任的社会计算技术，将发挥极为重要的基础性、结构性作用。在学习区块链技术的过程中，单志广老师参与主编的《区块链导论》[118]一书让我收获颇多。

写作是一个痛苦的过程，这本书从策划到出炉的确经历了很多困难。对区块链技术的理解从一开始就是需要突破的难点，而一直试图构建一个间架性的数字政府建设范式框架则让我陷入了轻度抑郁的状态。有一段时间几乎魔怔，除了写书，对一切都感到索然无味。我下定决心一定要写完，也终于完笔，要感谢家人的支持和帮助。

在此，我要特别感谢编辑张缘老师，张缘老师的耐心和悉心帮助为本书的文字添色良多，他是我的一字之师。

我深知才疏学浅，在写作的过程中深刻感受到，数字政府和区块链两个复杂系统构架在一起远远超出了我的能力，所提出的框架也要在新的实践中不断优化，也希望能得到读者的批评指正。

谨以此为后记。

陈志刚

2023 年 1 月 5 日 于北京

参考文献

[1] 清华大学人工智能研究院，北京智源人工智能研究院，清华 — 中国工程院知识智能联合研究中心等 . 区块链发展研究报告 2020[EB/OL].（2020-07-31）[2021-02-06].https://static.aminer.cn/misc/pdf/blockchain20.pdf.

[2] 周丽莎，孔勇平，陆钢 . 区块链在数字政府的应用探讨 [J]. 广东通信技术 2018，38（10）.

[3] 何德彪等 . 区块链与密码学（32 学时）课件 [EB/OL] .（2021-11-16）[2021-02-18] . http://blockchain.whu.edu.cn/xinwendongtai/194.html.

[4] 知了一笑 . 数据安全管理：RSA 加密算法，签名验签流程详解 [EB/OL] .（2019-10-21）[2022-03-19] .https://blog.csdn.net/cicada_smile/article/details/102656608.

[5] Bob 鲍师傅 . 区块链从入门到精通：共识漫谈之常见共识机制（第 10 讲）[EB/OL] .（2019-11-02）[2022-03-19] .https://www.coinonpro.com/news/toutiao/79858.html.

[6] 蓝狐笔记 . 区块链共识算法简介 [EB/OL] .（2018-05-31）[2021-02-06] .https://zhuanlan.zhihu.com/p/37508431.

[7] 盖磊 .30 种共识算法完全列表 [EB/OL] ,（2018-08-06）[2021-02-06]. https://www.infoq.cn/article/consensuspedia-an-encyclopedia-of-29-consensus-algorithms.

[8] Kasey Panetta.Why Blockchain's Smart Contracts Aren't Ready for the Business World [EB/OL].（2017-06-26）[2021-02-06].https://www.gartner.com/smarterwithgartner/why-blockchains-smart-contracts-arent-ready-for-the-business-world.

[9] Vikash Kumar Das.A Comprehensive Guide On Smart Contracts In Blockchain [EB/OL].[2021-02-06].https://www.blockchain-council.org/blockchain/a-comprehensive-guide-on-smart-contracts-in-blockchain.

[10] Treaser. 跨链的简要研究：从原理到技术 [EB/OL].（2020-11-06）[2022-02-

05].https://zhuanlan.zhihu.com/p/92667917.

[11] 小白．跨链技术简介（一）——分布式私钥控制 [EB/OL].（2021-08-30）[2022-02-05].https://zhuanlan.zhihu.com/p/403674298.

[12] Johnny 丶 me. 区块链笔记：区块链网络类型的分类（按不同方式划分）：网络范围，部署方式，层次结构，应用范围 [EB/OL].（2020-03-14）[2022-03-19].https://blog.csdn.net/tyro_java/article/details/104859024.

[13] 黄建伟，陈玲玲．国内数字治理研究进展与未来展望 [J]. 理论与改革，2019（1）:10.

[14] David Allessie ，Maciej Sobolewski，Lorenzino Vaccari，Blockchain for digital government: An assessment of pioneering implementations in public services[J].JRC Working Papers.2019（4）.

[15] Grönlund，Å.，Horan，T.Introducing e-Gov: History，Definitions，and Issues[J]. Communications of the Association for Imformation Systems.2005（15）:713-729.

[16] OECD.The e-Government Imperative，OECD e-Government Studies[R]. Paris:OECD Publishing，2003.

[17] OECD.OECD e-Government Studies:e-Government for Better Government[R]. Paris:OECD Publishing，2005.

[18] OECD.Recommendation on Digital Government Strategies.[EB/OL].（2014-06-15）[2022-02-09].https://www.oecd.org/gov/digital-government/Recommendation-digital-government-strategies.pdf.

[19] 郑爱军．数字政府白皮书 2.0[EB/OL].（2020-01-07）[2022-02-09].http://echinagov.com/report/271760.htm.

[20] GBA.Blockchain Maturity Model（BMM）[EB/OL].[2022-02-09].https://gbaglobal.org/bmm.

[21] Blockchain Maturity Model v0.9[EB/OL].（2021-11-11）[2022-03-19]. https://www.dropbox.com/s/iowrm38vkdw1ecs/00%20Blockchain%20Maturity%20Model%20v0.9.docx?dl=0.

[22] Chirag.A Guide to Understand Blockchain Consensus Algorithms[EB/OL]，（2021-06-19）[2022-02-09].https://appinventiv.com/blog/blockchain-consensus-algorithms-guide.

[23] 白平浩，杨柠聪．区块链技术的政府治理实践：应用、挑战及对策 [EB/

OL].（2020-03-30）[2022-03-19].https://xxzx.mca.gov.cn/article/xgzs/202004/20200400026414.shtml.

[24] A Mühle，A Grüner，T Gayvoronskaya，C Meinel.A Survey on Essential Components of a Self-Sovereign Identity[J].Computer Science Review，2018，30:80-86.

[25] Alfie John.The Path to Self-Sovereign Identity[EB/OL].（2017-06-19）[2021-02-09].https://github.com/WebOfTrustInfo/self-sovereign-identity/blob/master/ThePathToSelf-SovereignIdentity.md

[26] 念灿华．全球政府数字化转型启示与借鉴 [J]. 数字中国建设通讯，2018（2）.

[27]北京大学课题组、平台驱动的数字政府：能力、转型与现代化、[J] 电子政务，2020（7）：2-30.

[28] 孟天广．数字治理全方位赋能数字化转型 [N]. 浙江日报，2021-02-22（8）.

[29] 赵娟，孟天广．数字政府的纵向治理逻辑：分层体系与协同治理 [J]. 学海，2021（2）:10.

[30] 孟天广．信息政治学：理解数字时代国家治理的新视角 [EB/OL].（2021-12-24）[2022-03-20].https://m.aisixiang.com/data/130543.html.

[31] 孟天广．政府数字化转型的要素，机制与路径——兼论技术赋能与技术赋权的双向驱动 [J]. 治理研究．

[32] Lee,J.，Kim, B.J.，Park, S.，Park, S.，Oh, K.Proposing a Value-Based Digital Government Model: Toward Broadening Sustainability and Public Participation[J]. Sustainability.2018，10（9）:3078.

[33] Gartner.5 Levels of Digital Government Maturity [EB/OL].（2017-11-06）[2022-02-08].https://www.gartner.com/smarterwithgartner/5-levels-of-digital-government-maturity.

[34] 孙杰．创新：数字平台将成为企业数字化服务的中枢 [EB/OL].（2020-02-14）[2022-02-05].https://cloud.tencent.com/developer/article/1583697.

[35] 李广乾．政府数据与政府数据整合 [J]. 中国经济报告，2020（1）:14.

[36] DAMA 国际 .DAMA 数据管理与知识体系指南（原书第二版）[M].DAMA 中国分会翻译组，译．北京：机械工业出版社，2020:11-P10.

[37] 贵州省质量技术监督局．政府数据数据分类分级指南 DB 52/T 1123 —2016[S]. 贵阳：贵州省质量技术监督局，2016.

[38] 朱晓峰．政府信息资源生命周期管理 [M]. 南京大学出版社，2009.

[39] Working Group on Information Systems and Services.Data Life Cycle Models and Concepts CEOS Version 1.2 [EB/OL].（2012−04−19）[2022−02−05].https://my.usgs.gov/confluence/download/attachments/82935852/Data%20Lifecycle%20Models%20and%20Concepts%20v13.docx?api=v2.

[40] 段尧清，姜慧，汤弘昊 . 政府开放数据全生命周期：概念、模型与结构——系统论视角 [J]. 情报理论与实践，2019，42(5).

[41] 黄如花，赖彤 . 数据生命周期视角下我国政府数据开放的障碍研究 [J]. 情报理论与实践，2018，41（2）:7.

[42] 内蒙古自治区市场监督管理局 . 政务数据生命周期管理规范 :DB15/T 1591 —2019[S]. 呼和浩特：内蒙古自治区市场监督管理局，2019.

[43] 陆莉，沙勇忠，徐雪峰 . 基于生命周期的公共安全数据管理模型研究 [J]. 图书与情报，2019（4）:9.

[44] 中华人民共和国国务院 . 政务信息资源目录编制指南 [EB/OL].（2017−07−13）[2022−02−05].https://www.gov.cn/xinwen/2017−07/13/5210203/files/2415d43d2bcb4dfe9c3f1e1b5c0626c1.pdf.

[45] 广西壮族自治区数字广西建设领导小组办公室 . 广西政务数据“聚通用”实施细则（第二次征求意见稿）[EB/OL].（2019−09−11）[2022−02−05]http://dsjfzj.gxzf.gov.cn/hdjl/zjdc/W020200223783829108482.pdf.

[46] 李爱君 . 数据权利属性与法律特征 [J]. 东方法学，2018（3）:11.

[47] 陈晋祥等 . 政务数据在金融领域的共享应用 [J]. 中国金融，2020（9）.

[48] 上海市政府办公厅 . 关于《上海市公共数据开放暂行办法》的解读 [EB/OL].（2019−09−10）[2022−02−08].https://www.shanghai.gov.cn/nw42230/20200823/0001−42230_1401306.html.

[49] Wang，H J.（2020）. Adoption of open government data: perspectives of user innovators[J/OL].Information Research，2020，25（1），849.

[50] OpenGeoEdu.Open Data[Z/OL].[2022−02−08].https://learn.opengeoedu.de/en/opendata.

[51] Simon Chignard.A brief history of Open Data [EB/OL].[2022−02−05].http://parisinnovationreview.com/articles−en/a−brief−history−of−open−data.

[52] Wikipedia.Robert K. Merton [EB/OL].（2020−05−06）[2022−02−05].https://en.wikipedia.org/wiki/Robert_K._Merton#Sociology_of_science_and_CUDOS.

[53] OpenGeoEdu.Important events in connection with Open Data and related topics are summarized here in an interactive timeline [Z/OL].[2022-02-05].https://learn.opengeoedu.de/en/opendata/vorlesung/hintergruende/timeline.

[54] Joshua Tauberer.Open Government Data Definition: The 8 Principles of Open Government Data[EB/OL].（2014）[2022-02-05].https://opengovdata.io/2014/8-principles/.

[55] Joshua Tauberer.No Discrimination and License-Free（Principles 6 and 8）[EB/OL].（2012-04）[2022-02-05].https://opengovdata.io/2014/no-discrimination-license-free/.

[56] 王万华 . 论政府数据开放与政府信息公开的关系 [J]. 财经法学，2020（1）:12.

[57] Open Knowledge Foundation.What is Open Data?[EB/OL].[2022-03-20]，opendatahandbook.org/guide/en/what-is-open-data/.

[58] Open Knowledge Foundation.Open Definition DEFINING OPEN IN OPEN DATA，OPEN CONTENT AND OPEN KNOWLEDGE [EB/OL].[2022-02-05].https://opendefinition.org/licenses/.

[59] OCED.Open Government Data [EB/OL].[2022-02-05].https://www.oecd.org/gov/digital-government/open-government-data.htm.

[60] 洪京一 . 从 G8 开放数据宪章看国外开放政府数据的新进展 [EB/OL].[2022-02-05].http://www.acsi.gov.cn/archiver/zjw/UpFile/Files/Default/20140122142342218750.pdf.

[61] 山东省大数据局 . 山东省直部门（单位）公共数据开放评估指标体系（征求意见稿）附件 5.[EB/OL].（2020-10-26）[2022-02-05].http://data.sd.gov.cn/rcservice/doc?doc_id=3c86b1fc-9a98-460e-b060-b3abf01bd3a7.

[62] 马海群，邹纯龙 . 政府数据开放程度评价体系研究 [J]. 现代情报，2018，38（9）:8.

[63] 王迪 . 开放政府数据评估体系比较研究 [J]. 情报资料工作，2017（5）:7.

[64] 国家互联网信息办公室 . 数据安全管理办法（征求意见稿）[EB/OL].（2019-05-28）[2022-02-05].http://www.moj.gov.cn/pub/sfbgw/lfyjzj/lflfyjzj/201905/t20190527_150607.html.

[65] Jim Hendler, Thevesa A. Pardo. A Primer on Machine Readability for Online Documents and Data [EB/OL].（2012-09-24）[2022-02-05].https://www.data.

gov/developers/blog/primer-machine-readability-online-documents-and-data.

[66] Open Knowledge Foundation.File Formats[EB/OL].[2022-02-05]. opendatahandbook.org/guide/en/appendices/file-formats.

[67] World Bank Group.Supply and Quality of Data[EB/OL].[2022-02-05]. opendatatoolkit.worldbank.org/en/supply.html#metadata.

[68] World Bank Group.Technology Options[EB/OL].[2022-02-05].opendatatoolkit.worldbank.org/en/technology.html.

[69] Open Knowledge Foundation.Open Definition DEFINING OPEN IN OPEN DATA , OPEN CONTENT AND OPEN KNOWLEDGE [EB/OL].[2022-02-05].https://opendefinition.org/licenses/.

[70] 范佳佳 . 中国政府数据开放许可协议（CLOD）研究 [J]. 中国行政管理，2019（1）:7.

[71] 袁莉 . 政府开放数据评估的成熟度模型及其对我国的启示 [J]. 情报资料工作，2018（3）:5.

[72] 迪莉娅 . 政府数据开放成熟度模型研究 [J]. 现代情报，2019，39（1）:8.

[73] 张宇杰，安小米，张国庆 . 政府大数据治理的成熟度评测指标体系构建 [J]. 情报资料工作，2018（1）:5.

[74] 赵洪彪 . 数据可信性研究 [C]. 中国计算机用户协会信息系统分会信息交流大会 . 2013.

[75] IMF.Data Quality Assessment Framework and Data Quality Program [EB/OL].（2003-06-25）[2022-02-05].https://www.imf.org/external/np/sta/dsbb/2003/eng/dqaf.htm# Ⅱ .

[76] Open Data Certificates.The Mark of Quality and Trust for Open Data[EB/OL].[2022-02-05].https://certificates.theodi.org/en.

[77] 蚂蚁集团研究院 . 蚂蚁链政务应用白皮书 [EB/OL].（2020-12-03）[2022-02-05].https://gw.alipayobjects.com/os/bmw-prod/f3d7600b-5d5d-4c83-b7f3-7e5ee23b574e.pdf.

[78] Jamie Berryhill，Théo Bourgery，Angela Hanson.Blockchains Unchained:blockchain technology and its use in the public sector [EB/OL].（2018）[2022-02-05].https://oecd-opsi.org/wp-content/uploads/2018/06/Blockchains-Unchained-Guide.pdf.

[79] GBA.Government Business Blockchain Platform [EB/OL].[2022-02-05], https://gbaglobal.org/government-business-blockchain-platform/.

[80] Amy Castor.A（short）Guide to Blockchain Consensus Protocols[EB/OL].（2017-03-04）[2022-02-05].https://www.coindesk.com/markets/2017/03/04/a-short-guide-to-blockchain-consensus-protocols/.

[81] Shijie Zhang, Jong-Hyouk Lee, Analysis of the main consensus protocols of blockchain[J].ICT Express.2020，6（2）:93-97.

[82] World Bank Group.ID4D-Identification for Development [EB/OL].（2018-02-19）[2022-02-05].https://thedocs.worldbank.org/en/doc/325451527084344478-0190022018/original/ID4DProgramFlyerV52018.pdf.

[83] Juho Lindman, Jamie Berryhill, Benjamin Welby, Mariane Piccinin-Barbieri. The uncertain promise of blockchain for government[EB/OL].（2020-11-16）[2022-02-05].https://www.oecd-ilibrary.org/docserver/d031cd67-en.pdf?expires=1653659142&id=id&accname=guest&checksum=BF06871B2A8C105A6BCD3E4266FD60F9.

[84] 区块链服务网络发展联盟 . 区块链服务网络基础白皮书 [EB/OL].（2019-09）[2022-02-05].http://www.cbdio.com/image/site2/20191018/f42853157e261f13abe845.pdf.

[85] EBSI Documentation.EBSI Documentation Home[EB/OL].[2022-03-20].https://ec.europa.eu/digital-building-blocks/wikis/display/EBSIDOC/EBSI+Documentation+Home.

[86] 锦哥哥 .BSN 系统架构和数据上链运行示例 [EB/OL].（2020-07-23）[2022-02-05].https://zhuanlan.zhihu.com/p/163184682.

[87] BSN.BSN 专网介绍 [EB/OL].[2022-02-05].https://www.bsnbase.com/p/main/serviceCooperation?type=BSNPrivate.

[88] BSN.BSN Introduction[EB/OL].[2022-02-05]. https://bsnbase.io/static/tmpFile/bzsc/1bsnintroduction/1-1.html.

[89] BSN.Permissioned services [EB/OL].[2022-02-05].https://bsnbase.io/static/tmpFile/bzsc/5permissionedservices/5-1.html.

[90] Phronesis partners.The road to Open Governance: Can Blockchain be the game-changer? [EB/OL].[2022-02-05].https://phronesis-partners.com/insights/the-road-to-open-governance-can-blockchain-be-the-game-changer/.

[91] 深圳市工业和信息化局 . 深圳市数字经济产业创新发展实施方案（2021 —2023 年）[EB/OL].（2021-01-04）[2022-02-05].gxj.sz.gov.cn/gkmlpt/content/8/8391/post_8391312.html#3129.

[92] 张楠，赵雪娇 . 理解基于区块链的政府跨部门数据共享：从协作共识到智能合约 [J]. 中国行政管理，2020（1）:6.

[93] ITU-T Focus Group on Data Processing and Management to support IoT and Smart Cities & Communities.Blockchain-based data exchange and sharing for supporting IoT and SC&C [EB/OL].（2019-03-06）[2022-02-05].https://www.itu.int/dms_pub/itu-t/opb/fg/T-FG-DPM-2019-3.6-PDF-E.pdf.

[94] N.F. Mendoza.Blockchain smart contracts users will increase data quality 50% by 2023 [EB/OL].（2020-01-31）[2022-02-07].https://www.techrepublic.com/article/blockchain-smart-contracts-users-will-increase-data-quality-50-by-2023/.

[95] Yam. 徐州市公安局—淮海经济区警务区块链共享协作应用分享 [EB/OL].（2018-10-10）[2022-02-05]. https://www.jinse.com/blockchain/252709.html.

[96] 中国警察杂志 . 探索区块链技术创新应用助力公安工作提质增效 [EB/OL].（2020-11-12）[2022-02-05].news.21csp.com.cn/c16/202011/11401174.html.

[97] 南沙区市场监督管理局 . 南沙区市场监管局探索利用区块链技术服务企业资信应用（区块链 + 企业资信）入选广州市信用创新应用案例 [EB/OL].（2021-01-20）[2022-02-05]. www.gzns.gov.cn/zwgk/zwdt/content/post_7037170.html.

[98] 经济日报 . 广州开启“区块链 + 人工智能 + 食品溯源”模式 [EB/OL].（2020-04-20）[2022-02-05].http://zfsg.gd.gov.cn/xxfb/dsdt/content/post_2978962.html.

[99] 中国市场监管报 . 浙江率先上线市场监管区块链电子取证平台 [EB/OL].（2020-08-04）[2022-02-05].https://www.samr.gov.cn/xw/df/202008/t20200804_320510.html.

[100] 深圳市财政局 . 广东省首个医保区块链电子票据管理平台上线 [EB/OL].（2020-0-16）[2022-02-05].http:szfb.sz.gov.cn/xwzx/gzdt/content/post_6761468.html.

[101] 董贵山，陈宇翔，张兆雷等 . 基于区块链的身份管理认证研究 [J]. 计算机科学，2018，45（11）:8.

[102] 望城融媒 . 全省首个！望城“无证城市”平台上线试运行 [EB/OL].（2021-12-01）[2022-02-07].https://baijiahao.baidu.com/s?id=1717934157276455943&wfr=s

pider&for=pc.

[103] 华为云头条 . 华为云区块链，让长沙望城“一件事，一次办”[EB/OL].（2021-12-20）[2022-02-08]. https://bbs.huaweicloud.com/blogs/317576.

[104] 信用天津 . 发挥区块链技术优势 让政务数据可信可管可控可知 我市“大数据可信共享原型系统”试运行 [EB/OL].（209-12-17）[2022-02-06]. https://credit.tjbc.gov.cn/news/MSspNA.

[105] 姚铭 . 国泰新点：基于 BCS 打造政府可信数据共享网络 [EB/OL].（2019-08-28）[2022-02-06].https://e.huawei.com/cn/publications/cn/ict_insights/201908281019/ecosystem/201909101405.

[106] 屈凌燕 . 全国网络交易监测平台启动上线 [EB/OL].（2019-11-06）[2022-02-06].http://www.cac.gov.cn/2019-11/06/c_1574572465873381.htm.

[107] 人民创投区块链 . 区块链在政务领域的应用案例 [EB/OL].（2019-01-13）[2022-02-06].https://new.qq.com/omn/20210113/20210113A0DKMT00.html.

[108] 趣链科技 . 区块链服务市场监管：趣链科技助力全国网络交易监测平台上线 [EB/OL].（2019-11-28）[2022-02-06]. https://www.hyperchain.cn/news/167.html.

[109] 广东省市场监督管理局 . 广东省市场监督管理局关于省政协第十二届三次会议第 20200395 号提案会办意见的函 [EB/OL].（2020-04-23）[2022-02-05].http://amr.gd.gov.cn/zwgk/bljg/content/post_2982310.html.

[110] 徐建华 . 北京市海淀区市场监管局实现“区块链 + 企业登记”服务新模式 [EB/OL].（2019-12-13）[2022-02-06].www.orac.hainan.gov.cn/zjxw/gnzjzhxw/2019/12/245818.shtml，2022-02-06.

[111] 易联众保睿通 . 易联众创新“区块链 +”案件管理系统，打造行政执法一体化服务 [EB/OL].（2021-08-14）[2022-02-06].https://mp.weixin.qq.com/s/sbGjqUDhou0a25Ee3U_i7A.

[112] 丁国峰，唐梦恬，程乐 . 区块链技术驱动苏州公证驶入发展“快车道”，“链”接全域打造科技公证应用新高地 [EB/OL].（2021-11-29）[2022-02-06].http://epaper.legaldaily.com.cn/fzrb/content/20211129/Articel07003GN.htm.

[113] 杭州互联网法院 . 杭州互联网法院司法区块链 [EB/OL].（2018-09-19）[2022-02-06].https://blockchain.netcourt.gov.cn/first.

[114] Food and Drug Administration，HHS.Pilot Project Program Under the Drug Supply

Chain Security Act; Program Announcement [EB/OL].（2019−02−08）[2022−02−07].https://www.federalregister.gov/documents/2019/02/08/2019−01561/pilot−project−program−under−the−drug−supply−chain−security−act−program−announcement.

[115] 南京市江北新区管理委员会综合治理局 . 江北新区率先应用区块链技术 加强和创新基层社会治理 [EB/OL].（2020−05−21）[2022−02−07].http://njna.nanjing.gov.cn/xwzx/bmdt/202005/t20200521_1883767.html.

[116] 董柳 . 广州互联网法院“网通法链”智慧信用生态系统上线 [EB/OL].（2019−04−01）[2022−02−08].http://blockchain.people.com.cn/n1/2019/0401/c417685−31006675.html.

[117] 广东互联网法院 . 网通法链 [EB/OL].（2019−03−30）[2022−02−08].http://xn−−bc−e61e198d4ftxwg.gzinternetcourt.gov.cn:9001/gzinternetcourt−evidence/index.html#/netcomchain.

[117] 陈钟、单志广 . 区块链导论 [M]. 北京：机械工业出版社，2021.